企业知识联盟合作格局及其优化对策研究

李 翠 著

科学出版社
北京

内 容 简 介

企业知识联盟是什么？如何搭建其合作格局？怎样对其进行优化？这些问题在本书中均有较详细的阐述。本书主要包括企业知识联盟概论、企业知识联盟成员合作的模糊特性及模糊博弈特征分析、企业知识联盟合作利益的影响因素及特征函数表述、企业知识联盟利益分配的谈判均衡研究、企业知识联盟模糊网络博弈格局及利益分配研究、企业知识联盟模糊平均单调博弈格局及利益分配研究、利益分配视角下企业知识联盟可持续合作优化对策研究等内容。

本书适合管理科学、系统科学、博弈论等领域的师生、科研人员，以及企业的管理人员、科技人员、领导干部等阅读。

图书在版编目（CIP）数据

企业知识联盟合作格局及其优化对策研究 / 李翠著. —北京：科学出版社，2023.3

ISBN 978-7-03-073494-5

Ⅰ. ①企… Ⅱ. ①李… Ⅲ. ①企业联盟-研究-中国 Ⅳ. ①F276.4

中国版本图书馆 CIP 数据核字（2022）第 191888 号

责任编辑：徐 倩 / 责任校对：贾娜娜
责任印制：张 伟 / 封面设计：有道设计

科学出版社 出版
北京东黄城根北街 16 号
邮政编码：100717
http://www.sciencep.com

北京虎彩文化传播有限公司 印刷
科学出版社发行 各地新华书店经销

*

2023 年 3 月第 一 版　开本：720×1000　1/16
2023 年 3 月第一次印刷　印张：13 1/2
字数：270 000

定价：146.00 元
（如有印装质量问题，我社负责调换）

前　言

伴随我国数字经济发展新常态及"十四五"规划对企业数字转型的重视，在科技创新的背景下，企业联盟方式早已由产品联盟转变为知识联盟，而企业知识联盟就是各成员企业为了获取更大利益而结合在一起的集成体，这个集成体的成功构建与健康发展，取决于各成员企业之间的高效合作，以及对共同拥有的资源进行优化配置，对联盟收益进行合理的协商分配，本质上可视为多人合作博弈问题。然而，以往国内外很多研究者大都借助传统合作博弈解决企业知识联盟利益分配问题，但传统合作博弈的格局已无法满足现实生活中成员企业的合作需求，各成员企业在更多的情况下并不是以全部资源完全参与到某个特定知识联盟中，而是以部分资源不同程度地与多个联盟进行合作。

在由传统的完全合作格局向现实中的部分合作格局转变的环境下，本书以知识联盟成员合作的模糊特性为突破口，以模糊合作博弈理论为支撑，以构建均衡的模糊合作博弈格局为躯干，以寻求最优的合作利益分配方案为驱动，形成基于模糊博弈的企业知识联盟合作格局及其优化对策的研究框架以及方法论体系，主要内容如下。

（1）提炼了企业知识联盟成员合作的模糊特性。首先，借助模糊数表示成员企业参与知识联盟的程度，将企业知识联盟成员合作的过程视为通过成员企业、参与度、策略、收益等基本要素所呈现的模糊合作博弈过程。其次，借助完全信息与不完全信息下成员选择博弈，分析了成员企业建立长期合作伙伴关系的选择策略。最后，基于参与度实现了企业知识联盟由传统博弈下的合作到模糊博弈下合作的自然延拓。

（2）分析了企业知识联盟合作利益的影响因素。首先，从联盟总体和联盟个体两个层面，分析了企业组建知识联盟是为了取得共同利益和协同效应，即实现"1+1≥2"的效应。其次，对企业知识联盟合作利益的关键影响变量进行确定，分别对知识联盟总收益、成员企业的资源投入和预期效用、成员企业推测取得高收益的概率、结盟前收益等对知识联盟合作利益的影响进行探索。最后，对企业知识联盟合作利益的特征函数进行表述，并刻画了企业知识联盟合作利益的模糊分配模型及其之间的包含关系。

（3）研究了企业知识联盟利益分配的谈判均衡。首先，提出了企业知识联盟利益分配研究应遵循的基本原则。其次，概括了纳什谈判的公理化，并分析了两个企业及多个企业之间纳什谈判模型及其均衡。最后，通过参与度的引入，将传统博弈格局下成员企业针对谈判点提出的异议及反异议进行模糊化延拓，提出了模糊谈判集概念，为具体模糊博弈格局下企业知识联盟最优利益分配方案存在性提供论证。

（4）构建了知识联盟成员企业的模糊网络博弈及模糊平均单调博弈的合作格局。对企业知识联盟成员合作所呈现的网络效应进行分析，对成员伙伴的平均贡献值随联盟增大而提高的性质进行探索，对模糊网络博弈和模糊平均单调博弈的均衡结果，以及两种博弈格局下企业知识联盟最优利益分配方案的存在性和分配方案的等价性进行论证，研究结论为决策者提供了一定的理论参考。

（5）探索了利益分配视角下企业知识联盟可持续合作优化对策。在传统分配模型中引入调整系数，构建广义分配模型，将企业知识联盟总收益值进行部分保留，满足再合作的实际需求，为知识联盟再分配及再合作提供理论依据，通过我国 5G 知识联盟案例分析表明：利用广义分配模型，可满足在知识联盟不存在传统最优利益分配方案的情况下寻求广义最优分配方案，既解决了知识联盟利益分配问题，又为知识联盟可持续合作提供了优化对策。

本书采用理论证明和案例分析相结合的研究方法，通过参与度模糊延拓、调整系数广义扩展的思想，逐步深入，沿 3 条主线开展模糊博弈下企业知识联盟合作格局及优化对策研究，即企业知识联盟成员合作的模糊特性分析及合作博弈格局构建、基于核心与谈判集分配模型及其关系论证，以及不同模糊合作博弈格局下企业知识联盟最优利益分配方案优化研究，攻克模糊合作模式下企业知识联盟合作及利益分配视角下优化过程中的一系列技术难题，为知识联盟合作及其优化领域提供新的研究视角，主要内容如下。

（1）针对传统合作博弈格局无法满足知识联盟成员合作需求等问题，本书设计了基于参与度的模糊合作模式及博弈框架，解决了成员企业以一定参与度与多个知识联盟合作的模糊化问题，提供了由传统博弈下的合作向模糊博弈下合作的转换思路。与传统合作模式相比，模糊合作模式更利于成员企业之间保持长期的合作关系，为制定知识联盟成员企业间的长期合作机制及合作利益的均衡战略提供参考。

（2）针对企业知识联盟合作利益的影响因素难以高效利用传统合作博弈下的特征函数的问题，本书延拓并构建了适合模糊合作模式下的知识联盟成员合作利益的特征函数及其分配模型，重点刻画了核心分配方案之间的包含关系，为企业知识联盟不同模糊博弈格局下合作优化策略研究奠定基础。

（3）鉴于知识联盟成员合作谈判均衡的应用需求，进一步拓宽谈判集模型的理论应用范围，分析不同成员合作下的谈判博弈过程及均衡结果，基于参与度参数提出了相应的模糊谈判集概念，谈判集的非空性为分析企业知识联盟成员合作的模糊博弈均衡结果提供前提条件。

（4）针对企业知识联盟成员合作过程中会形成不同的合作博弈格局，且某些合作格局下不存在最优分配方案的局限，本书构建了模糊网络合作博弈和模糊平均单调合作博弈格局，得出：模糊网络合作博弈及模糊平均单调合作博弈格局是均衡的，表明在两种合作博弈格局下企业知识联盟均存在最优利益分配方案，并且模糊核心及模糊谈判集分配方案具有等价关系，为决策者提供了最优利益分配方案的构建思路。

（5）为满足联盟持续再合作的应用需求，本书将联盟总收益值进行部分保留，通过调整系数的引入，将传统分配模型扩展为广义分配模型，并以我国 5G 知识联盟为案例进行论证分析，得出结论：广义最优分配方案可弥补联盟因找不到传统最优分配方案而无法持续合作的局限，为企业知识联盟可持续合作提供对策建议。

本书力求运用精炼且具有说服力的企业知识联盟案例及论证，诠释具有深厚理论基础与实际应用价值的企业知识联盟合作及优化对策，体现模糊博弈及其解集作为衔接企业知识联盟合作优化和当今数字经济发展的桥梁的重要性。笔者希望为读者了解企业知识联盟发展态势、进行相关讨论交流提供帮助，也希望能够满足其系统学习企业知识联盟合作及优化的需求。本书受到西安财经大学学术著作出版经费、陕西省社会科学基金项目（2021A003）、中国（西安）丝绸之路研究院科研项目（2018SY04）等的资助，得到了许多同行专家与学者的关心与帮助，参考和采纳了国内外大量专家学者的学术观点。在此，一并致谢。

本书既是对笔者从事模糊决策理论与应用的科研工作积累与积淀成果的应用推广，也是对企业知识联盟合作与优化研究的一种新的探索与尝试，希望本书能为读者提供帮助。受自身学识限制，书中疏漏和不妥之处在所难免，衷心恳请各位读者给予批评、指正。

李 翠
2022 年 8 月

目 录

第1章 企业知识联盟概论 ·· 1
 1.1 关于企业知识联盟及其利益分配 ··· 1
 1.2 关于企业知识联盟形成动因及合作关系研究 ····························· 9
 1.3 关于企业知识联盟利益分配及稳定性分析研究 ························ 15
 1.4 企业知识联盟合作及优化的应对策略 ····································· 19
 1.5 本书的内容安排 ··· 24
 1.6 本章小结 ··· 28

第2章 企业知识联盟成员合作的模糊特性及模糊博弈特征分析 ·········· 29
 2.1 企业知识联盟成员合作的模糊特性 ·· 29
 2.2 企业知识联盟成员合作的博弈特征 ·· 30
 2.3 企业知识联盟成员选择的博弈过程分析 ·································· 33
 2.4 由传统博弈下的合作延拓到模糊博弈下的合作 ························ 39
 2.5 本章小结 ··· 58

第3章 企业知识联盟合作利益的影响因素及特征函数表述 ·················· 59
 3.1 企业知识联盟合作利益的协同效应 ·· 59
 3.2 企业知识联盟合作利益的创造与分配 ····································· 64
 3.3 企业知识联盟合作利益的关键影响变量 ·································· 69
 3.4 企业知识联盟合作利益的特征函数 ·· 76
 3.5 本章小结 ··· 83

第4章 企业知识联盟利益分配的谈判均衡研究 ································· 84
 4.1 企业知识联盟利益分配的基本原则 ·· 84
 4.2 纳什谈判的公理化 ·· 90

4.3　成员企业纳什谈判模型及其均衡……………………………………98
　　4.4　模糊谈判集概念的提出……………………………………………100
　　4.5　本章小结………………………………………………………………105

第5章　企业知识联盟模糊网络博弈格局及利益分配研究……………………106
　　5.1　模糊网络合作博弈的提出…………………………………………106
　　5.2　网络合作博弈下成员合作的网络效应及其利益分析……………110
　　5.3　企业知识联盟成员合作的利益谈判与网络博弈的核心结构……115
　　5.4　模糊网络博弈下企业知识联盟利益分配的均衡结果分析………121
　　5.5　数值模拟………………………………………………………………124
　　5.6　本章小结………………………………………………………………127

第6章　企业知识联盟模糊平均单调博弈格局及利益分配研究………………128
　　6.1　模糊平均单调合作博弈的延拓……………………………………128
　　6.2　企业知识联盟的模糊比例分配及模糊简化博弈模型构建………131
　　6.3　模糊平均单调博弈下企业知识联盟利益分配的谈判均衡结果分析…141
　　6.4　数值仿真分析…………………………………………………………150
　　6.5　本章小结………………………………………………………………155

第7章　利益分配视角下企业知识联盟可持续合作优化对策研究……………156
　　7.1　传统合作博弈下企业知识联盟广义分配模型……………………157
　　7.2　模糊合作博弈下企业知识联盟广义分配模型……………………170
　　7.3　我国5G知识联盟案例分析…………………………………………184
　　7.4　企业知识联盟可持续合作对策建议………………………………189
　　7.5　本章小结………………………………………………………………191

参考文献……………………………………………………………………………192

第1章　企业知识联盟概论

随着我国科技创新战略的演化，组建知识联盟已成为我国数字经济发展新常态下企业技术创新的主流。然而，知识联盟的成功构建与持续发展，关键因素在于利益，因为知识联盟本质上是一种既有竞争又有合作的共赢关系，这就需要对共同拥有的资源进行优化配置，对联盟利益进行合理的协商分配。

1.1　关于企业知识联盟及其利益分配

1.1.1　企业知识联盟的概念及其利益分配的重要性

"知识联盟"的概念最早由 Andrew Inkpen 于 1998 年提出，Andrew Inkpen 指出，知识联盟属于战略联盟的范畴，企业之间或企业与其他机构之间从共同创建新知识或进行知识转移的角度组建联盟，即从知识角度分析其动因（Inkpen，1998）。然而关于知识联盟的概念及知识联盟的目标是什么，学者们未形成统一的看法，人们对知识联盟的认识，在理解上仍然有很大的差异，甚至对知识联盟的理解还存在着一些分歧，如下所示。

（1）关于经营实力不对等的企业间是否具备联盟可能性的分歧。

（2）关于战略联盟边界界定问题的分歧。

（3）关于战略联盟是否有股权参与的分歧。

也就是说，不同时代、不同角度，研究者对知识联盟有着不同的理解，急需对知识联盟有一个更加全面的系统认识。

研究者对知识联盟概念的分析目前也没有停止，我们不应该排斥研究者从多种视角看待或认识知识联盟的发展形态，而应该遵循系统工程的思维从更基本的层面、更大的尺度、更新的视角对知识联盟进行重新理解，虽然研究层次、研究视角和研究尺度及其结论不是完全一致的，但它们肯定是相互嵌套、相互关联及相互补充的，也就是说，它们共同组成了知识联盟这个复杂大系统的子系统（薛惠锋等，2014）。应用系统观诠释企业知识联盟具有重要的理论及实用价值，因为企业知识联盟是一项系统工程，企业知识联盟利益创造及其分配是企业知识联盟持续推进的关键问题。

现代系统结构理论将所有研究对象均视为一个系统，当然企业知识联盟也不例外，也视为一个复杂系统。系统观视角下设知识联盟 $Z(n)$ 是由 n 个存在关联的部分 $e(1),e(2),\cdots,e(i),\cdots,e(n)$ 构成的整体，记为

$$Z(n)=\{\varepsilon(n),R_Z^*\}, \varepsilon(n)=\{e(i); i=1,2,\cdots,n; n \geq 2\}$$

其中，R_Z^* 表示 $e(1),e(2),\cdots,e(i),\cdots,e(n)$ 间存在的关联的集合。对于知识联盟 $Z(n)$：①$Z(n)$ 的内部状态 $S_{in}=(s_1,\cdots,s_i,\cdots,s_n)^T$，$s_i \in A_i(i=1,2,\cdots,n)$，其中，$A_i$ 代表每一组成部分 $e(i)$ 的状态空间，s_i 代表部分 $e(i)$ 的状态；②H_Z 表示知识联盟 $Z(n)$ 的系统行为，它描述了知识联盟 $Z(n)$ 的外部表现或活动，它是知识联盟的输入 R 及知识联盟内部状态 S_{in} 的函数，即 $H_Z=\psi_h(R,S_{in})$。图1.1描述了知识联盟结构。

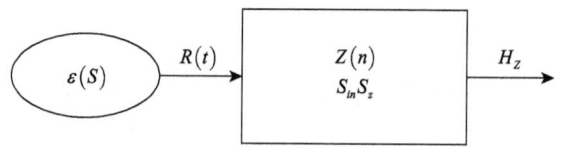

图 1.1　知识联盟结构示意图

图1.1中，$\varepsilon(S)$ 代表知识联盟环境，$R(t)$ 代表 t 时刻知识联盟与其环境之间的关系。若 $Z(n)$ 为封闭式系统，那么 $R(t)=0$；若 $Z(n)$ 为开放式系统，那么 $R(t)$ 为一种输入关系。

企业知识联盟组建的目的是通过知识联盟的推进对系统行为 H_Z 进行改进，通过分析知识联盟结构，可以采取的措施主要包括：①对知识联盟成员企业与企业环境之间的关系 $R(t)$ 进行改变；②对企业知识联盟内部状态 S_{in} 进行改变；③对企业知识联盟行为的关系式 ψ_h 进行改变，即对知识联盟结构 R_Z 进行改变。

从定性的角度本书将企业知识联盟理解为更加广义的知识联盟，将其放到系统工程这个大尺度和基本支撑层次上进行考察，是因为知识联盟是一种全新的知识集约关系，带有明确的学习知识的目的，中心任务是促进知识流动和创造新知识，是以利益为基础、以知识为纽带的复杂系统，其成员企业的知识创造过程及

知识传播过程与耗散结构理论相似，从而奠定了整体最优化决策的思想基础。从定量的角度，本书将在 2.4.2 节给出知识联盟概念的相应描述。

知识联盟是从产品联盟发展而来的，如图 1.2 所示，知识联盟与产品联盟均是战略联盟的一种方式，主要区别在程度上而不是种类上，产品联盟主要关注扩大市场份额或销售存货，并不注重学习和创造知识，而知识联盟的参与者都致力于学习和创造知识，以适应不断变化的外部环境。

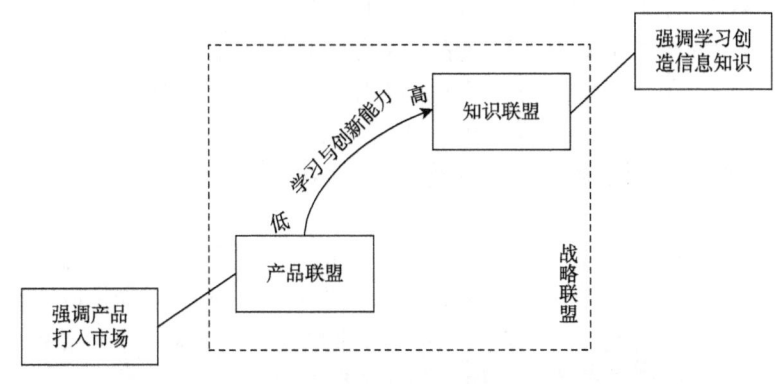

图 1.2　知识联盟的发展

此外，知识联盟的成员不仅在同一个联盟内发生合作关系，发展到一些特定的阶段，便存在脱离原来联盟并开始加入新联盟的演变，新联盟的发展形态是不能与旧层次上的联盟形态相提并论的，知识联盟就是系统发展思维下的新一轮形态的开端，它与其他联盟应是不同层次的不同形态，并将在系统科学的方法论及系统观点下持续发展。

与其他联盟相比，知识联盟呈现出了许多特有的属性，并将伴随我国经济发展过程呈现出更多新的特性。

（1）社会性。社会因素制约着企业知识联盟的技术要素，知识联盟虽然和普通系统一样，其发展离不开技术，但其技术层面与社会层面的关系更紧密，知识联盟的技术因素具有更深刻的社会性。

（2）能动性。企业知识联盟的参与者是各成员企业，所以，企业知识联盟与其他联盟相比更加活跃，但这种活跃及能动性应结合企业知识联盟的整体目的性，才能实现可持续发展的预期目标。

（3）集成性。企业知识联盟虽然规模庞大，但却具有明确的功能目标，通过功能目标的确定性可以集成特殊的复杂系统，使其关系和要素朝着预期目标协调发展。

（4）创新性。知识联盟旨在从战略高度紧密地实现成员企业之间知识的创新，如果成员企业之间只是简单地传递、转移知识，则谈不上是知识联盟。成员企业组建知识联盟主要致力于学习或创新，进而帮助企业扩展和改善其基本能力，实现从战略上更新核心能力或创造新的核心能力，最终使合作伙伴多方受益。

（5）战略潜能性。知识联盟的组建有助于从战略上更新企业核心能力或创造新的核心能力，知识联盟与产品联盟两者均是合作联盟的一种方式，都通过分享所有权、控制权模糊了企业间的界限，将企业与社会系统连接起来，为了适应不断变化的环境，联盟也不断改变，产生了一系列创新型合作联盟。

（6）收益模糊性。企业知识联盟区别于其他联盟的显著特征之一，体现为难以对联盟投入与产出做出精确评估，因为知识联盟的投入既包含有形资产，也包含无形资产，各合作伙伴的学习贡献难以度量，对于知识联盟的产出既包含显性收益，也包含隐性收益，尤其隐性收益在短期内难以估价（郭鹏和陈玲丽，2014）。因此，知识联盟的综合收益很难精确评估，即知识联盟的收益带有模糊性。

可见，知识联盟所具有的新特性使企业的发展经历了战略联盟形态的大变革，对企业的生命周期产生了巨大而深远的影响，正确理解知识联盟内涵及类型，对更好地推进企业可持续发展，提高企业的持续竞争能力和创新能力具有极其重要的理论价值和实践意义（徐浩等，2019）。

很多研究者为了进一步理解知识联盟内涵及推进演化过程，从多角度对其进行了类型划分（于晓辉等，2019），如表1.1所示。

表1.1 知识联盟的类型、含义与实例

分类依据	知识联盟类型	含义及实例
地域范围	国内知识联盟	中星微电子、软件中芯国际等多家企业、科研机构组建中国硅知识产权联盟，其各成员企业在技术上优势互补，使联盟整体的技术竞争力得到增强，构建了中国的"IP核共享池"
	跨国知识联盟	跨国公司摩托罗拉、西门子、诺基亚等与中国企业结盟，开拓新市场
合作关系密切程度	合资企业联盟	并不局限于追求较高的投资回报率，而是关注成员企业共同知识意图的实现，各成员企业共担风险，组合各自不同的资源进行合作，对收益进行共享。例如，爱立信和微软在2000年成立的爱立信微软移动合资公司，旨在推动移动互联网的发展
	持股式联盟	互相持有各成员企业的少量股份，借助相互股份的交换建立长期的合作关系，但不需要成员企业的合并，各成员企业之间依然相对独立，并且形成双向的股权持有
	协议式联盟	主要依据更松散、灵活的契约进行合作，各成员企业虽达成共同合作的协议，却不以资产为纽带，如针对技术交流协议而言，联盟各成员对技术资源进行交流，借助知识的学习实现竞争力的增强；针对长期合作开发协议，联盟各成员共用科研设备，对科研成果进行分享，共同合作开发新产品；针对产业协调协议，各成员通过产业联盟体系的建立进行全面协作与分工，如供应链联盟

续表

分类依据	知识联盟类型	含义及实例
知识联盟合作目标	知识开发联盟	IBM、Apple 和摩托罗拉公司合作开发 PowerPC，英特尔公司开发奔腾处理器，以同微软的操作系统进行竞争
	知识共享联盟	丰田公司和通用汽车公司的 NUMMI 联盟。丰田公司主要对通用汽车公司中关于美国汽车市场的知识进行获取，通用汽车公司主要针对丰田公司中企业技术及管理方面的知识进行获取
联盟伙伴性质	企业与高校、科研院所之间的知识联盟	高校、科研院所与企业组建知识联盟，主要为企业提供窗口及专家支持，进而深入发展企业内部研究，以便了解正在成长中的知识。例如，青岛海洋大学与海南海脉冲海洋生物有限公司构建了研发型"大学–企业"知识联盟，双方共同研制海洋药物。该类型的知识联盟主要特征如下：共享性、实践性、风险的共担性
	企业之间的知识联盟	企业相互结盟，学习合作伙伴知识，合作创造新知识，以减少竞争压力并获取较高利润。例如，施乐公司与多家客户组建联盟，对需要处理复杂文件的客户如波音飞机制造公司给予帮助，对客户知识进行获取，这种类型的知识联盟特征如下：计划性、平等性、模糊性、灵活性
	科研机构之间的知识联盟	科研机构的设置具有专业性及单一性，其科研活动往往侧重于单一领域，科研机构组建为联盟，能够增大科研队伍的规模，充分利用各自的专业优势，进而满足科研变化及科研发展的需求。该类型的知识联盟主要特征如下：知识的共享性、互补性、创新性与成本的节约性
	政府、企业及科研院所之间的知识联盟	指企业、科研机构、大学及政府的相关部门运用各自的知识资源进行合作，共同发展，进而实现知识创新。这种类型的知识联盟特征如下：互补性、知识的创造性、紧密性、模糊性

注：NUMMI：New United Motor Manufacturing Inc.，新联合汽车制造公司

  知识联盟划分依据多种多样，甚至在不同的划分视角下，知识联盟的分类会有交叉重叠部分，也就意味着不同知识联盟组建过程也许不尽相同，但其联盟实质上是一种既有竞争又有合作，各成员为追求经济利益而形成的合作共赢关系，而收益是维系这种关系的关键因素（李翠，2017），企业知识联盟的利益分配策略是典型的合作博弈问题，是各成员企业之间在合作竞争中理性选择的结果，所以，急需通过对合作博弈的求解解决知识联盟的利益分配问题。

  企业知识联盟的利益分配是各成员企业协同优化的过程，而目前基于传统合作博弈的利益分配思想仍停留在企业完全参加或完全不参加某一特定联盟，以及成员企业在合作之前完全清楚不同合作策略下所获得的收益等假设层面上，没有考虑到成员企业合作中所体现的模糊特性，而模糊合作博弈为此类问题的求解提供了一种全新的解决思路，其基本思想是采用隶属度实现企业分别以不同的参与度参加多个联盟，采用模糊合作博弈对企业知识联盟利益分配进行求解，不仅更符合成员企业现实生活中的竞合关系，而且能提高知识联盟成员企业合作的成功率（孙红霞和张强，2010）。

  在企业知识联盟生存周期的各个阶段中，利益分配都扮演着重要角色，支持

从初创期、成长期、成熟期，直至衰退期的全生命周期管理。评估预期收益，对组建知识联盟的利益进行分析，对事前利益分配方案进行确定，并对其进行调整，实时反馈利益分配方案，才能降低风险，最终提高企业的持续竞争能力和创新能力。

1.1.2 企业知识联盟利益分配面临的问题

伴随信息技术的迅猛发展，许多制约企业发展的因素，以及企业知识联盟管理中蕴含的许多急需解决的问题逐渐暴露，成员企业合作中矛盾最突出的管理问题在于利益分配问题，当前看来，在企业知识联盟利益分配领域有以下问题亟待解决。

（1）企业竞争环境复杂多变，导致企业知识联盟成员合作模式发生改变，呈现出了模糊特性，进而利益分配也呈现出新的模糊特征，企业知识联盟成员合作中的模糊特性及其成员合作的博弈过程是目前的研究重点和难点。

在当今的知识经济时代，企业的竞争环境发生了巨大变化，特别是企业转型时期，众多不确定性因素导致企业知识联盟利益分配呈现出显著的新特征：①复杂性。在变革因素的交互作用下，成员企业组建联盟过程体现出高度复杂性、不确定性、不可预见性，如联盟投入中既包括有形资产也包括无形资产，而无形资产的评价更加困难，且知识联盟利益分配同时受多种因素的共同影响，需要进行合理的协商和调整，并且联盟成员也具有复杂性，参与者在利益寻求、体制管理、空间位置等很多方面存在重大差异，从而强化了联盟利益分配的复杂性，使得知识联盟利益分配成为一个复杂的过程，体现了复杂系统理论中"非线性"变化的过程。②重要性。成员企业合作关系的维持关键在于对知识联盟的利益进行合理分配。促使成员企业组建知识联盟的前提条件主要包括：各成员企业组建联盟后获得的整体利益要大于组建联盟之前单独行动时获得的利益之和，并且对各成员企业来说，参与联盟后获得的利益至少不低于参与联盟之前所获得的利益，所以联盟利益的合理分配也是激励成员加强合作的动力，进而提高整个知识联盟的运作效率（于晓辉等，2019）。③民主性。知识联盟利益分配可视为民主决策的过程，联盟利益分配方案是各成员企业群体决策共同制订的，为确保最终的利益分配方案更易被接受，在决策过程中，各成员企业可以依据各自情况制订初始利益分配方案，然后让其他成员对初始方案进行修改。④动态性。伴随企业知识联盟内外部环境的多变性，以及知识联盟各成员企业的合作进程，还有合作利益内容的调整，知识联盟利益分配方案不是一成不变的，且市场或其他相关因素的变动也会导致联盟利益内容发生变动。当利益分配方案不再适用时，应对其进行及时调整，此外，知识联盟的利益分配并非一次性活动，也与联盟自身的组织性相关，且各成员间关系的调整及其对联盟利益的预期等都对最终利益分配方案的确定与调整有一定的影响。⑤模糊性。成员企业可能并不是完全参与到某特定的知识联盟中，因为资源、能力及其他业务利益的吸引等很多因素均会对成员企业间的合作有一定的限制影响，也就是说，知识联盟成员企业间的合作关系呈现模糊特性，而且知识联盟的预期收益也可能不是确定值，还存在成员企业间合作及预期收益双重模糊的现象，这种情况下利益分配问题的解决更为重要。⑥判断协商性。知识联盟成员是平等、独立的主体，联盟利益分配方案和方法需要以成员间的谈判与沟通交流为基础，并对成员企业间利益谈判的均衡加以实现，但每个成员企业均希望提出对各自有利的分配方案以实现自身利益最大化。因此，知识联盟中实力较弱的成员企业为了增强其谈判能力就会与其他成员组建知识联盟。也就是说，知识联盟成员为了对最终分配方案达成一致和均衡意见，需要进行反复协商谈判。其实，成员不断谈判、协商的过程，总体上是一种提升、演进、进化的过程，也体现了人的主导性特征。

博弈论主要关注决策主体的行为发生直接作用时的均衡问题，集体理性以个体理性为基础，强调博弈参与者之间的相互作用及影响，主要有合作博弈及非合作博弈两个分支。许多学者对一系列合作博弈解进行了研究（杜欣和邵云飞，2017；Tijs，2003；Maschler et al.，1979；Shapley，1971；Schmeidler，1967；Aumann and Maschler，1964），如稳定集、谈判集、Shapley值等，然而，知识联盟传统的合作博弈格局重点强调成员企业怎样在确定条件下组建联盟，以及在确定条件下联盟收益分配问题的解决。这均基于两个假设前提：①成员企业完全参与或完全不参与到一个特定的联盟中，也就是说，成员企业要么与某个知识联盟合作，要么不与这个联盟合作；②成员企业完全了解其在合作之前在不同合作策略中将获得的收益，并对自身参与到特定联盟中所获得的分配也很清楚，然而，现实生活中事实并非如此，更多的情况是成员企业分别以不同的参与程度与多个联盟进行合作，且它们在合作前对不同合作策略下的收益并不确定，甚至不清楚各自在特定联盟中所获得的分配（Imai and Salonen，2012）。因此，对现有成员合作模式及利益分配理论提出了更多新的要求，急需充分考虑到不确定因素的影响。

（2）知识联盟已成为战略联盟的高级形态，在复杂多变的竞争环境下其利益分配受到合作伙伴对联盟的贡献、谈判能力、参与程度等多种因素的影响，因此，迫切需要对企业知识联盟利益分配的关键变量进行定量分析并对其特征函数进行系统表述。

企业知识联盟是战略联盟发展的高级形态，是一种完善的网络组织结构，也是一种崭新的战略概念，其中除合作关系外同时还存在激烈的竞争关系，更是人员、组织、技术及知识的有效集成。成员企业由于成员组建知识联盟的主旨在于抓住市场机遇，由于成员企业间存在潜在的利益争夺及市场份额，所以，各成员企业将更加关注各自的长期利益及投入产出效益。在知识联盟形成时，联盟伙伴要确定最终是合作还是竞争，或者是以一定参与度进行合作，会受到很多因素的影响，如何利用博弈论的方法探讨相关因素至关重要（Izquierdo and Rafels，2001）。

在解决企业知识联盟利益分配问题的过程中，针对其主要影响因素及次要因素必须加以识别和考虑，如联盟体总收益、成员企业资源投入和预期效用、成员企业获得高收益的概率、成员企业结盟前收益等对知识联盟利益分配均将产生一定的影响（Jähn et al.，2006），另外，以往固定的合作模式的假设所存在的局限制约着其实际应用，所以，研究模糊合作模式下企业知识联盟利益分配的特征函数是该领域的难点。

（3）"十四五"时期强调知识联盟正成为世界经济中占主导地位的合作形式，企业知识联盟成员合作的协同效应是当今复杂环境下知识联盟组建及高效运营的基础，企业知识联盟成员合作的模糊博弈格局决定了最优利益分配方案的存在性，企业知识联盟成员合作的谈判策略与均衡问题亟须研究。

依据"十四五"时期及数字经济发展新常态下企业技术创新发展的需求，知识联盟正日益成为在世界经济中占主导地位的合作形式。所以，必须将企业知识联盟的研究视为一项复杂的系统工程，且其发展中的每一要素与环节本身又是复杂的系统工程，都存在一定的发展顺序及发展阶段，急需在逐渐推进的进程中，依据实际应用的不断转变有所变通。然而，企业知识联盟利益分配过程实质上就是联盟各成员企业相互博弈的过程，而合作博弈的思想就是既要顾全成员的利益也要考虑集体的利益（Spekman et al.，1998），因此，可以从博弈论视角出发，综合运用多学科知识提高利益分配机制的合理性。

博弈论给知识联盟成员企业间的竞争与合作研究带来了变革，将知识联盟的相互作用视为成员企业进行竞争与合作的结合物，进而提供了新的思维，实现了可持续竞争优势的建立（闫安等，2013）。从博弈论视角寻求成员企业与其他合作伙伴互动关系中的最优反应策略，不仅反映了其他成员企业的行动策略，更反映了自身的优势与劣势。联盟的形成大都以利益为基础，不论在联盟的形成中还是联盟实施过程中，利益分配始终是个冲突点（Gillies，1953）。研究联盟成员模糊合作特性下利益谈判的均衡性，及其均衡结果在不同模糊合作博弈格局下呈现的特征，将为知识联盟的可持续发展提供重要的支撑。

（4）如果将联盟收益一次性分配给成员企业，难以满足企业知识联盟再发展的需求，对联盟总收益保留部分，即对现有利益分配模型及方案做出调整或扩展，从利益分配视角研究企业知识联盟可持续发展对策，也是当前面临的挑战。

成员企业对共同拥有的资源进行优化配置，并对从知识联盟中获得的收益进行合理谈判协商,对联盟可持续发展至关重要,在成员企业合作中引入隶属度函数,同时在利益分配中引入调整系数,既能满足成员企业同时参与多个知识联盟,又能满足联盟收益部分保留用于再发展的需求,这也是本书利用模糊合作博弈广义扩展解的分配技术研究企业联盟利益分配问题的优势所在。

基于以上四点需求,本书主要针对知识联盟成员合作的模糊特性导致出现不同的合作博弈格局,而提供不同的分配策略及谈判均衡,将模糊特性考虑到知识联盟成员合作关系中,对模糊合作博弈格局下成员企业能否获得高于单独行动时的收益进行研究,进而为知识联盟可持续发展提供对策建议。目前针对知识联盟成员企业间的模糊合作关系及其利益分配的研究以定性描述居多,缺少量化分析,所以本书将基于模糊博弈的创业知识联盟合作格局及利益分配优化对策研究作为重点研究内容。

1.2 关于企业知识联盟形成动因及合作关系研究

国内外研究机构和学者们从不同的研究视角对知识联盟进行了大量的研究,并取得了丰富的研究成果,这为本书的研究工作奠定了良好的基础。目前国内外对知识联盟的研究主要集中在如图 1.3 所示的几个方面。

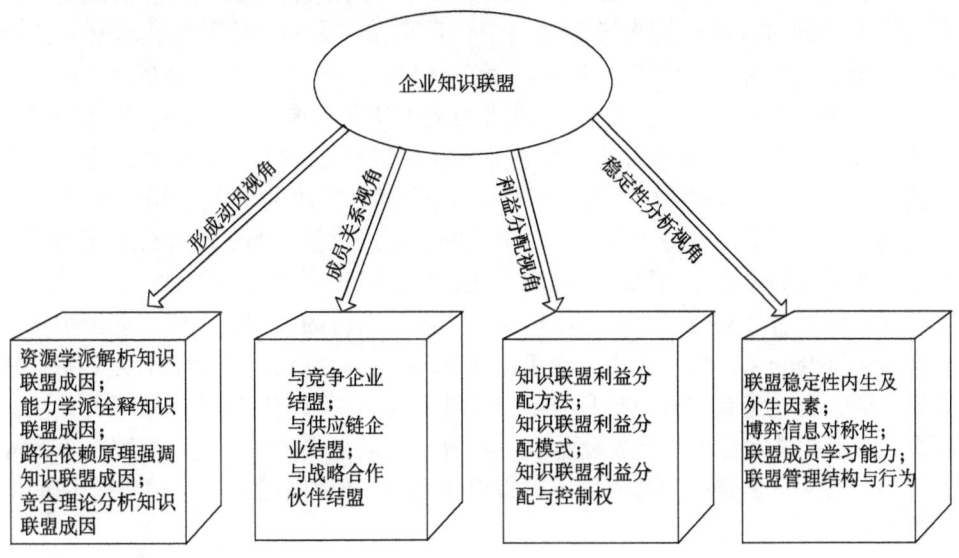

图 1.3 企业知识联盟研究视角

很多学者将企业能力理论、知识市场的路径依赖原理、竞争合作理论等引入知识联盟中，从不同角度对知识联盟的形成做了不同解释（张艳菊和赵宝福，2013；Branzei et al.，2005；Birnberg，1998）。

1.2.1 资源学派解析知识联盟成因

资源学派理论创始人沃纳菲尔特、格兰特和巴尼基于资源理论，认为企业即各种资源的集合体，而企业竞争优势取决于它所拥有资源的异质性。沃纳菲尔特（Wernerfelt，1984）强调资源是依附于企业的半永久性的有形和无形资源，鉴于资源具有的专用性、不可流动性和不可模仿性，可通过企业拥有的资源对企业进行区分。

Barney（1991）认为一系列独一无二的资源和关系决定了企业的竞争地位，企业累积资源极大地影响了企业的竞争战略。资源决定了企业能做什么，是制定企业战略的关键，因此，企业不应仅仅关注其竞争环境，还应注重自身的资源，而具有竞争优势的资源的主要特质包括：①稀缺性；②有价值；③不可替代性；④不可完全仿制性；⑤以低于价值的价格被企业获取。因此，企业必须开发出一系列独特的、具有竞争优势的资源，配置到竞争战略中，才能获得佳绩（万骁乐等，2017；Minehart and Neeman，1999；Baum and Dobbin，1991）。

Kogut（1988）分析了企业可能选择知识联盟的两种情况：一种情况是保护自己资源的同时又能从别人资源利用中获得收益；另一种情况是获取别人的资源，如技术、声誉、品牌等。Hennart 和 Reddy（1997）认为企业在以下两种情况下可能会选择知识联盟：①联盟付出的成本比收购要小，而且并不是目标公司所有资源都具有收购的价值；②企业知识联盟可以使成员企业只关注使用所需的资源，对多余的额外资源不必注重，进而对资源的更大使用价值进行创造，然而，因为资产的专用特质，对多余的资源或价值低的资源进行毫无损失的博弈存在很大的难度，如果通过并购方式，那么可一同收购多余的资源。因此，知识联盟的显著优势体现为只获取所需的资源，而将额外的损失减少至最小。

Das 和 Teng（2000）认为企业组建知识联盟的基础和企业竞争优势来源于其异质资源，企业拥有的资源越具有不可转移特性、不可模仿特性及不可替代性，那么，企业组建联盟的可能性就越大，不管是获取他人的资源还是保留自身的资源，如果资源只供企业内部使用，被售出时产生的价值不会超过它在联盟中的使用价值。

Gulati 和 Singh（1998）认为，企业为了完成单独不能完成的项目，进而创造新的价值，会组建知识联盟，其组建基础在于企业间的资源互补，企业通常会结合其他企业资源和能力创造新价值。Gulati（1995）认为联盟是获取互补性资源的主要渠道，具有互补能力的企业有更多的机会参与知识联盟。Badaracco（1991）指出，具有一定吸引力的联盟伙伴在技术、能力、资金、产品及人员等方面拥有自身的资源，其自身能力的发展并不是通过市场化的交易、自我壮大及收购兼并等途径，而是通过组建联盟。Hamel（1991）指出如果每个联盟成员都能满足其他成员资源互补的需求，将可能实现共有利益。Teece（1992）指出针对高速成长期的企业，为确保其产品适时推广，就需要组建知识联盟，以实现能力互补及整体能力的配置。Grant（1996）指出企业的可持续发展能力取决于知识的特性，企业最重要的战略资源就是知识资源，企业即一个知识集成体。

Miller 和 Shamsie（1996）从资源模仿性的角度将资源分为两大类型，分别为以知识为基础的资源和以产权为基础的资源，其中，以知识为基础的资源主要是指不可流动的和不易被模仿及替代的资源，如深嵌入企业组织内部的企业文化和组织学习的技术能力，这类资源是不易被其他企业所复制的；而以产权为基础的资源主要是指企业所有者的合法产权，主要包括金融资本、实体资源、人力资源等，往往会受到契约、专利及所有权的保护，可以得到法律的保护。专利、合同、知识产权等具有高度的不可替代性及不可模仿性。在这两种类型的资源中，以知识为基础的资源更脆弱，更易于在企业间转移，因此，各成员企业都比较重视以知识为基础的资源，因为一旦被其他企业获取，就无法再将其限制在企业内部。

1.2.2 能力学派诠释知识联盟成因

企业能力论的含义主要体现如下：第一，企业的经营范围取决于企业的能力储备；第二，企业长久竞争优势的形成在于保持、积累并运用能力开拓市场；第三，企业在本质上永远是一个能力体系。普拉哈拉德和哈默的"企业核心能力论"强调企业的核心能力为协调不同生产技能及整合各种技术的累积性学识，企业核心能力的基础特性主要体现如下：①不可替代；②不可完全仿制；③异质；④有价值（李军强等，2021；范如国等，2017；王积田和任玉菲，2013）。所以，企业有效的战略活动范围取决于其核心能力，企业优势的构成就取决于企业能否置身于核心能力发挥价值的状态，并且具有持久性，即核心能力是企业竞争优势的基础（曹霞等，2018）。

企业核心能力学派认为，企业借助隐性知识的积累可培育其核心能力，隐性知识难以在企业之间进行传递，因此企业的部分隐性知识便组成了企业特有的能力，也就是说，对企业而言，其更多竞争优势的来源及长久能力与技术的获取在于隐性知识，因为隐性知识比显性知识更具有战略价值。但是，企业核心能力的形成也表现出一定的路径依赖性，很难通过市场交易获得，所以组建联盟是提升企业能力的有效途径之一。

1.2.3 路径依赖原理强调知识联盟成因

以美国经济学家阿瑟为代表的知识市场路径依赖原理认为，由于高科技市场中消费体现出路径依赖的特征，在以顾客为导向的时代背景下，生产领先、观念和技术领先及标准领先，才能市场领先，才能实现知识投资报酬的递增，才具有引导消费路径的可能性（Arthur，1989）。

知识市场路径依赖原理分析高技术企业组建知识联盟的成因在于，各企业通过组建知识联盟开发产品，利用各自的资源优势，相互补充，对新产品的综合资源优势进行构建，对企业独自开展产品创新的困难进行克服，从而提高产品开发效率及速度，降低产品开发的不确定性与风险，进一步增强其市场领先能力，最终实现规模报酬递增。

张喜征和覃海蓉（2014）试图对企业与企业之间、消费者与企业之间研究企业升级转型的路径依赖问题进行突破，基于企业员工知识锁定的应用，借助演化博弈论方法，对企业升级转型过程中主体决策行为的知识路径依赖特性进行探讨与验证，提出了相应知识路径依赖的破解策略，以防止企业"核心僵化"。因为知识锁定的本质取决于知识刚性和知识惯性，知识锁定对企业内部新知识的有效传播及利用、知识创新具有一定的抑制和阻碍作用，因为知识锁定使企业员工过于依赖特定知识，且伴随依赖程度的增加逐渐强化对现有知识的应用，即知识锁定主要表现为对知识流动的抗性、对特定知识的依赖性及知识结构惰性，这在一定程度上阻碍了企业升级转型，因此，需要构建多主体互动博弈模型，真实反映企业转型决策的知识路径依赖问题。

Hamel（1991）对知识显性化程度的差异、知识本身封装程度，以及知识共享程度的可能性加以分析，认为共享程度的不同可对知识扩散产生一定程度的影响。因此，基于原依赖关系下的知识扩散路径转变为基于依赖关系与共享程度共同影响的知识扩散路径，其主要划分为五类：①依赖关系强且共享程度高的扩散路径；②共享程度有高有低且依赖关系强，其中，由低共享程度向高共享程度的知识扩散需要提前对低知识共享程度进行改善，而由高共享程度向低共享程度扩散路径不变；③针对共享程度低且依赖关系强的情况，需要提前对知识传授主体的知识传授能力进行强化，可通过文档化过程提高隐性知识的显性化程度，进而提高知识共享程度，最终服务于后续知识的扩散；④针对依赖关系低且共享程度高的情况，可依靠高共享度的自然扩散，减少对促进知识扩散的精力投入；⑤针对依赖关系低且知识共享度低的情况，可将精力投放到其他扩散路径上，而对该知识扩散路径进行舍弃。

此外，针对知识域，可在原有状态基础上通过系统集成来吸纳新知识元素，进而实现创新，变化的幅度表明创新的程度，也就是说，创新程度越大，相对原有状态通过系统集成所带来的知识域变化幅度就越大，其变更的直接后果体现为知识域发生变化，所以，知识域本身的变动性受系统创新和变更的共同影响，其在系统集成过程中是客观存在的，知识域的变动性会促使系统集成体现出更大的价值。

1.2.4　企业知识联盟成员合作关系划分

知识联盟基于成员企业之间的相互关系及特性可划分为：①企业与战略伙伴组建联盟，如与具有互补战略利益的企业或政府机构组建为联盟。②企业与供应链企业组建联盟，如与分销商或具有一体化战略利益的供应商组建为联盟。③企业与竞争企业组建联盟，如与潜在竞争对手或具有替代战略利益的竞争对手组建联盟。

在不同类型的联盟中，成员企业特征、收益函数及策略空间有所不同，如与供应链企业和战略伙伴组建联盟时，双方的合作信任程度较高，各成员获取彼此的完全信息是符合各自战略利益的。企业以自身的发展需求为基础，主动组建知识联盟，在组建联盟之前理性的企业会对自身和联盟伙伴的收益、特征及战略空间等拥有较为完全的信息，因此，成员企业拥有的信息是对称的、完全的。如果与竞争企业组建联盟，则会因为彼此合作的信任程度不高，而无法获取完全信息，因此，成员企业所拥有的信息是不对称的（Avrachenkov and Singh, 2016; Miyakawa, 2009）。知识联盟的结构主要有二螺旋结构和三螺旋结构，如图 1.4 所示。

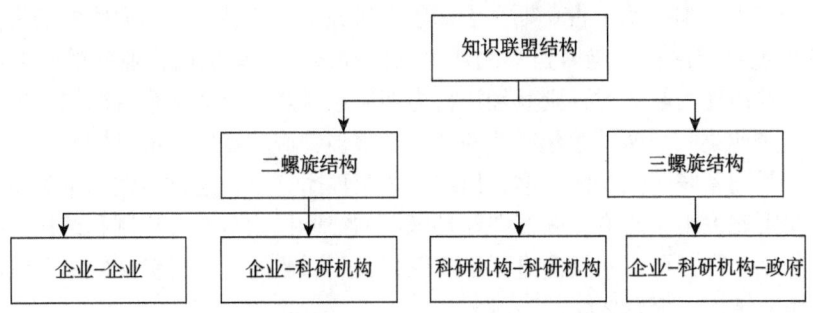

图 1.4　知识联盟结构

知识联盟初期，主要为三个主体，即企业、科研机构、政府中任意两个相互合作，构成了二螺旋结构，伴随竞争的不断增强，企业需要与更多机构进行合作，即形成三螺旋结构，也就是科研机构、企业和政府三方共同参与，共同作战的创新活动。

知识联盟成员企业间的关系是既有合作又有竞争的竞合关系，而不是纯粹的合作关系，已有研究文献表明，知识联盟的主要特征是对内合作对外竞争，即知识联盟是为竞争而合作，以合作来竞争。例如，针对知识联盟组建，因选择联盟的自由度及建立联盟的进入成本相对较低，所以对联盟伙伴的争夺较激烈，且建立联盟的竞争具有蔓延性，因此联盟形式能以最快速度增长；对知识联盟内部而言，成员企业之间同样具有较强的竞争关系，知识联盟内的成员企业既存在共同的战略利益，也存在为自身利益而获取对方核心知识的动机，同时还包括联盟中领导权的竞争和为增强自身企业在联盟中影响力而产生的竞争；知识联盟中，成员企业的初始状态和地位并不是一成不变的，成员企业可能会因为学习速度和吸收能力的增强而不再需要合作伙伴的资源，因此增强了竞争压力（Wu and Song, 2013）。

1.2.5 利用竞争合作理论分析知识联盟成员关系

企业大都是以经济利益为主要奋斗目标的功利性组织，企业对知识联盟的客观需要，体现了知识联盟成本与收益分析、目标选择及合作方式等相关研究的复杂性，企业对建立联盟的愿望受联盟利益分配预期的影响，联盟成员企业在联盟收益上存在着竞争，联盟建立与否是一个博弈过程（王小杨等，2017；Duggan, 2011；邓喜才和郭华华，2011）。竞争合作理论学派的代表人物拜瑞·内勒内夫、本杰明·古莫斯·卡塞尔斯、亚当·布兰登勃，指出合作并未弱化竞争，同时竞争对合作也并不排斥，且合作更会促进竞争效率的提高（商淑秀和张再生，2015）。本杰明·古莫斯·卡塞尔斯研究了高科技领域商业联盟的案例，获得了两个重要结论：一是联盟集团作为新的经济力量单位由企业间的联盟孕育而生，当企业组建为联盟时，则其经济行为即通过联盟和企业两个层面加以展现，单个企业、企业集团、两两组建联盟的企业在很多领域的竞争中都发挥着经济单位的作用。二是随着联盟数量的激增，出现了联盟集团竞争，这种新型竞争类型使企业内的竞争形态发生了改变，联盟在新环境下的集体行为对竞争机制和结构发挥着决定性的作用。联盟可以对资源进行迅速聚合，而联盟的竞争优势又取决于资源的组合及其组合结构（李泉林等，2014）。

摩尔认为，随着时代的变迁，竞争对手形成了新的竞争与合作规则，从与竞争者斗争转变为根据各自贡献，优势互补，共创技术标准，形成一个协调的动态系统（Rubinstein, 2010）。也就是说，系统的运行存在着与自然界类似的生物依存链，并不完全体现为强者驱逐弱者的过程，成员企业为了更好地发展而相互联合进行合作（X. J. Wang et al., 2019；杨韬等，2018；Mao, 2017；蒋军利，2011）。

Inkpen（1998）针对知识联盟关系的研究表明，知识联盟合作伙伴间的竞争关系具有复杂性，知识联盟是既有合作又有竞争的组织方式，如当新联盟形成时，联盟伙伴会对分享知识持犹豫态度，因为成员企业会考虑知识泄露给联盟伙伴的危险，但为了实现联盟共同目标必须对知识进行分享，所以知识联盟成员企业之间竞合关系的关键在于信任。Birnberg（1998）认为联盟关系维护的关键在于建立信任关系，而信任关系来自两个基本假设：①合作成员对互惠标准表现出意愿；②合作成员相信违约将遭受更多的损失。此外，Ring 和 van de Ven（1994）认为组织间的信任以个人之间的信任为基础，即知识联盟成功的关键在于成员企业之间的关系，但这种关系需要借助联盟的规章进行约束。

然而，博弈论将竞争与合作进行了完美整合，但在博弈论中多方合作对策的提出却又以利益分配问题为基础（Malkawi et al., 2014）。

1.3　关于企业知识联盟利益分配及稳定性分析研究

知识联盟是知识创新的有效组织形式，知识联盟的纽带是利益，而最终利益分配是否合理取决于利益分配方法的选择，知识联盟组织运行结构及联盟所处环境存在较大差异，因此，国内外研究者针对不同的利益分配方法开展了一系列研究。

1.3.1　知识联盟利益分配方法综述

国内外关于知识联盟利益分配方法的研究十分丰富。Daellenbach 和 Davenport（2004）表明，在知识联盟中，技术和知识分享的结果表现为利益的分配，而联盟成员对利益分配的预期是在联盟形成之前进行的，即成本投入和利益分配问题要在联盟形成之前而不是联盟形成之后再考虑，以便做出成员是否加入联盟或联盟是否继续的决策。Alexander 和 Ruderman（1987）指出，利益分配的公平性可能对成员决定留在联盟还是退出联盟的决策产生更大的影响。Shapley（1953）对能够解决多人合作博弈问题的数学方法进行了研究并提出了 Shapley 值法，其分配策略的主要依据是每个合作伙伴所做贡献和产生超额价值的比例。Meade 等（1997）指出动态联盟顺利组建和成功运作的关键在于合理的收益分配机制，且该分配机制也是发挥各成员绩效的重要保证。Lemaire（1991）构建了合作博弈模型，对联盟企业的共有利润分配问题加以解决，确保联盟的正常运行并降低其解散的成本。Nishizaki 和 Sakawa（2000）对基于合作对策的利益分配纳什均衡进行了探讨，并构建了其供应链体系，对无形技术投资与联盟成员利益分配方法的关系进行了研究。Gupta 和 Weerawat（2006）研究了基于利润分配函数的制造商与供应商联盟的利益分配方法。詹文杰和邹轶（2014）通过建立"双种群"复制动态模型，提出了基于演化博弈的讨价还价策略。Teng 等（2018）提出了基于 PA 算子和 MSM 算子的多属性群体决策方法。Li 和 Ye（2018）研究了区间值合作对策的最小二乘预核仁及其简化方法。王先甲等（2021）研究了模糊支付下 2×2 的对称博弈，利用模糊数分析了具有模糊支付的有限种群 Moran 过程演化动态。李翠等（2015）扩展了平均单调博弈的解集，定义了广义核心及广义谈判集解，并应用数值算例对企业知识联盟利益分配进行了分析。齐源等（2011）以群体层次分析法（group analytic hierarchy process，GAHP）的改进系数为基础，试图改进 Shapley 原模型，并通过修正的 Shapley 值实现供应链知识各利益主体的利益分配。卢艳秋等（2010）基于联盟创新能力改进了 Shapley 值，并利用改进后的应用算例对创新合作总利润的分配值进行计算。宋光兴等（2004）讨论了风险分配与利益分配之间的关系，对企业动态联盟的有效运作具有较好的研究价值。韩建军和郭耀煌（2003）分析了不同利益分配方式对动态联盟总体收益的影响，探讨了基于事前利益分配合约对成员企业协作行为及整体协作效果的影响，并给出了基于事前协商的动态联盟利润分配机制确定的基本原则。陈菊红等（2002）综合了虚拟企业收益分配因素，在此基础上构建了收益分配的博弈模型，研究结论对虚拟企业收益分配策略的制定具有较好的应用价值。龙勇和杨秀苔（2003）研究了不确定环境下不平等联盟的利益分配博弈问题，建立了不确定环境下博弈模型，并借助丘奎特期望效用理论解决联盟利益分配问题。胡晓翔（2002）以效用概念为基础，研究了动态联盟利益分配问题，并基于合作成员的不同影响力，构建了多阶段投资的联盟收益分配模型。陈伟等（2012）在纳什谈判效用函数的基础上构建了利益分配模型，通过层次分析法对各影响因素的权重进行了评价分析，并基于模糊函数评价分配因子及纳什均衡函数，借助极值条件法对纳什合作博弈进行了求解。王晓萍和赵晓军（2007）在修正的 K-S 均衡模型的基础上对逆向供应链的收益分配问题进行了研究，并从超额收益分配的视角对提高联盟稳定程度的问题加以解决。王惠等（1999）针对动态联盟内部报酬问题的对策模型表明，为了确保联盟的稳定性和合作成功，n 人合作对策的重要部分是要预先进行优化，形成合理的分配方案。张琰飞和吴文华（2011）认为联盟利益分配就是联盟成员间进行不断重复谈判的过程，通过构建成员谈判模型实现联盟成员之间的利益协调和有效配置，从开始的不和谐逐渐达到最终的均衡一致，提出了用来解决利益分配不均的纳什谈判模型。蒋萌等（2012）全面分析并研究了基于共生理论的联盟利益分配问题。

1.3.2 知识联盟利益分配模式研究

合理选择利益分配模式，可以确保联盟利益分配的合理性及科学性，能够对知识联盟活动的顺利开展提供保障，进而提高联盟效率。

刘海林（2006）对基于一次性技术转让与按固定比例分配两种模式进行了研究，指出按固定比例分配相比于一次性转移支付，更利于促进产学研合作的成功。汪之明（2010）认为产学研利益分配模式主要分为固定报酬支付、混合支付、提成支付及按股分利四种。孙艳艳（2009）基于契约的角度，认为战略联盟的利益分配模式主要包括固定支付模式、针对产出共享分配模式及混合支付分配模式三种。其中：①固定支付模式，知识联盟核心成员按照事前协议，根据非核心联盟成员承担的风险与任务，对固定的报酬进行支付，可能分次支付，也可能一次性支付。这种模式的弊端体现为不利于联盟结构的升级与优化，联盟成员不能共同承担风险及共同分享利益。例如，联盟成员之间的合作关系会伴随合作项目的完成而终止，且随着市场不确定因素的存在，联盟成员难以对分配比例达成一致意见，同时市场也对知识联盟创新成果的经济价值具有重要影响。②针对产出共享分配模式，主要依据成员在联盟中的比例系数分配其利益。例如，按产品产量共享、按销售额共享及按利润共享等，其中使用较多的是按利润共享，由于通常情况下利益分配与利润直接相关，产出共享模式可一定程度上弥补固定支付模式的不足，更能体现利益共享和风险共担的思想，更能调动联盟参与者的积极性，进而促进知识联盟稳定持续发展。③混合支付分配模式，该模式是前两种模式的结合，可以降低联盟一次性支付资金的压力，又利于将有限资金全部投入联盟的知识创新活动中，更好地团结联盟成员，强化知识联盟的稳定性。

1.3.3 知识联盟利益分配与控制权研究

知识联盟利益分配的过程，可视为联盟控制权的有效配置与分配的过程，因为专利和技术知识不会自动转化为创新结果，需要联盟成员的努力与共享程度、各种投入比例等因素共同决定知识联盟利益分配格局。基于不完全合约理论的知识联盟控制权研究认为，知识联盟可能仅存在单边控制权模式（Chavoshlou et al., 2019；W. Wang et al., 2019；Liu et al., 2015），其基本假设体现如下：知识联盟相比于传统联盟而言，其关键资产具有排他性及非竞争性等属性特征，如知识联盟的技术专利资产等，联盟成员的努力程度决定了其利益分配过程。

秦吉波等（2003）指出所有权主要包含剩余索取权及剩余控制权，而对组织资金配置规模具有重要影响作用的权力或要素就是控制权。Hart 等表明索取权是控制权的外在表现，控制权是索取权的核心或关键所在，基于福利经济学，剩余控制权即初始合同中非人力资产在未规定的前提下如何被使用的排他性决策权，该决策权一般被非人力资产拥有者占有，而最优的所有权配置即最大化总盈余的索取权结构（Antràs，2011）。Schmitz（1996）研究了在双人合作的战略联盟中，基于不同条件及背景，控制权配置将随时间的推移被联盟成员重新谈判的趋势及规律。

可见，知识联盟的利益分配对联盟影响极大，不合理的利益分配可能导致联盟解体。以上研究成果虽基于定量角度，运用相关理论方法实现了联盟利益分配，但这些研究大多没有充分考虑联盟利益分配过程中的不确定性，其操作性及可行性存在一定的发展空间（陈胜利和张朝嘉，2019；李允尧等，2010）。本书试图在深入研究知识联盟的博弈特征的基础上，以参与水平作为利益分配的要素依据，尽可能公平合理地解决利益分配问题。

1.3.4 关于企业知识联盟稳定性分析的研究

国内外关于知识联盟的研究成果丰富多样，研究视角涉及联盟发展的方方面面，有关知识联盟不同视角的研究虽然有交叉重叠部分，但不同视角有助于加深对知识联盟内涵的理解，进而为制定均衡的知识联盟利益分配机制提供服务。

基于系统论视角，所有经济系统都存在稳定性问题，知识联盟作为经济系统之一也毫无例外，即联盟自身的稳定与否很大程度上决定了联盟能否有效率和有效益地运作（刘云和梁栋国，2007）。

知识联盟合作的直接动力是联盟各成员在合作中的互利收益，在联盟运作过程中，由于联盟各成员对合作的外部环境做出适应性反应，联盟各成员之间的利益可能会产生非均衡性，这就对知识联盟运作的稳定性提出了巨大的挑战（韩远和陈岩，2020；黄晓玲和洪梅香，2020）。

Parkhe（1993）将联盟成员的合作视为一个具有支付函数的博弈过程，如果联盟成员通过欺骗合作伙伴获取的收益超过同伙伴合作所得到的收益，则集体理性将与个体理性发生背离，联盟将变得极其不稳定。如果联盟伙伴的支付函数可以达到均衡，但由于信息的不对称，联盟各成员也可能会采取消极的合作态度而降低投入水平，使得联盟变得不稳定。Birnberg（2006，1998）对保障联盟稳定的措施进行了研究，认为收益分配平等性、联盟成员间信任程度、伙伴关系的持续时间及危险程度、绝对值和相对投入程度等均是联盟稳定的保障措施。Ojah（2007）将成本效益、评价效应和长期经营效益作为影响战略联盟稳定性的重要因素。Bayona 等（2006）对技术联盟成员自身价值变化及联盟稳定性进行了研究，并强调联盟组建中的资源重组对联盟成员有着重要影响。

刘林舟等（2012）借助联盟 Lorka-Voletrra 方程的构建，以及分析轨线走向的方法对联盟稳定性进行了分析。蒋樟生等（2009）认为联盟稳定性是一个动态发展的过程，从知识转移视角，联盟稳定性与联盟知识转移、知识创造、知识应用及战略目标的实现联系紧密。胡珑瑛和张自立（2006）采用定性定量相结合的方法，基于技术创新能力增长的角度，探讨了联盟稳定性的维持条件。刘云和梁栋国（2007）分析了联盟稳定性的内外生因素，并提出了相应的具体策略。朱玥（2009）认为必须遵循保持适度弹性、坚持合作竞争和成员广泛参与等原则，才能防止联盟的解体。

综上所述，知识联盟的稳定性是理论界和企业界共同关注的焦点，不同学者从不同角度出发解释了联盟不稳定的原因，其中，利益分配对联盟的稳定性起着关键作用，当任何一个合作成员对商议的分配方法不满意时，都会影响联盟的继续运行或导致一部分利益的损失，特别是没有达到成员希望的利益分配目标时联盟成员通常会退出联盟，而导致合作联盟解体（关菲等，2015）。

1.4　企业知识联盟合作及优化的应对策略

近年来，国内外学者在企业知识联盟领域做了一系列研究工作，已有知识联盟的研究成果对本书具有非常重要的启发与借鉴意义，为本书的进一步研究奠定了坚实的基础，根据对已有研究成果的梳理和分析，当下的探索还没有建成一个全面且最佳的体系，所以，对现有的基础理论提出了更多新的要求。

（1）从企业知识联盟形成动因的研究成果来看，资源学派的观点认为，作为异质资源的知识资源是企业最重要的战略资源，异质资源是企业获取竞争优势的基础，企业组建知识联盟的基本条件在于优势资源互补。基于竞合理论分析，知识联盟作为复杂的"竞合"组织形式，以及战略联盟的高级阶段，其理论体系及实践研究均有待于进一步探索。

（2）针对企业知识联盟成员关系的研究成果，企业与政府相关部门、科研机构之间组建为联盟伙伴关系，目的在于实现技术革新，即企业知识联盟是企业实现技术创新的有效组织形式，然而关于在知识联盟中如何选择最好的合作伙伴的定量分析研究相对较少。

（3）针对企业知识联盟利益分配的研究成果，利益的创造和分配是影响联盟运行的重要因素，然而，知识联盟成员企业合作利益的影响因素之间存在复杂的关系，很多间接或直接因素难以量化，如各成员企业在联盟中所起的作用、直接或间接投入的资源等。此外,知识联盟运营过程中也存在很多动态随机因素,随着联盟运行阶段的推进,这些因素的影响程度会发生变化。然而,已有研究忽略了企业合作及其收益分配中存在的大量不确定性。

(4)从企业知识联盟稳定性研究成果看,因利益分配不公而产生的不稳定是影响联盟稳定的核心因素,是值得探讨的关键问题。借助博弈理论研究企业知识联盟利益分配问题的研究者虽多,但目前关于企业知识联盟利益分配问题的研究以描述性、框架性、应用等居多,针对模糊合作模式下企业知识联盟利益分配问题的具体方法研究却很少。

综上所述,本书将模糊特质考虑到企业知识联盟成员合作中,通过建立相应的模糊博弈模型,研究模糊特质下企业知识联盟成员通过动态的相互竞争合作,能否获得高于自己单独行动时的收益。模糊博弈能够综合考虑参与者、策略、参与度(即体现了模糊特性)、效用、行动、信息等因素对利益分配的影响,因此,本书将运用模糊博弈理论来研究企业知识联盟合作格局及利益分配优化对策,以适应我国新时期数字经济发展对企业的新需求,为决策者提供参考和借鉴。

1.4.1 模糊博弈在企业知识联盟合作中的应用条件分析

企业知识联盟的本质特征主要表现为知识联盟成员企业之间形成一种双赢伙伴关系,成员企业之间既有合作也有竞争,体现如下:①知识联盟成员企业主要特点在于竞争合作关系,各成员企业在共同谋求利益时主要为合作,而对收益进行分配时主要为竞争。一方面,成员企业内部存在合作,知识联盟成员企业考虑到自身及集体利益,互帮互助、优势互补、强强联合,在核心技术研制、知识创新、企业产品战略营销等多方面进行有效合作;另一方面,各成员企业本身是独立的经济主体,各成员企业在考虑自身利益最大化的基础上,会增强成员企业之间的竞争性,即知识联盟成员企业内部存在竞争。②知识联盟运营中存在准超额利润,各成员企业参与知识联盟的主要原因在于准超额利润的创造,这也促使了各成员企业为此而展开竞争。各成员企业组建知识联盟后,若知识联盟企业获得的总收益低于企业各自行动的收益之和,那么成员企业将不会组建知识联盟,也就是说,成员企业组建知识联盟主要以双赢或多赢为目标,而目标实现的基础与前提取决于准超额利润,否则,即便组建了联盟,也会因不稳定性而瓦解。准超额利润的创造取决于成员企业之间的合作,同时各成员企业又要通过竞争分享准超额利润。准超额利润可以提高知识联盟企业合作的可能性,因为各成员企业想要创造准超额利润就必须进行合作。此外,成员企业在关注准超额利润的同时又要通过竞争对其分享,所以准超额利润如果处理不当,会造成知识联盟解体,即在知识联盟企业内存在两种抗衡状态，知识联盟企业在互相制约下动态发展。

模糊合作博弈是传统合作博弈的推广，企业知识联盟传统合作博弈格局的主要思想如下：成员企业与知识联盟之间的关系是要么参与、要么不参与，而模糊博弈论认为，企业与知识联盟之间除了参与、不参与之外，还有第三种可能，即"既参与又不参与"，即企业总是以一定的程度参与某个知识联盟，也可能以不同的程度参与几个知识联盟。企业知识联盟利益分配的传统博弈论中联盟的边界是清晰的，而模糊合作博弈中联盟的边界是不清晰的。模糊合作博弈借助隶属度对不确定现象进行描述，更加准确地对现实问题中的关系加以刻画，是处理不确定现象的有力工具。传统的合作博弈基于经典集合理论，其联盟结构、收益函数等均为清晰的，参与者的收益函数都是通过某些确定的数值体现的，但在现实问题中参与者在决策之前对于博弈结果的预测并不是一个精确的数值。所以，将模糊合作博弈引入企业知识联盟利益分配中，可使其研究与实践越加接近。

模糊合作博弈主要研究的是参与模糊博弈的有限理性的决策主体谋划如何与其他合作者共同取得尽可能多的收益，以及对组建联盟后的共同收益进行分配，也就是说，模糊合作博弈的研究重点是，何为模糊博弈的解、解的存在性，以及如何求解（Peters and Vermeulen，2012）。模糊合作博弈强调的是参与者基于个体理性的集体理性行为，合作中的利益分配问题强调基于集体利益最大化之上的个体利益最大化的追求，并非仅追求自身利益最大化，其中，集体利益通过模糊博弈的超可加性进行描述，也就是参与联盟合作比自己单独行动时所获收益多，即通过合作可获得一定的准超额利润（李翠和薛惠锋，2016）。个体理性则体现为参与者如何分配准超额利润，对模糊合作博弈的求解即公正收益分配方案的寻求，而公正体现为分配方案被所有参与者接受（Qin et al.，2015）。模糊合作博弈求解的基础就在于博弈中的公理，也是所有合作者在通过谈判建立合作时都能接受的道理。

从知识联盟企业自身的特性及模糊合作博弈的主要思想得知，模糊合作博弈与成员企业组建知识联盟的过程本质具有统一性，体现为相辅相成的特性，确定知识联盟收益分配方案实质上就是对相应的模糊合作博弈进行求解，因此，可将模糊合作博弈理论作为工具，更合理、更符合实际地解决知识联盟企业的收益分配问题。

1.4.2 企业知识联盟利益分配优化对策

通过 1.4.1 节中模糊博弈与企业知识联盟利益分配理论与应用的互适性分析可知，企业知识联盟利益分配问题本质上属于模糊合作博弈求解问题，然而模糊合作博弈的研究要点在于如何定义某种解的概念或某一类博弈模型,所以必须保证所研究的企业知识联盟成员合作的博弈格局是有解的,才能进一步寻找到最优利益分配方案,达到知识联盟的全局最优。

本书针对以往确定性环境下博弈模型在企业知识联盟合作与利益分配中面临的诸多挑战,解读模糊合作博弈在企业知识联盟利益分配中理论与应用的互适性,基于企业知识联盟成员合作中体现的模糊特性的分析,尝试对传统博弈解进行模糊延拓,构建均衡的模糊合作博弈模型,定义模糊博弈解,探讨相关性质,并进一步考虑模糊博弈解的扩展,以满足企业知识联盟利益分配及相关领域中更加广泛的应用需求。本书研究的应对策略如图 1.5 所示。

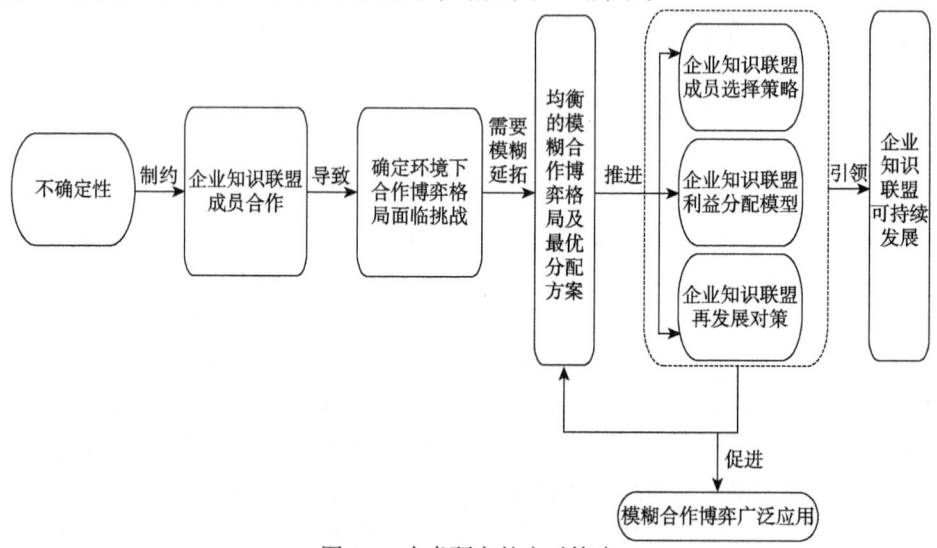

图 1.5　本书研究的应对策略

本书在以往研究成果的基础上,研究不同模糊合作博弈格局下企业知识联盟的利益分配问题,为企业知识联盟的可持续发展提供参考,具体研究目标如下。

(1) 在企业知识联盟成员合作中所呈现的模糊特性下,对其合作模式、合作博弈要素及博弈过程进行分析,分析模糊合作博弈在企业知识联盟利益分配中的应用条件。

(2) 基于企业知识联盟组建的利益分析,确定影响企业知识联盟合作利益的关键影响因素,并对其利益分配的特征函数及相应的利益分配向量加以构建。

(3) 基于成员企业的谈判理性,对企业知识联盟利益分配的谈判策略及其均衡问题开展研究,进而提出模糊谈判集的概念,为模糊合作博弈下的知识联盟利益分配研究做技术准备。

(4) 将传统网络博弈和平均单调博弈分别延拓为模糊网络博弈和模糊平均单调博弈,并构建相应博弈格局下的企业知识联盟利益分配模型,研究两种模糊合作博弈格局下企业知识联盟利益分配的均衡状态及分配方案的存在性。

（5）在以上模糊合作博弈格局下，提出广义分配优化模型，对企业知识联盟利益分配方案进行扩展，实现知识联盟总收益的部分保留，从利益分配视角满足企业知识联盟再合作的实际需求，为企业知识联盟可持续发展提供优化对策及建议。

基于上述的研究目标，本书基于模糊博弈视角对企业知识联盟利益分配问题进行探索，关注模糊合作模式下如何基于知识联盟整体利益而实现各成员企业利益最优化，具有重要的研究意义。

（1）基于以往研究很少将模糊合作博弈与企业知识联盟利益分配相关联的局限，本书主要研究企业知识联盟的合作模式，从参与度为模糊数的角度对企业知识联盟成员合作模式的研究范畴进行扩展，刻画了成员企业以相应参与度同多个知识联盟合作的博弈过程，提出了模糊谈判集分配方案，为知识联盟利益分配的影响因素特别是关键变量的分析、特征函数的选择，以及谈判均衡的确定提供决策参考，为企业知识联盟的运营管理提供决策支持，丰富了模糊合作模式下企业知识联盟利益分配的研究理论。

（2）分别开展了模糊网络合作博弈格局和模糊平均单调博弈格局下企业知识联盟最优利益分配方案及谈判均衡研究，从定量的角度研究了相应格局下企业知识联盟模糊核心与模糊谈判集分配方案的等价性质，拓宽了企业知识联盟结构及其利益分配理论的研究范畴，为不同合作博弈格局下企业知识联盟合作格局及优化策略的选择提供了参考。

（3）以往研究仅关注联盟总收益一次性分配给所有联盟成员的情况，本书系统地研究了现实中考虑对合作利益进行部分保留而确保联盟再合作的情况，为合作收益值引入调整系数，构建相应的广义分配方案，对企业知识联盟利益分配的研究范畴加以扩展，并为不同合作博弈格局下企业知识联盟再合作的分配优化方案研究提供参考，进而实现补充和丰富企业知识联盟研究理论的目的。

总之，面对众多不确定性因素，开展模糊合作模式下企业知识联盟合作及利益分配优化对策研究，无论对学术界还是企业界都将具有十分重大的研究意义（J. Liu and X. Liu，2014）。这有助于学术界和企业界加强对知识联盟理论的认识；有助于企业界对知识联盟的运行机理进行深层次理解；有助于企业知识联盟的成功组建，使企业深入了解联盟成功的关键因素，提高联盟的成功率（吴洁等，2018）。该研究丰富了知识联盟的理论，为知识联盟成员提供了较为系统的理论框架，也将成为理论工作者进行后续研究的基础；同时，对于充实战略管理学科内涵，以及丰富研究理论与方法也具有一定的学科发展意义（张华等，2022）。

1.5 本书的内容安排

1.5.1 研究内容与研究框架

围绕上述研究目标，本书在对国内外相关研究成果收集、系统学习及总结分析的基础上，采用模糊合作博弈理论及相关研究方法，结合建模、论证与数值仿真分析，对企业知识联盟合作及利益分配优化问题进行系统性的研究，研究框架如图 1.6 所示。

第 1 章为企业知识联盟概论。诠释企业知识联盟的内涵，突出知识联盟利益分配的重要性，提出企业知识联盟利益分配面临的问题。从企业知识联盟形成动因、成员关系、利益分配、稳定性分析等视角对国内外研究成果进行梳理，并分析模糊博弈在企业知识联盟合作中的应用条件及优化的应对措施。

第 2 章为企业知识联盟成员合作的模糊特性及模糊博弈特征分析。分析企业知识联盟成员合作的模糊特质及其博弈要素，探究合作联盟成员选择的博弈过程，对传统博弈与模糊博弈理论下的合作模式进行对比分析，并为不同模糊合作博弈格局下的企业知识联盟利益分配优化提供理论基础。

第 3 章为企业知识联盟合作利益的影响因素及特征函数表述。描述企业知识联盟的合作利益及影响因素，确定影响知识联盟合作利益的关键变量，并对企业知识联盟合作利益的特征函数加以表述，刻画知识联盟合作利益的创造与分配过程，分析知识联盟合作利益的协同效应，并对企业知识联盟合作利益的特征函数加以表述。

第 4 章为企业知识联盟利益分配的谈判均衡研究。主要研究企业知识联盟利益分配的谈判均衡，指出企业知识联盟利益分配的基本原则，概括纳什谈判的公理化，分别分析两企业和多企业纳什谈判均衡，提出了模糊谈判集的概念，为不同模糊博弈格局下企业知识联盟最优利益分配方案奠定基础。

第 5 章为企业知识联盟模糊网络博弈格局及利益分配研究。开展企业知识联盟模糊网络合作博弈格局及利益分配策略研究，对联盟成员合作的网络拓扑结构进行刻画，并对模糊网络合作博弈格局的均衡结果进行论证，同时呈现数值模拟结果。

第 6 章为企业知识联盟模糊平均单调博弈格局及利益分配研究。主要研究模糊平均单调博弈格局下企业知识联盟利益分配策略，对成员企业合作的模糊简化博弈模型进行构建，并论证了与模糊平均单调博弈之间的转换关系，论证模糊平均单调博弈下企业知识联盟利益分配的均衡结果，并对结果进行数值仿真。

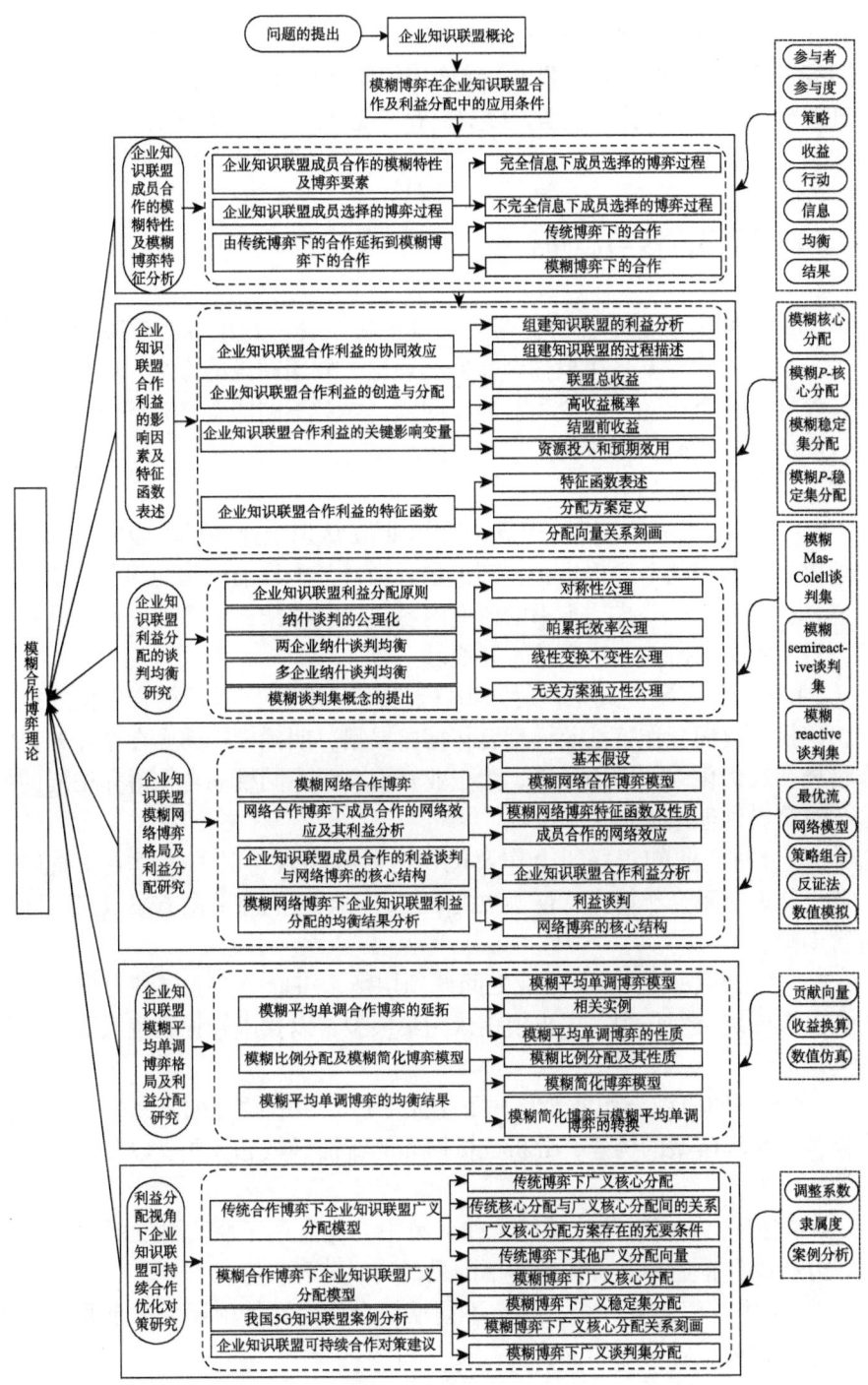

图 1.6 研究框架

第7章为利益分配视角下企业知识联盟可持续合作优化对策研究。基于利益分配的研究视角，对企业知识联盟可持续合作的优化对策进行探索，通过同时引入隶属度和调整系数的广义分配模型，分别扩展传统合作博弈和模糊合作博弈下企业知识联盟利益分配方案，实现联盟再合作，以5G知识联盟为案例，提出优化对策。

1.5.2 研究方法与思路

本书的研究方法是定性研究与定量分析相结合、理论分析与案例分析相结合，关于模型构建主要采用模糊合作博弈理论、效用理论的方法，研究不同模糊合作博弈格局下企业知识联盟利益分配问题，并对不同博弈格局下企业知识联盟利益分配的谈判均衡加以探讨。

本书的研究思路如下。

（1）提出本书所要研究的主要问题，即在认识企业知识联盟的概念及其利益分配重要性的基础上，提出企业知识联盟利益分配目前面临的问题，明确本书的研究目标与意义，并描述本书的研究内容与研究框架，试图解决面临的每一个问题，最后提出了研究方法和技术路线。

（2）梳理已有研究成果，对知识联盟传统合作模式及模糊合作模式进行对比分析，描述模糊合作特性及模糊合作博弈要素，明确模糊博弈在企业知识联盟合作格局及其优化中的应用条件，为企业知识联盟不同模糊合作博弈格局的构建及优化对策提供理论依据。

（3）分析企业知识联盟合作及优化的影响因素，对关键影响变量进行挖掘，基于知识联盟合作博弈特征函数的表述，对联盟利益分配方案及其之间的关系进行刻画。

（4）考虑知识联盟成员企业之间谈判均衡，将成员企业模糊合作模式中的参与度引入传统谈判集中，提出模糊谈判集模型，以找出知识联盟最优利益分配的谈判点。

（5）在不同模糊合作博弈格局下企业知识联盟利益分配研究中，通过相应的模糊合作博弈模型的构建，分析成员博弈的特征函数和性质，以及利益分配方案的均衡结果。

（6）在企业知识联盟可持续合作对策中，建立用于联盟再发展的广义分配模型，分析成员企业不同合作博弈下的最优广义分配方案。

（7）利用数值仿真分析，确定不同模糊合作博弈特征函数对企业知识联盟利益分配的影响，对结论加以验证。

具体研究思路如图1.7所示。

第1章 企业知识联盟概论

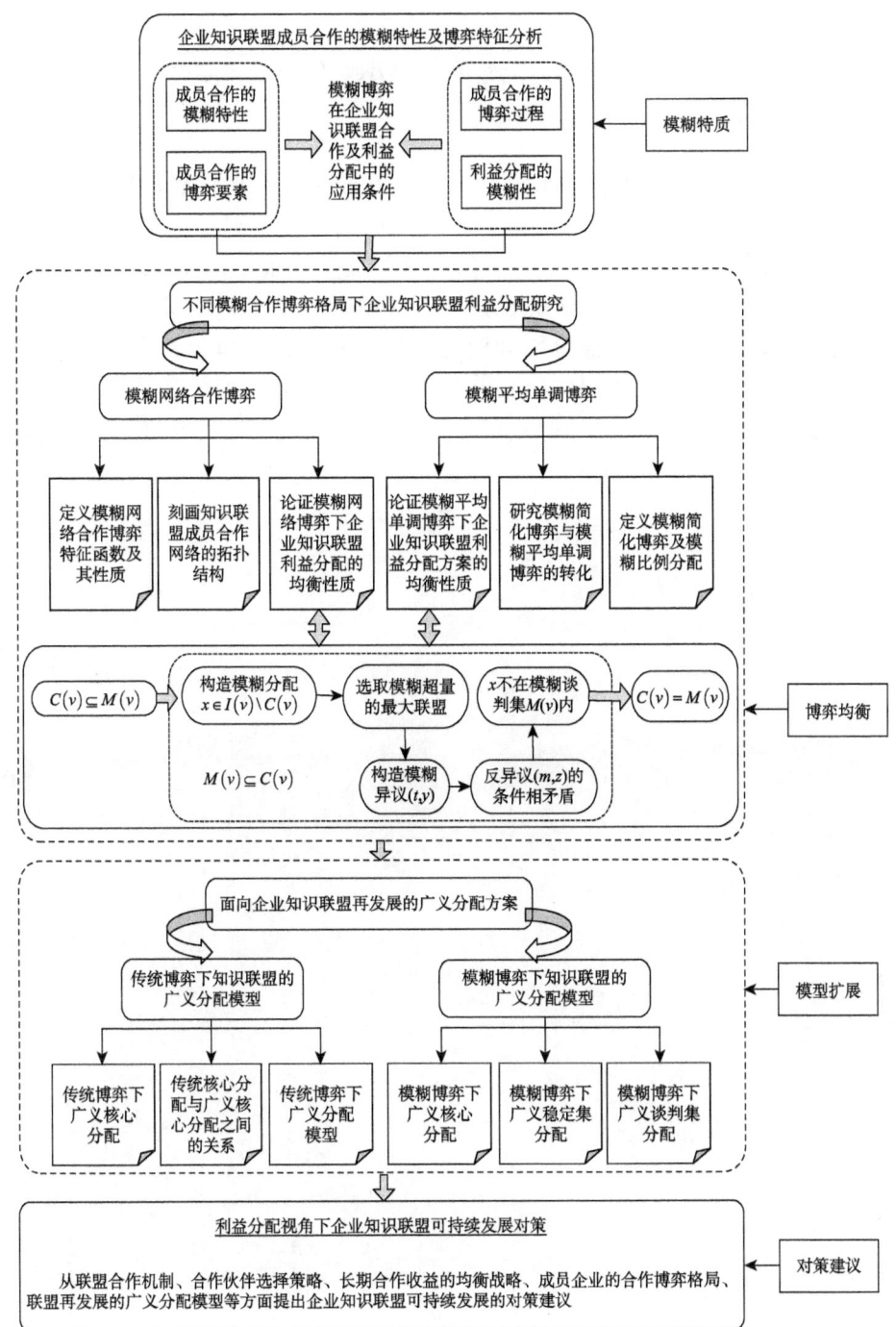

图 1.7 具体研究思路

1.6 本章小结

本章对企业知识联盟的内涵进行了诠释，提出知识联盟合作及优化的重要性和面临的挑战。

从企业知识联盟形成动因、企业知识联盟成员关系、企业知识联盟利益分配、企业知识联盟稳定性分析等视角进行了研究现状分析，进行了模糊博弈与企业知识联盟合作及利益分配理论与应用的互适性分析，提出了本书借助模糊合作博弈优化企业知识联盟利益分配的应对策略，为后续研究提供了参考和借鉴。

第 2 章　企业知识联盟成员合作的模糊特性及模糊博弈特征分析

为了描述现实中成员企业不同程度地与多个知识联盟进行合作的格局，本章在分析以往企业知识联盟成员合作关系的基础上，指出现实需求中知识联盟成员合作呈现一定的模糊特性，并描述企业知识联盟成员合作的博弈要素及成员选择的博弈过程，进而对比企业知识联盟模糊合作博弈格局与传统合作博弈格局，分析了企业知识联盟成员合作的模糊化情况，明确了本书主要关注的模糊层面。

2.1　企业知识联盟成员合作的模糊特性

从第 1 章中企业知识联盟利益分配面临问题的分析可知，知识联盟已成为企业获取竞争优势的工具，然而，企业知识联盟成员的传统合作关系，体现为要么完全合作，要么完全不合作，不能更好地满足实际的合作需求。本节关注其合作过程中的模糊特性，因为现实中很多情况是各成员企业并不是将全部精力或资源 100%投入某个特定知识联盟中，而是以部分资源同时与多个知识联盟合作，这种合作中所体现的模糊特性，正是本书研究的突破口（关于企业知识联盟的模糊合作以及模糊特征函数将分别在 2.4.2 节和 3.4 节中进行详细介绍）。

也就是说，知识联盟成员间的合作应该由图 2.1 中的精确合作转化为图 2.2 中的模糊合作。

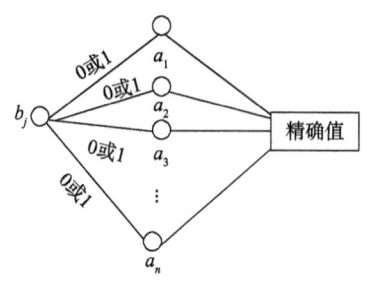 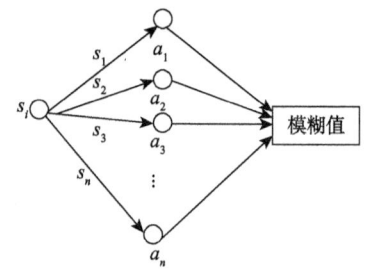

图 2.1 企业知识联盟成员的精确合作　　图 2.2 企业知识联盟成员的模糊合作

在图 2.1 中,以企业 b_j 为研究对象,它与其余 n 个企业之间的合作关系用 v_{ji} 描述为

$$v_{ji} = \begin{cases} 1, & \text{企业}b_j\text{与企业}a_i\text{合作} \\ 0, & \text{企业}b_j\text{与企业}a_i\text{不合作} \end{cases}$$

在图 2.2 中,隶属度(也称参与度水平)$s_i \in [0,1]$ 描述了企业知识联盟成员合作所呈现的模糊特性,为后续章节的企业知识联盟合作利益及谈判均衡的研究,以及企业知识联盟模糊合作博弈格局及优化策略的研究提供基础。

2.2　企业知识联盟成员合作的博弈特征

本书将企业知识联盟成员合作的过程,视为通过参与者、参与度、策略、收益、行动和信息等基本要素所呈现的模糊合作博弈的过程(李翠和薛惠锋,2016),其模糊博弈要素描述如下。

1. 参与者(players)

企业知识联盟的参与者就是成员企业,对应模糊博弈的局中人,作为企业知识联盟成员合作博弈的决策主体,主要以最大化自身的收益水平为目标,但目标的实现依赖策略或行动的选择,以知识联盟成员合作策略的依存性为基础。知识联盟的组建与成员企业的数量具有重要的影响关系,两个策略相互依存、各自独立决策的企业相结合即两企业知识联盟,多企业知识联盟即三个或三个以上成员企业组建的知识联盟,如果 N 表示成员企业的全体,一般地,若 $|N|=n$,则可将这样的知识联盟成员合作博弈视为 n 人模糊博弈。

2. 参与度（participation degree）

s 表示企业知识联盟，i 表示合作联盟中的成员企业，s_i 表示合作参与度，即联盟伙伴 i 在知识联盟 s 中的隶属度，同时 s_i 满足 $[0,1]$，向量 $s \in F^N$ 用来描述模糊合作博弈格局下的知识联盟，向量 s 的第 i 个维度上的元素即参与度。

3. 策略（strategies）

能够让参与者选择的一个完整的实际可行的行动方案即一个策略，也称战略，在给定相关信息情况下的成员企业的行动规则即知识联盟的策略，或者为成员企业在相应情况下选择对应的行动，也表明成员企业如何对其他成员企业的行动做出反应。

成员企业 $i (i \in N)$ 的策略集 S_i 就是成员企业 i 的可行方案的集合，也可称为策略空间。记为

$$S_i = \{s_i^1, s_i^2, \cdots, s_i^{m_i}\}, \quad i = 1, 2, \cdots, n$$

成员企业 i 的策略集 S_i 中所包含的具体策略个数可以是有限的，也可以为无限的。若企业成员人数及每个企业成员策略个数有限，则企业知识联盟成员的此类合作博弈为有限博弈，否则为无限博弈。其中，有限策略联盟理论可借助罗列法、矩阵法等列出所有结果、策略和收益，然而，伴随成员企业数量的增多，其表示方法也越加复杂，针对无限策略联盟可通过函数或数集加以描述。

当成员企业 i 选定一个策略 $s_i \in S_i$ 后，所有 n 个成员企业的全体策略 $(s_1, s_2, \cdots, s_n)$ 为一个策略组合，记为

$$s = (s_1, s_2, \cdots, s_n) \in \prod_{i \in N} S_i$$

企业知识联盟成员的传统合作博弈是基于博弈成员的策略集及各个局势下收益值为精确给定的假设。但实际情况下，成员企业对于策略的选择、收益值的估计都难以精确把握，即成员合作的博弈问题涉及越来越多的模糊信息，面临的多数决策是在约束、目标等一系列行动没有明确规定的环境下开展的，均具有模糊特征。所以，决策往往都是在模糊环境下做出的。

4. 收益（payoff）

知识联盟的动力在于利益，成员企业组建联盟的目的是获取自己的最大利益，成员企业 i 的收益描述为成员企业 i 的收益函数 u_i，主要对成员企业在每一个结果上可能的收获与损失进行描述，通常情况下收益采用效用的概念，体现为两方面的含义：一方面，主要是指成员企业在特定策略组合下获取的确定效用水平；另一方面，主要是指成员企业获取的期望效用水平。企业知识联盟成员合作

博弈中每种特定博弈格局的发生均是企业成员相互作用的结果，在利益最大化原则下，为了调整联盟战略，实现联盟最大利益，联盟必须对其成员企业以及其他联盟的战略加以研究，进而决定自身的战略，且联盟内成员企业为了实现自身利益最大化，也需要对其他成员的战略进行研究，进而对自身战略加以调整。成员企业之间的利益是相互制约、相互牵连的，所以一个成员企业的利益不仅与自身策略的选择有关，还与其他成员企业的策略选择有关。任何一个成员企业更改自己的策略都会影响所有企业的收益水平，即成员企业在联盟总体利益既定的条件下能获得多少收益，不但取决于自身，同时还取决于其他成员企业。

成员企业 i 的收益表示为

$$u_i = u_i(S_1, S_2, \cdots, S_n), i = 1, 2, \cdots, n$$

知识联盟的收益对外可表现为联盟总体的收益，对内表现为联盟中成员企业的收益，如何对知识联盟利益进行分配以实现联盟的全局最优是一个复杂而又重要的难题。

5. 行动（actions）

行动包括成员企业行动空间和行动顺序，即行动用成员企业在合作博弈中的某个时点的决策变量进行表示，行动可以是连续的，也可以是离散的，也就是说，成员企业行动既有同时和先后之分，也有一次和多次之别。

6. 信息（information）

成员企业的合作博弈与其行动顺序和拥有的信息结构紧密相关。从行动顺序与信息结构的角度来看，联盟可分为完全与非完全信息联盟，以及完美与非完美信息联盟，其中，完全信息联盟即成员企业对所有其他成员企业在各种策略下所获收益均完全了解，否则为非完全信息联盟。非完全信息知识联盟成员的模糊合作博弈是指成员企业收益不确定、清晰联盟特征函数不确定及模糊联盟特征函数不确定。非完全信息意味着非完美信息，反之，完全信息并不意味着完美信息，成员企业完全了解合作前博弈过程的知识联盟视为完美信息联盟，否则为非完美信息联盟。

7. 均衡（equilibrium）

均衡即知识联盟中成员企业的全局最优策略组合，表达了各成员企业利益的相对稳定状态。针对任何一个成员企业而言，其最优策略通常取决于其他成员企业的策略选择，即成员企业的最优策略实质上是对其他成员企业策略的最优反应。针对企业知识联盟成员合作博弈的纳什均衡主要有两种情况：一是针对策略集有限的情况,将原有合作博弈中清晰收益函数推广为模糊数的收益函数,表示混合策略意义下的纳什均衡;二是针对策略集为非空、凸集的情况,用模糊集理论解决策略选择不确定的问题。

8. 结果(outcome)

结果即所有成员企业每一个可能的行动组合,可包括企业知识联盟合作中成员企业的均衡行动组合、均衡收益组合及均衡战略组合等感兴趣的所有内容。

也就是说,把企业知识联盟成员合作的过程看作一个模糊合作博弈,若有 n 家企业参与合作,则成员企业集合 $N=\{1,2,\cdots,n\}$, $n \geqslant 3$。参与知识联盟的成员企业各自都有相应的策略,成员企业会把策略协调结合起来,以获得最大联盟利益。企业知识联盟所期望获得的利益有很多,本书研究的知识联盟合作利益简单视为显性的经济利益而不包括其他隐性利益。

在企业知识联盟成员的模糊合作博弈中,特征函数表示联盟通过协商成员企业的策略所保证得到的最大赢得,所以,本书用特征函数刻画企业知识联盟的利益。

总之,企业知识联盟是以经济利益为主要目标的功利性组织,成员企业之间在联盟收益上或多或少存在竞争,成员企业对联盟组建的愿望受联盟利益分配预期的影响,所以,知识联盟的组建是一个博弈过程。理性的企业在合作时必然要考虑到竞争企业的策略,试图实现自己利益最大化。在知识联盟形成前必然要对联盟合作伙伴进行选择,依据伙伴选择的相关方法确定最终的联盟伙伴,在此过程中需要对伙伴的相关信息进行收集、筛选,所以,若所组建的信息越准确、全面,就越容易确定是否与其结盟,然而有时掌握的信息并不是完全的,因此,下节将从完全及不完全信息两个视角研究知识联盟成员选择的博弈过程(Tallman and Chacar,2011)。

2.3 企业知识联盟成员选择的博弈过程分析

2.3.1 完全信息下企业知识联盟成员选择的博弈过程

1. 基本假设

本节首先以两家企业 A, B 为例,两企业都分别掌握某种相关的关键技术或稀缺性资源,因研发一个项目组建为知识联盟,它们可以选择对方为彼此的合作伙伴，也可以选择各自独立完成而相互竞争，其策略为（合作，竞争），在不同策略组合下的收益参数关系描述如下。

u_r、u_c 分别表示一家企业选择合作策略而另一家企业选择竞争策略下，竞争方与合作方所获得的收益。

u_{ca}、u_{cb} 表示两家企业均选择合作策略时各自的收益。

u_{ra}、u_{rb} 表示两家企业单独行动即双方都选择竞争策略时各自的收益。

$\delta(0<\delta<1)$ 表示贴现因子。

通常有

$$u_{ca} > u_{ra} ; \quad u_{cb} > u_{rb}$$
$$u_{ca} + u_{cb} > u_c + u_r \quad\quad (2.1)$$
$$u_r > u_{ca} \backslash u_{cb} > u_{ra} \backslash u_{rb} > u_c$$

本书按合作的次数将企业知识联盟的合作分为中期合作和长期合作，即有限次知识联盟成员合作博弈及无限次知识联盟成员合作博弈。

2. 有限次知识联盟成员合作博弈

本节将有限次知识联盟成员合作博弈具体分为单次无契约约束博弈、有限次无契约约束博弈、有限次有契约约束博弈。

（1）单次无契约约束的企业知识联盟成员合作博弈。单次无契约约束的企业知识联盟成员的特点体现为双方只顾当前的利益，不考虑以后的合作问题，如表 2.1 所示。

表 2.1　博弈双方的收益矩阵

A \ B	合作	竞争
合作	u_{ca}, u_{cb}	u_c, u_r
竞争	u_r, u_c	u_{ra}, u_{rb}

由表 2.1 可知，单次知识联盟成员合作博弈可能存在两个纳什均衡，即（合作，合作）和（竞争，竞争）。两家企业在合作的情况下，双方的利益分别为 u_{ca}、u_{cb}，且所得到的集体利益之和最大，然而当某一家企业积极合作但另一家企业对关键信息隐瞒时，另一家企业得到的最大利益为 u_r，所以在这种情况下另一家企业出于个体理性将选择竞争，同理，这种情况也会发生在合作方，无论对方选择合作还是竞争，自己的最优选择都是竞争，所以最终的均衡只能为（竞争，竞争），各自获得较少的收益 (u_{ra}, u_{rb})。

由此可知，在单次无契约约束的企业知识联盟成员合作博弈下，两家企业虽然都想寻求较高的联盟收益，但均无法获得，合作效率较低。

（2）有限次无契约约束的企业知识联盟成员合作博弈。在有限次（t 个阶段）无契约约束的企业知识联盟成员合作博弈的情况下，假设两家企业均采取冷酷战略，第一阶段均选择合作，若前 $t-1$ 阶段均选择合作，则在第 t 阶段继续合作，否则选择竞争策略，即多次重复博弈中，双方均先试图合作，若在第一次无条件合作中，对方企业也采取合作策略，则会坚持合作，但若一旦发现对方企业有隐瞒行为，则将永远选择竞争。因此，不同于单次无契约约束的企业知识联盟成员合作博弈，在有限次（t）无契约约束的企业知识联盟成员合作博弈下，当双方企业在进行当期决策时，必然会对联盟今后的情况加以考虑。

经逆推归纳法分析，现对第 t 次博弈的情况加以考虑，第 t 阶段后不再有任何后续阶段，所以该阶段决策的唯一原则就是实现自身当前利益最大化，因此，这一阶段博弈结果将与单次博弈结果相同，唯一的子博弈精炼均衡为（竞争，竞争），两家企业获得较高的收益，即 (u_{ra}, u_{rb})。

回到第 $t-1$ 次博弈，在这一阶段理性的博弈双方很清楚最后阶段的结局，了解到最后阶段双方都不会再合作，即又出现单次博弈的情况，其纳什均衡为（竞争，竞争），两家企业获得的利益为 (u_{ra}, u_{rb})，继续往前推算，即每一次合作博弈双方均清楚以后阶段的博弈情况，所以当前的决策为（竞争，竞争），则整个有限次博弈后两家企业的收益为 $(u_{ra}t, u_{rb}t)$，因此，这样的合作效率仍然很低。

上述分析表明，即使两家企业建立了合作伙伴关系，但只要这种关系不是长期的，或合作关系虽是长期的，但合作关系预期将要结束，则合作效率仍将很低。

（3）有限次有契约约束的企业知识联盟成员合作博弈。由有限次无契约约束的企业知识联盟成员合作博弈可知，其并没有改变单次联盟的结果，现加入契约约束，即两家企业以合作为基础，若发现另一方有竞争行为，则可对其进行惩罚，惩罚策略制定后，由表 2.1 可知，（竞争，合作），（合作，竞争）中合作企业相对于竞争企业要少收益 $(u_r - u_c)$，针对采用竞争策略的企业施加惩罚因子 $(u_r - u_c)$ 作为约束，本小节对表 2.1 进一步分析。

a. 假设企业 A 已经采取了竞争策略，若企业 B 也采用竞争策略，则只能得到 u_{rb}，所以企业 B 选择与企业 A 合作；若企业 B 采用合作策略，则第一阶段将获得收益 u_c，在契约约束的第二阶段得到补偿 $(u_r - u_c)$，收益总值为 u_r，因此企业 B 仍会选择合作。

b. 假设企业 A 已采用合作策略，若企业 B 采用竞争策略，则第一阶段可获得收益 u_r，其后将受到契约约束而损失 $(u_r - u_c)$，总收益为 u_c，所以企业 B 将选择合作策略；若企业 B 采用合作策略，企业 A 和 B 能获得收益 u_{ca}，u_{cb}，因此，企业 B 依然选择合作策略。

以上分析表明，企业 B 在企业 A 无论做出何种策略选择的情况下都将选择合作策略，因此，（合作，合作）作为博弈格局的唯一纳什均衡，将达到较高效率。

3. 无限次知识联盟成员合作博弈

若企业 A，B 建立了长期知识联盟合作伙伴关系，则可认为它们之间的博弈为无限次重复博弈，本节依然分析表 2.1，在无限重复博弈中，如果知识联盟双方采用有限次多次博弈的冷酷战略，假设企业 A 采取冷酷战略，若企业 B 也采取冷酷战略，则每次均衡为（合作，合作），无限次博弈的收益为

$$A = u_{ca}\left(1 + \delta + \delta^2 + \cdots\right) = \frac{u_{ca}}{1-\delta}$$
$$B = u_{cb}\left(1 + \delta + \delta^2 + \cdots\right) = \frac{u_{cb}}{1-\delta} \quad (2.2)$$

若企业 A 偏离以上冷酷战略，第一次选择竞争，获得收益为 u_r，高于不偏离冷酷战略下第一次获得的收益 u_{ca}，即 $u_r > u_{ca}$，面临第二次及以后的选择，企业 B 若永远采用竞争对策，则企业 A 也将被迫永远采用竞争策略，双方的知识联盟收益为 (u_{ra}, u_{rb})。所以，无限次重复第一次偏离冷酷战略的情况下，企业 A 可最终获得收益为

$$A' = u_r + u_{ra}\delta\left(1 + \delta + \delta^2 + \cdots\right) = u_r + \frac{u_{ra}\delta}{1-\delta} \quad (2.3)$$

同理，针对企业 B 而言，其最终获得收益为

$$B' = u_r + u_{rb}\delta\left(1 + \delta + \delta^2 + \cdots\right) = u_r + \frac{u_{rb}\delta}{1-\delta} \quad (2.4)$$

所以，只有满足如下条件，以上冷酷战略才是最佳反应。

$$\begin{cases} A - A' \geq 0 \\ B - B' \geq 0 \end{cases} \Rightarrow \begin{cases} \delta \geq \dfrac{u_r - u_{ca}}{u_r - u_{ra}} \\ \delta \geq \dfrac{u_r - u_{cb}}{u_r - u_{rb}} \end{cases} \Rightarrow \delta \geq \mathrm{Max}\left\{\dfrac{u_r - u_{ca}}{u_r - u_{ra}}, \dfrac{u_r - u_{cb}}{u_r - u_{rb}}\right\} \quad (2.5)$$

当 δ 较大时，针对企业 A 或 B 而言，未来的利益足够重要，因而不会为了一次的利益而影响对方，从而导致自身未来的长期收益受到影响。当 δ 很小时，表明联盟企业 A，B 对未来的长期利益不太看重，只顾获得更多的眼前利益，则无限次博弈在这种情况下不会达到上述均衡。

因此，若有 n 家企业组建知识联盟，$n > 2$，则它们能默契合作的条件应满足：

$$\delta \geqslant \left[1+\frac{4n}{(n+1)^2}\right]^{-1} \quad (2.6)$$

其中，当 $n \to \infty$ 时，$\delta \to 1$，表明企业越多，知识联盟合作越难，也就是说，成员企业的数量越多，那么每个成员企业基于一次性机会主义而选择不合作的行为概率就越大，不合作行为的净收益与长远利益的损失之比例也就越大，这也说明了虽然小规模知识联盟依靠非正式规则可以维持，但大规模知识联盟必须依赖于正式的规则和合约才能可持续发展。

2.3.2 不完全信息下企业知识联盟成员选择的博弈过程

本节的基本假设：因知识联盟合作前景的不确定性，现假设联盟企业的类型是不完全信息，设企业 A 的类型是不完全信息，假如企业 A 有悲观期望和乐观期望两种类型，企业 A 在联盟合作时有机会主义倾向，若它不看好联盟前景将倾向竞争策略，若看好联盟前景则倾向合作战略。令乐观期望的概率为 p，$0 \leqslant p \leqslant 1$，假设 B 只有一种类型，则本节将企业 A，B 的行动顺序描述如下。

步骤 1：企业 A 先选择自身的类型，而企业 B 只知道企业 A 属于悲观期望和乐观期望的概率分别为 $1-p$ 和 p。

步骤 2：企业 A 先行动，接着企业 B 同企业 A 开展第一阶段博弈行动。

步骤 3：基于第一阶段的博弈结果，成员企业开始第二阶段博弈，随后基于第二阶段博弈结果，开始第三阶段博弈，以此类推。

步骤 4：企业 A，企业 B 的多次博弈收益为每阶段博弈收益的贴现值之和。

由表 2.2 可知，在完全信息条件下，其博弈均衡是（竞争，竞争），可认为是企业 A 的研发因悲观期望而采取竞争战略，然而在不完全信息下，企业 B 无法确定企业 A 的类型，只能观察机会主义倾向确定企业 A 的类型，所以在 $p>0$ 的情况下，企业知识联盟成员如何选择呢？接下来分析重复两次、三次及 n 次的企业知识联盟成员选择博弈过程。

表 2.2 博弈两次的知识联盟策略选择

类型	$t=1$	$t=2$
企业 A（乐观期望）	合作	x
企业 A（悲观期望）	竞争	竞争
企业 B	x	竞争

1. 重复两次的企业知识联盟成员选择博弈

如表 2.2 所示，$t=2$ 时，与完全信息情况相同，在悲观期望下，企业 A 和企

业 B 均将选择竞争战略，在乐观期望下，企业 A 的选择依赖于企业 B 在 $t=1$ 时的战略，用 x 表示。第一阶段，悲观期望的企业 A 选择竞争战略，乐观期望的企业 A 选择合作战略，这种选择并不影响企业 B 在第二阶段的选择。

若企业 B 选择合作战略，则企业 B 的期望收益为
$$[u_{cb}p + u_c(1-p)] + [u_r p\delta + u_{rb}(1-p)\delta] = u_c + u_{rb}\delta + [u_{cb} - u_c + (u_r\delta - u_{rb})\delta]p \tag{2.7}$$

若企业 B 选择竞争战略，则企业 B 的期望收益为
$$[u_r p + u_{rb}(1-p)] + u_{rb}\delta = (u_r - u_{rb})p + u_{rb}(1+\delta) \tag{2.8}$$

即当 $p \geqslant \dfrac{u_{rb} - u_c}{(u_{cb} - u_c) - (u_r - u_{rb})(1-\delta)}$ 时，企业 B 选择战略 x，为合作战略。

也就是说，当企业 B 认为企业 A 的乐观期望概率不小于 $\dfrac{u_{rb} - u_c}{(u_{cb} - u_c) - (u_r - u_{rb})(1-\delta)}$ 时，企业 B 将会在第一阶段 $(t=1)$ 选择与企业 A 组建知识联盟。

2. 重复三次及 n 次的企业知识联盟成员选择博弈

当企业 A 乐观期望概率 p 不变时，重复三次的博弈情况如表2.3所示。

表 2.3　博弈三次的知识联盟策略选择

类型	$t=1$	$t=2$	$t=3$
企业 A（乐观期望）	合作	合作	x
企业 A（悲观期望）	竞争	竞争	竞争
企业 B	合作	x	竞争

当 $p > \dfrac{u_{rb} - u_c}{(u_{cb} - u_c) - (u_r - u_{rb})(1-\delta)}$ 时，企业 A 和企业 B 均选择合作战略，企业知识联盟合作的第二阶段和第三阶段的均衡路径不变。

当知识联盟重复三次博弈时，只要折现率足够大，悲观期望下的企业 A 在第一阶段的最优选择会认定为合作战略，因为若悲观期望的企业 A 基于第一阶段合作战略的选择，企业 B 对企业 A 类型判断后验概率不变，则在第二期及第三期均选择（合作，竞争），企业 A 此时的支付为 $p_c = u_{ca} + u_r\delta + u_{ra}\delta^2$。若悲观期望的企业 A 选择竞争战略，企业 B 就可确定企业 A 的类型，所以在第二期、第三期选择竞争战略，即结果为（竞争，竞争），企业 A 收益为 $p_r = u_r + u_{ra}\delta + u_{ra}\delta^2$。

当 $\delta > \dfrac{u_r - u_{ca}}{u_r - u_{ra}}$ 时，因 $p_c > p_r$，悲观期望的企业 A 即便在第一期也会选择合

作战略。

企业 B 选择合作战略时，企业 B 的期望收益为

$$u_{cb} + [u_r p + u_{rb}(1-p)]\delta + u_{rb}\delta^2 = [(u_{cb} - u_c) + (u_r - u_{rb})\delta]\delta p + u_{cb} + u_c\delta + u_{rb}\delta^2 \quad (2.9)$$

企业 B 选择竞争战略时，企业 B 的期望收益为

$$u_{cb} + [u_r p + u_{rb}(1-p)]\delta + u_{rb}\delta^2 = [(u_r - u_{rb})\delta]\delta p + u_{cb} + u_{rb}\delta + u_{rb}\delta^2 \quad (2.10)$$

当 $p > \dfrac{1}{\dfrac{u_{cb} - u_c}{u_{rb} - u_c} + (1-\delta)}$ 时，企业 B 选择合作战略时的期望收益大于其选择竞争战略时的期望收益，因此，企业 B 仍然将选择合作战略。

如果支付矩阵和 $p > \dfrac{1}{\dfrac{u_{cb} - u_c}{u_{rb} - u_c} + (1-\delta)}$ 等参数设置不变，知识联盟双方博弈 n 次，在 $t = n-2$ 次之前的博弈均衡是悲观期望下企业 A 选择合作战略，在 $t = n-1$ 次和 n 次时悲观期望下企业 A 选择竞争战略。企业 B 在 $t = n-1$ 至 $t = n-1$ 阶段选择合作战略，在 $t = n$ 阶段选择竞争战略，这种战略组合即精炼贝叶斯均衡。

此外，贴现因子 δ 的大小对知识联盟成员选择也有影响。贴现因子较大时可降低企业 B 在选择合作战略下对乐观期望企业 A 的主观概率，当贴现因子较小时可提高企业 B 在选择合作战略下对乐观期望企业 A 的主观概率，即在其他条件不变的情况下，贴现因子影响企业 B 对合作战略的选择。

本节的博弈模型表明，在不完全信息下，不确定性可能引起博弈均衡结果的重大变化，若企业 B 也有两种类型时，博弈均衡结果也会随之变化。某成员企业在选择合作伙伴时虽然冒着其他企业选择竞争战略的风险，但若对方选择合作战略，自己选择竞争战略，则表明自己不合作，此时获得长期合作收益的机会将丢失，在博弈重复次数足够多的前提下，将来的收益将会超过短期的损失，因此，在博弈初期，每个成员企业即便本意非合作也均希望树立合作的形象，只有当博弈快结束时，成员企业才会选择竞争战略来停止合作。

2.4　由传统博弈下的合作延拓到模糊博弈下的合作

博弈论是一种强有力的经济分析工具，也是研究决策者行为决策及决策均衡问题的一门学科，是对理性决策主体之间冲突与合作的数学模型的研究，它强调

所有决策者策略的相互依存性,即任何一个决策者都必须在考虑其他决策者可能的策略选择基础上来确定自己的最佳行动策略。因此,有研究者借助博弈论研究企业知识联盟成员合作及利益分配问题,本节将从传统博弈和模糊博弈两个视角对比分析企业知识联盟的成员合作格局。

2.4.1 传统博弈下企业知识联盟的合作

传统博弈论作为寻找企业知识联盟最大利益的一种理论和方法,主要考虑知识联盟中成员企业的预测行为和实际行动,并关注预测行为和实际行动的优化策略组合,反映企业知识联盟利益分配的本质,为企业知识联盟管理的决策者们提供了一个重要的视角和分析框架(石书玲,2008)。也就是说,研究者借助传统博弈论主要研究企业知识联盟多个决策者在特定环境和规则下,根据相关成员企业所选择的策略,判断其会采取怎样的行动以及所采取的行动会达到何种均衡的问题。

本小节将以企业知识联盟传统博弈下的合作格局为出发点,梳理企业知识联盟传统合作博弈格局下的基本假设,关注其特征函数及典型分配模型的表述,进而自然地将其延拓到企业知识联盟模糊合作博弈格局下。

1. 传统博弈下企业知识联盟成员的合作格局

传统博弈论基于理性决策者之间的合作行为特征及不同背景下的冲突,对相应的博弈数学模型进行构建,并提供相应模型的解概念及方法原则。Myerson (1991) 指出:"博弈论主要研究怎样以数学模型模拟理性决策者之间的冲突与合作。"冲突与合作的结果往往依赖于决策者所做的选择,决策者都企图预测其他人可能的选择,从而确定自己的最佳决策,所以,如何合理地进行相互依存的策略策划即博弈论的主题。传统博弈论在企业知识联盟利益分配中的应用,本质上就是选择相适应的合作博弈模型,并通过模型的求解,对企业知识联盟利益分配问题加以分析,进而揭示企业知识联盟成员企业的行为或决策的策略(Xu and Yoshihara, 2011)。

在企业知识联盟的应用中博弈论不仅研究竞争冲突,也研究合作协调,因此,非合作与合作不应当被视为不同类型的博弈。Joachim (1999) 说过,博弈重在理念,非合作博弈与合作博弈方法是两个影子。不能将非合作博弈和合作博弈截然分开,虽然两者研究角度和框架迥异,但都刻画了博弈思想。

在企业知识联盟的应用中,非合作博弈主要是一种微观类型的理论,其基于策略导向,关注成员企业如何在博弈中做出决策,涉及准确地描述发生了什么。非合作博弈以某一成员企业可能采取的策略集合作为基本元素,研究每个成员企业可能采取的行动、决策过程及行动可能产生的结果,即在产生的收益一定的情况下,成员企业如何进行决策、行动,以使自己获得的收益最大(张建良,2014)。非合作并不意味着企业知识联盟中的某成员企业总是不和其他成员企业进行合作。非合作博弈与合作博弈在企业知识联盟中的应用,主要区别在于各参与者通过谈判协商能否达成一个具有约束力的协议,合作博弈体现为各参与者能够签订具有约束力的协议,反之为非合作博弈。非合作博弈在企业知识联盟的应用中,不存在一个成员企业强制其他成员企业遵守协议的现象,知识联盟中每个成员企业只能选择自己认为最有效的方案,也就是说,非合作博弈在企业知识联盟应用中强调的是个人最优决策及个人理性,所以,结果可能是无效的,也可能是有效的。若按行动的先后次序及参与者对信息的了解程度,非合作博弈可分为完全信息与不完全信息博弈、静态与动态博弈,且彼此之间可以相互组合,如表 2.4 所示。本书主要研究企业知识联盟利益分配问题,其中也存在非合作博弈因素,因为企业知识联盟在进行利益分配之前存在一个具有约束力的协议,而在进行利益分配过程中,各成员企业均试图满足自身利益最大化的需求。

表 2.4 非合作博弈类型

信息	静态	动态
不完全信息	不完全信息静态博弈 (贝叶斯纳什均衡)	不完全信息动态博弈 (精炼贝叶斯纳什均衡)
完全信息	完全信息静态博弈 (纳什均衡)	完全信息动态博弈 (子博弈精炼纳什均衡)

合作博弈在企业知识联盟的应用中是基于成果导向的,强调借助有约束力的承诺获取可行的结果,强调知识联盟的集体利益,关注如何通过知识联盟集体的优势创造出更多的利润,再对创造出的利润进行合理的分配。企业知识联盟成员合作博弈主要是指成员企业通过博弈对一个共同的利益目标加以实现,且签订具有完全约束力和强制执行力的协议或承诺,且在合作博弈中各个成员企业均是平等自愿的,成员间存在的信息不对称障碍可通过交流和沟通加以消除,进一步达成具有约束力的协议,以确保博弈各方对合作结果拥有一个较为稳定的预期,实现从知识联盟中获得应有的收益。

2. 企业知识联盟成员传统合作博弈格局的基本假设

企业知识联盟成员的传统合作博弈基于如下基本假设。

(1)关于企业知识联盟成员合作立场的假设。基于成员企业能否达成有效协议的视角,企业知识联盟成员间的博弈可分为两种情况:一种情况是企业知识联盟成员间的合作博弈;另一种情况是企业知识联盟成员间的非合作博弈。其中,关于企业知识联盟成员间合作博弈的假设体现为,知识联盟成员企业必须服从联盟整体谋划共同获得最大的利益，主要关注知识联盟集体理性。企业知识联盟成员间的非合作博弈的假设体现为，成员企业基于最差情况的考虑，在自己最终被其他竞争者逼迫在最差境地的情况下，选择一个使自己的收益最大的决策。

（2）关于知识联盟成员企业如何进行合作的基本假设。在知识联盟组建之前各成员企业会被召集，以分析知识联盟未来可能遇到的各种情况，根据所获取的相关信息，各成员企业制定各自参与联盟的形式，以达到自身最大满意度为目标，得到足够信息后各成员企业将会慎重选择联盟，决不允许参加多个联盟，或者拿出一部分资源来参加联盟。

（3）关于知识联盟成员企业最终合作效果的基本假设。在知识联盟成员企业的合作博弈中，各成员企业相互谈判，并基于谈判的结果对博弈策略进行选择，然后再分配经合作得到的收益总和。因此，成员企业要对组建知识联盟的形式以及联盟总收益的分配加以考虑。

显然，以上基本假设已经难以满足企业知识联盟成员合作的实际需求，但以下关于企业知识联盟传统合作博弈下的特征函数及分配模型，却是向企业知识联盟模糊博弈延拓（Vazirani，2009），进而解决企业知识联盟利益分配问题。

3. 企业知识联盟传统合作博弈的特征函数

企业知识联盟传统合作博弈理论强调了各有限理性的成员企业谋划如何与其他成员企业共同取得尽可能大的收益，以及在形成知识联盟时如何分配共同收益。也就是说，合作博弈理论提供了一种制定相互依赖、利益共享策略的系统方法，其在企业知识联盟利益分配中应用的中心问题在于：借助博弈解对企业知识联盟利益分配方案进行描述并论证其存在性。

企业知识联盟传统合作博弈是建立多个成员企业之间相互合作，对共同创造的利益进行合理分配的数学模型，其强调集体理性、公平、效率和公正，争取实现共赢或多赢，企业知识联盟传统合作博弈既要兼顾知识联盟成员的个体理性，也要考虑知识联盟集体理性，因为知识联盟成员都是独立的个体，各成员企业通过知识联盟的组建实现自身价值及利益最大化。企业知识联盟传统合作博弈要求成员企业通过各种努力找到能够实现利益合理分配的方式，进而在知识联盟初始协议的基础上，对每个成员企业的利益分配份额加以确定，最终实现知识联盟利益在成员间科学、合理分配。

企业知识联盟成员的传统合作博弈正式的定义是以特征函数的形式给出的，具有特征函数 $v: 2^N \to R$ 形式的 n 人合作博弈就是一个有序对 (N,v)，其中 v 描述了当成员企业决定合作时，无论其他成员企业采取何种行动，每个知识联盟成员企业的子集都能获得的最大收益或最小成本。$v: 2^N \to R$ 为一实值函数（称为特征函数），并满足：

$$\begin{cases} v(\varnothing) = 0 \text{（空性）} \\ v(S \cup T) \geq v(S) + v(T), S \cap T = \varnothing \text{（超可加性）} \end{cases} \quad (2.11)$$

其中，映射 v 描述了每一个知识联盟将获得一实数，表明这一联盟在合作中所获得的收益。超可加性则描述了两个不同的知识联盟通过合作所获得的收益，不比其各自单独行动时获得的收益少。也就是说，企业知识联盟合作博弈使合作的各成员企业利益都增加或者是使其中一部分成员的利益增加，而另一部分成员的利益不会受到损害，因而能使整个知识联盟的利益扩大，即多知识联盟合作时创造的利益比各知识联盟单独行动时获得的利益总和要多。

针对成员企业集合 $N = \{1, 2, \cdots, n\}$ 的传统合作博弈而言，其博弈集合可记为 g^N，定义在 N 上的合作博弈通常以 (N, v) 表示，如果 $|N| = n$，表示知识联盟博弈中成员企业的人数为 n，N 中知识联盟的个数：$C_n^0 + C_n^1 + \cdots + C_n^n = 2^n$。其中，$N$ 的任何非空子集 $S \subseteq N$，视为一个知识联盟，当 $S = \varnothing$ 时，称联盟为空联盟，当 $S = N$ 时，称知识联盟为最大知识联盟。一旦知识联盟 S 形成，组成知识联盟 S 的成员企业不再仅仅关心自己的特殊利益，而会为整个知识联盟的最大利益努力，在所有知识联盟所能获得的最大收益都确定后，整个博弈就完全清楚了。知识联盟 S 所包含的成员企业的个数记为 $|S|$。

也就是说，由知识联盟 S 产生的总收益形成了企业知识联盟传统合作博弈的特征函数，$v(S)$ 表示 S 和 $N \setminus S = \{i | i \in N, i \notin S\}$ 的两企业博弈中 S 的最大效用，$v(S)$ 也可解释为知识联盟 S 独立于知识联盟 $N \setminus S$ 的行动可保证的最大支付，在很多情况下，知识联盟能获得的支付依赖于其他成员企业采取的行动。$v(\{i\})$ 表示成员企业 i 与全体其他成员企业博弈时的最大效用值，记为 $v(i)$，v 是定义在 N 子集上的特征函数，是满足 $v(\varnothing) = 0$ 的实值函数，特征函数 v 把知识联盟博弈联系在一起，构建特征函数的过程就是建立合作博弈的过程（施锡铨，2012）。

企业知识联盟传统合作博弈各种解的概念，均是基于以上特征函数进行的（Eraslan and Mclennan, 2010）。本书认为特征函数的构建途径大体有两种：一种是由从合作博弈的角度形成联盟，从而转化为特征函数；另一种是根据实际问题的背景，结合一些专业知识，再通过仔细分析构建联盟博弈的特征函数。第一种途径的方法主要是最小最大化方法。

本节将企业知识联盟成员合作的一个可转移效用的策略型博弈描述为

$$\Gamma = \{N, (c_i)_{i \in N}, (u_i)_{i \in N}\} \quad (2.12)$$

其中，c_i 表示成员企业 i 的策略空间，u_i 表示成员企业 i 的收益函数。对于任何知

识联盟 S，其全部策略集记为 $\Delta(c_s)$，混合策略也可包含在其中，则任一策略记为 σ_S。

当知识联盟 S 实施 σ_S，$N \setminus S$ 实施 $\sigma_{N \setminus S}$ 时，其特征函数被定义为

$$v(S) = \min_{\sigma_{N \setminus S} \in \Delta(C_{N \setminus S})} \max_{\sigma_S \in \Delta(c_s)} \sum_{i \in S} u_i(\sigma_S, \sigma_{N \setminus S}), \forall S \in 2^N \quad (2.13)$$

其中：① $\sum_{i \in S} u_i(\sigma_S, \sigma_{N \setminus S})$ 表示在策略 $(\sigma_S, \sigma_{N \setminus S})$ 下，知识联盟 S 中所有相关企业的收益之和，体现了 $v(S)$ 是 S 成员共同创造财富由此而产生全部收益的思想。② $\max_{\sigma_S \in \Delta(c_s)} \sum_{i \in S} u_i(\sigma_S, \sigma_{N \setminus S})$ 表示当 $N \setminus S$ 采取行动 $\sigma_{N \setminus S}$ 时，S 中成员企业将选择 $\Delta(c_s)$ 中某个行动，以使自身的利益之和最大化。③由于 $N \setminus S$ 可以采取不同的 $\sigma_{N \setminus S}$，S 能取到的最大值是随 $\sigma_{N \setminus S}$ 的变化而有所变动的，但如果能取到这些最大值中的一个最小值，这个值将使知识联盟 S 中的成员企业认为无论 $N \setminus S$ 策略怎样变化，知识联盟 S 总能取得最低保障。即 $\min_{\sigma_{N \setminus S} \in \Delta(C_{N \setminus S})} \max_{\sigma_S \in \Delta(c_s)} \sum_{i \in S} u_i(\sigma_S, \sigma_{N \setminus S})$ 表示 S 的最低保障，且不会再受到进一步损害，于是 $v(S)$ 自动脱离了 $N \setminus S$ 的干扰，符合特征函数的定义。

也就是说，max 表示知识联盟 S 最大化，min 表示 $N \setminus S$ 采取了最遏制 S 利益的进攻手段 $\sigma_{N \setminus S}$，即最小最大化的特征函数 $v(S)$ 体现了 S 成员在面临 $N \setminus S$ 攻击和威胁时，所能保证自己获得的最大收益之和。关于 $v(S)$ 的表述也可进行简化，本节直接用下标 S 和 $N \setminus S$ 表示相应知识联盟的选择，此时，$v(S)$ 描述为

$$v(S) = \min_{N \setminus S} \max_S \sum_{i \in S} u_i(\sigma_S, \sigma_{N \setminus S}) \quad (2.14)$$

也可将企业知识联盟合作博弈视为两个阶段：①利益争取阶段（知识联盟集体理性）。知识联盟作为知识联盟整体与联盟外成员企业或联盟外的知识联盟展开博弈，争取合作剩余，也有可能所有成员企业全部在一个最大知识联盟之内，则知识联盟外的成员企业就可视为"自然"，那么这个问题可看作"单人博弈"问题，或称"集体优化问题"。②利益分配阶段（知识联盟成员企业的个体理性）。知识联盟内成员企业对合作剩余展开谈判，最终达成分配方案，合理的分配方案是各成员企业妥协的结果，也是各成员企业组建知识联盟的前提，而分配方案可借助博弈的解进行刻画，如纳什讨价还价解、核心解、Shapley 值等（Okada，2015）。

企业知识联盟传统合作博弈的研究重点就是博弈的各种解，即研究如何将知识联盟合作的收益公平合理地分配给每个参与合作的成员企业（Doz，1996）。

4. 企业知识联盟成员传统合作博弈下的分配模型

为了寻求知识联盟成员企业传统合作博弈格局下的分配模型,即对传统合作博弈进行求解,学者们基于不同的分配原则提出了多种分配方法,且每种方法均满足一定的公平合理原则及理性行为,本节对具有代表性的几种分配模型即博弈解的概念进行描述。

1) 传统合作博弈下的分配表述

企业知识联盟在传统合作博弈 (N,v) 下的分配表示为博弈的一个向量 $x=(x_1,x_2,\cdots,x_n)$,满足:

$$\begin{cases} \sum_{i \in N} x_i = x(N) = v(N) \\ x_i \geqslant v(\{i\}), \forall i \in N \end{cases} \quad (2.15)$$

其中,$\sum_{i \in N} x_i = x(N) = v(N)$ 表明分配 x 中 n 个成员企业获得收益之和与最大知识联盟总收益相等,体现了分配的帕累托有效性,即知识联盟的集体理性,每个成员企业的分配之和不能超过知识联盟集体剩余 $v(N)$;$x_i \geqslant v(\{i\})$ 表明企业知识联盟中每个成员企业肯定能获得不少于它们单独行动时所应获得的收益,即成员企业的个体理性,组建联盟后的收益不能小于组建联盟前的收益,体现了成员企业的参与约束,若 $x_i < v(\{i\})$,那么成员企业 i 将不会参加联盟。

也就是说,企业知识联盟收益分配为博弈的一个 n 维向量集合,因为每个成员企业都要得到相应的分配,所以是 n 维向量,即针对知识联盟合作博弈 (N,v),每个成员企业 $i \in N$,给予一个实值参数 x_i,形成 n 维向量 x,则 n 维的分配向量 x 就称为博弈的解,这也是知识联盟的一个分配方案。

企业知识联盟的一个分配 $x=(x_1,x_2,\cdots,x_n)$,如果满足条件:

$$\sum_{i \in S} x_i \leqslant v(S) \quad (2.16)$$

则称分配 x 对知识联盟 S 是可行的,即满足可行性的约束条件。

令 R^N 代表实值分配向量 x 的空间,有 $x=(x_i)_{i \in N}$,$R_+^N = \{x \in R^N; x_i \geqslant 0, \forall i \in N\}$,$x(S)=\sum_{i \in S} x_i$,$x(\varnothing)=0$,$x_{|S}=(x_i)_{i \in S}$。

关于企业知识联盟传统合作博弈 $v \in G^N$ 的预分配集 $I^*(v)$ 公式如下:

$$I^*(v) = \left\{ x \in R^N \mid \sum_{i \in N} x_i = v(N) \right\} \quad (2.17)$$

企业知识联盟传统合作博弈 $v \in G^N$ 的分配集 $I(v)$ 公式如下:

$$I(v) = \left\{ x \in R^N \mid \begin{array}{l} \sum_{i \in N} x_i = v(N) \\ x_i \geqslant v(\{i\}), \forall i \in N \end{array} \right\} \quad (2.18)$$

本书第 4 章模糊谈判集概念的提出、第 5 章模糊网络博弈模型的构建、第 6 章模糊平均单调博弈模型的延拓、第 7 章广义分配模型的扩展均是在以上传统合作博弈下的分配模型的基础上实现的。

2）企业知识联盟传统合作博弈下超可加性证明

令 v 为成员企业集合 N 上的特征函数，针对 N 的所有知识联盟子集 S、T，如果 $S \cap T = \varnothing$，满足：

$$v(S \cup T) \geqslant v(S) + v(T) \quad (2.19)$$

则称 n 人企业知识联盟的合作博弈为超可加的，表示任意两个不同的企业知识联盟合作所获得的收益将不少于其单独行动时获得的收益。超可加性也称为协同效应，即"1+1≥2"，如果知识联盟不满足超可加性，那么成员企业将没有组建知识联盟的动机，或者已经组建的知识联盟将面临解散的威胁。

本节对以上超可加性给出证明，以作为知识联盟利益分配的基础理论支撑。用 $S^*(x)$ 表示知识联盟 x 的策略空间，则：

$$v(S \cup T) = \max_{\xi \in S^*(S \cup T)} \min_{\eta \in S^*(N \setminus S \cup T)} \cup (\xi, \eta)$$
$$\geqslant \max_{\xi \in S^*(S \cup T)} \left\{ \min_{\eta \in S^*(N-S)} \cup (\xi, \eta) + \min_{\eta \in S^*(N-T)} \cup (\xi, \eta) \right\}$$
$$\geqslant \left\{ \max_{\xi \in S^*(S)} \min_{\eta \in S^*(N-S)} \cup (\xi, \eta) + \max_{\xi \in S^*(T)} \min_{\eta \in S^*(N-T)} \cup (\xi, \eta) \right\}$$
$$= v(S) + v(T)$$

实际上，以上超可加性的逆命题也是成立的，令 N 是成员企业的集合，v 为定义在 2^N 上的一个非负实值函数，满足 $v(\varnothing) = 0$，$v(S \cup T) \geqslant v(S) + v(T)$，如果 $S \cap T = \varnothing$，则企业知识联盟存在一个 N 上的合作博弈，使得 v 成为该合作博弈的特征函数。

针对企业知识联盟传统合作博弈 (N, v)，$N = \{1, 2, \cdots, n\}$，v 满足超可加性，自然有

$$v(N) \geqslant v(\{1\}) + v(\{2, \cdots, n\}) \geqslant v(\{1\}) + v(\{2\}) + v(\{3, \cdots, n\}) \geqslant \cdots \geqslant \sum_{i=1}^{n} v(\{i\})$$

根据此不等式，企业知识联盟特征函数 v 分为两种类型：①类型 I，v 满足 $v(N) = \sum_{i=1}^{n} v(\{i\})$。也就是说，最大知识联盟的效用是每个成员企业的效用之和，说明组建知识联盟并没有创造新的合作剩余，联盟没有价值，也不可能维持。

②类型Ⅱ，v 满足 $v(N) > \sum_{i=1}^{n} v(\{i\})$，即最大知识联盟的效用大于每个成员企业的效用之和，表明通过知识联盟创造了新的合作剩余，组建的知识联盟具有一定的意义，但组建的联盟能否维持，关键在于对合作剩余如何分配，以使每个成员企业的收益都得到改善。

在满足以上超可加性的基础上，本章接下来介绍企业知识联盟传统合作博弈下的几种优超关系及分配模型，2.4.2 节对其进行模糊延拓及广义扩展。

3）企业知识联盟传统合作博弈下的优超关系

令企业知识联盟分配集 $I(v)$ 的两个分配为 x 和 y，知识联盟用 S 表示，若分配方案 x 和 y 满足：

$$\begin{cases} x_i > y_i, \forall i \in S \\ \sum_{i \in S} x_i \leqslant v(S) \end{cases} \quad (2.20)$$

则称企业知识联盟的分配方案 x 在联盟 S 上优超于分配方案 y，或称分配方案 y 在联盟 S 上劣于分配方案 x，用 $x \, \text{dom}_S \, y$ 进行表示。其中，① $x_i > y_i$ 意味着分配方案 $x = (x_1, x_2, \cdots, x_n)$ 对知识联盟 S 来说比分配方案 $y = (y_1, y_2, \cdots, y_n)$ 要好，知识联盟 S 会对分配方案 y 进行拒绝，因为联盟 S 中的每个成员企业的收益从分配方案 y 到 x，都会得到改善；② $\sum_{i \in S} x_i \leqslant v(S)$ 表明收益 $\sum_{i \in S} x_i$ 将被知识联盟 S 接受。

在企业知识联盟的优超关系中，知识联盟 S 的特征如下所示。

（1）单人知识联盟不可能有优超关系。

（2）全联盟 N 上也不可能有优超关系，因此，如果在 S 上有优超关系，则 $2 \leqslant |S| \leqslant n-1$。

（3）优超关系是集合 $I(v)$ 上的序关系，这种序关系一般情况下不具有传递性和反身性。

（4）对于相同的知识联盟 S，优超关系具有传递性，即 $x \, \text{dom}_S \, y$，$y \, \text{dom}_S \, z$，则有 $x \, \text{dom}_S \, z$。

（5）对于不同的知识联盟 S，优超关系不具有传递性。

在可行的分配集 $I(v)$ 中分配数量虽有无限个，然而实际应用中，很多分配将不被成员企业所接受，或者说不会被执行，很明显，知识联盟的每个成员都不会偏好于劣分配方案。

4）企业知识联盟传统合作博弈下的核心分配

n 个成员企业的知识联盟合作博弈 (N,v) 的核心分配即所有不被优超的分配所组成的集合，记作 $C(v)$。

核心分配的含义如下：①如果分配 x 是可行的，且不存在知识联盟 S 能改进

x 时，分配 x 一定在知识联盟合作博弈 (N,v) 的核心分配中；②如果 y 不在核心分配中，则 y 一定会被优超。

假定任何知识联盟都能有效地谈判，且谈判达成的协议总会被实施，因此，核心分配成为较具吸引力的合作联盟博弈 (N,v) 的一个解概念，即描述了每个成员企业的分配都实现了最优的思想。以下定理为企业知识联盟核心分配的公理化表述。

定理 2.1 企业知识联盟的分配方案 $x=(x_1,x_2,\cdots,x_n)$ 在企业知识联盟的 n 人合作博弈 (N,v) 的核心分配 $C(v)$ 中，其充要条件如下：

（i）对任意知识联盟 $S \subset N$，有 $\sum_{i \in S} x_i \geq v(S)$；

（ii）$\sum_{i=1}^{n} x_i = v(N)$。

证明： 如果 $x \subseteq I(v)$，x 满足（i）和（ii），则 x 不可能被优超，即 $x \in C(v)$。现用反证法，设存在 S，使得 $y \, \mathrm{dom}_S \, x$，由优超的定义可知：$x_i < y_i$，$\forall i \in S$；$\sum_{i \in S} y_i \leq v(S)$，则有 $v(S) \leq \sum_{i \in S} x_i < \sum_{i \in S} y_i \leq v(S)$，矛盾。

若 $x \subseteq I(v)$，x 不满足（ii），则 x 一定被优超，即 $x \notin C(v)$。

对于 $x \subseteq I(v)$，存在联盟 S，有 $\sum_{i \in S} x_i < v(S)$，则定义 $\xi = v(S) - \sum_{i \in S} x_i > 0$，定义 $\eta = v(N) - v(S) - \sum_{i \in N \setminus S} v(\{i\}) > 0$，使得 ξ 在 S 中平均分配，η 在 $N \setminus S$ 中平均分配，从而得到如下的新分配 $y=(y_1,y_2,\cdots,y_n)$：

$$y_i = \begin{cases} x_i + \dfrac{\xi}{|S|}, & \forall i \in S \\ v(\{i\}) + \dfrac{\eta}{n-|S|}, & \forall i \notin S \end{cases}$$

显然，此向量 $y=(y_1,y_2,\cdots,y_n)$ 是企业知识联盟中的分配，且有 $y \, \mathrm{dom}_S \, x$。

然而，企业知识联盟并不是每种合作博弈格局下都存在以上的核心分配，在很多合作博弈下核心分配并不存在，以下为核心分配的存在定理。

定理 2.2 针对企业知识联盟的 n 人合作博弈 (N,v)，其核心 $C(v)$ 非空的充分必要条件是 (L) 有解：

$$(L) \min \sum_{i=1}^{n} x_i \leq v(N)$$

$$\text{s.t.} \sum_{i \in S} x_i \geq v(S), \forall S \subset N$$

核心中的每个分配都是帕累托有效的。

类似于核心的概念，稳定集在分析知识联盟的形成、竞争与权力分配时也体现出了自身的优点。稳定集最初作为合作博弈的解概念是由冯·诺依曼（Von Neumann）和摩根斯坦（Morgenstern）于 1944 年引入的，通常称为 VNM 解（Herings，1997）。稳定集和核心有着密切联系，两者均以优超原则进行定义。

5）企业知识联盟传统合作博弈下的稳定集分配

知识联盟的 n 人合作博弈 (N,v) 的分配集合记为 $K \subset I(v)$，若 K 满足以下条件：

（i）（内部稳定性）不存在 x，y，使得 $x \operatorname{dom} y$；

（ii）（外部稳定性）对于任意的 $x \notin K$，一定存在 $y \in K$，使得 $y \operatorname{dom} x$。

则称分配集合 K 为博弈 (N,v) 的稳定集。

其中，内部稳定性表明 K 中任意两个分配之间"相互不会优超"，可防止知识联盟内部成员因收益冲突而导致知识联盟解体；外部稳定性表明在 K 中的任一分配总会被 K 中的至少一个分配优超，即稳定集 K 中的分配"总可以优超"不是稳定集 K 中的分配，且稳定集 K 定义中的优超关系并没有限定在某个特定知识联盟之上，即定义中的优超关系对除了单人知识联盟 $\{i\}$ 和最大知识联盟 N 之外的所有知识联盟都成立。

也就是说，企业知识联盟的稳定集剔除了那些较差的分配方案。根据定义可知，稳定集只是具有内部稳定性和外部稳定性的分配组成的集合，稳定集可能有很多，不能保证不被优超，只能保证内部互相不优超。

例如，现有 1、2、3 三家企业组建知识联盟，成员企业的集合 $N = \{1,2,3\}$，知识联盟合作博弈 (N,v) 的特征函数为

$$v(S) = \begin{cases} 1, & |S| \geq 2 \\ 0, & |S| \leq 1 \end{cases}$$

收益分配集 $I(v) = \{(x_1, x_2, x_3) | \ x_1 + x_2 + x_3 = 1, x_1, x_2, x_3 \geq 0\}$。则这三家企业组建的知识联盟博弈的一个稳定集 K 为

$$K = \left\{ \left(\frac{1}{2}, \frac{1}{2}, 0\right), \left(\frac{1}{2}, 0, \frac{1}{2}\right), \left(0, \frac{1}{2}, \frac{1}{2}\right) \right\}$$

K 由三个分配组成，这三个分配在知识联盟 $\{1,2\}$、$\{1,3\}$、$\{2,3\}$ 上都不能构成优超关系，即在知识联盟 S 中，任何两个分配的成员企业收益均不存在严格大于关系，也就是说，满足内部稳定性。

为验证 K 的外部稳定性，令 $x = (x_1, x_2, x_3)$，x 是不属于 K 的一个分配，此时有成员企业 i 和 j 的收益，满足 $x_i < \frac{1}{2}$ 及 $x_j < \frac{1}{2}$，则在 K 中一定存在一个分配 y，使得在知识联盟 $S = \{i,j\}$ 上 y 优超 x。

该知识联盟合作博弈的另三个稳定集如下所示：

$$\begin{cases} K_1 = \{a, x_2, x_3 | \ x_1 = a, x_2 + x_3 = 1-a, x_2, x_3 \geqslant 0\} \\ K_2 = \{x_1, a, x_3 | \ x_2 = a, x_1 + x_3 = 1-a, x_1, x_3 \geqslant 0\}, \ a \in \left[0, \frac{1}{2}\right] \\ K_3 = \{x_1, x_2, a | \ x_3 = a, x_1 + x_2 = 1-a, x_1, x_2 \geqslant 0\} \end{cases}$$

可见，核心是唯一的，但稳定集可能有多个。

现检验 K_1 是否为稳定集：

$$K_1 = \{a, x_2, x_3 | \ x_1 = a, x_2 + x_3 = 1-a, x_2, x_3 \geqslant 0\}, \ a \in \left[0, \frac{1}{2}\right]$$

[内部稳定性检验] 在 K_1 中，成员企业 1 的收益总是 a，所以 K_1 中的任何两个分配 x 和 y 在知识联盟 $\{1,2\}$ 及 $\{1,3\}$ 上不构成优超关系，即不存在收益值的严格大于关系。

令 $x = (a, x_2^1, x_3^1)$，$y = (a, x_2^2, x_3^2)$，由于 $x_2 + x_3 = 1-a$，如果 $x_2^1 > x_2^2$，则有 $x_3^1 < x_3^2$，所以在 $\{2,3\}$ 上也不能构成优超关系，可见，K_1 满足内部稳定性。

[外部稳定性检验] 令 $x = (x_1, x_2, x_3)$ 是不属于 K_1 的一个分配，应有 $x_1 \neq a$，现分两种情况。

第 1 种情况：如果 $x_1 = a - \varepsilon < a$，此时 $x_2 + x_3 = 1 - a + \varepsilon$，如果 $x_2 \geqslant x_3$，可在 K_1 中选一个分配 $y = (a, 0, 1-a)$，在 $\{1,3\}$ 上优超 x，$x = (a-\varepsilon, x_2, x_3)$；如果 $x_2 \leqslant x_3$，则可在 K_1 中选一个分配 $y = (a, 1-a, 0)$，在 $\{1,2\}$ 上优超 x。

第 2 种情况：$x_1 = a + \varepsilon$，此时 $x_2 + x_3 = 1 - a - \varepsilon$，在 K_1 中总能选出一个分配 $y = (a, y_2, y_3)$，其中，$y_2 + y_3 = 1-a$，使得 $y_2 > x_2$，$y_3 > x_3$，进而满足在知识联盟 $\{2,3\}$ 上 y 优超 x。

同理，K_2 和 K_3 也为稳定集。

此外，也可能存在稳定集之外的某一分配，在某知识联盟 S 上优超稳定集的分配。例如，可以找到 $\left(\frac{4}{5}, \frac{1}{5}, 0\right)$ 在知识联盟 $\{1,2\}$ 上优超 $\left(\frac{1}{2}, 0, \frac{1}{2}\right)$。

已有研究证明，核心是每个稳定集的一个子集，任一稳定集都不是任一其他稳定集的子集，如果核心是一个稳定集，则它是唯一的稳定集。

其实，合作博弈并没有一个统一的解概念，因为没有哪个解能满足所有成员企业对公平的理解，由核心的定义可知，博弈可能不存在核心解，而且即便存在，核心分配也不一定是唯一的，也就是说，核心为集值解，然而伴随合作博弈论的发展，作为重要的解概念 Shapley 值具有唯一性，本章将通过一个实例介绍 Shapley 值在企业知识联盟利益分配中的应用。

6）企业知识联盟传统合作博弈下的 Shapley 值分配

Shapley 值的优点在于它将成本或者收益按照所有的边际贡献进行分摊，主要体现了成员企业 i 所应承担的成本或获得的收益等于该成员企业对每一个它所参与联盟边际贡献的平均值的思想。将 n 个成员企业随机排序 $(i_1,i_2,\cdots,i_n)$，每种排序出现的可能性相等，那么成员企业 i 的 Shapley 值即它对所有知识联盟 $S \subseteq N\setminus i$（包括 $\varnothing$）的边际贡献 $v(S \cup \{i\}) - v(S)$ 的平均值。知识联盟 S 的权重就是在随机排序 $(i_1,i_2,\cdots,i_n)$ 中排在成员企业 i 前面的成员企业恰好是知识联盟 S 中成员的概率，概率值为 $\dfrac{s!(n-s-1)!}{n!}$，其中，s 和 n 分别为知识联盟 S 中的成员企业数和最大知识联盟中的成员企业数。针对 N 的随机排序，前 s 个元素在 S 中，后 $(n-s-1)$ 个元素在 $N\setminus S \cup \{i\}$ 中，此排序方法的个数为 $s!(n-s-1)!$。可用如下公式进行描述：

$$\phi_i(v) = \sum_{S \subseteq N\setminus i} \frac{s!(n-s-1)!}{n!}\bigl(v(S \cup \{i\}) - v(S)\bigr) \qquad (2.21)$$

其中，s 表示知识联盟 S 中的成员企业数，$v(\varnothing)=0$。

可见，Shapley 值的思想就是从概率的角度来理解，假设成员企业按照随机顺序形成知识联盟，每种顺序的发生是等概率的，均为 $\dfrac{1}{n!}$。成员企业 i 与其前面的 $|S|-1$ 个企业组建为知识联盟 S，成员企业 i 对知识联盟 S 的边际贡献为 $v(S)-v(S\setminus\{i\})$。因为 $S\setminus\{i\}$ 与 $N\setminus S$ 的成员企业的排序共有 $(|S|-1)!(n-|S|)!$ 种，所以，每种排序出现的概率就是 $\dfrac{(|S|-1)!(n-|S|)!}{n!}$，也就是说，成员企业 i 在知识联盟 S 中的边际贡献的期望收益就是 Shapley 值。

例如，假设有 5 家企业 A、B、C、D、E，方便起见，记 $A=1$，$B=2$，$C=3$，$D=4$，$E=5$，则 $N=\{1,2,3,4,5\}$，它们决定组建知识联盟，经过可行性分析，组建的最大知识联盟年利润为 100 单位（1 单位表示 1 万美元），每个联盟可能获得的总利润如表 2.5 所示，现面临的问题是，如何将这 100 单位的利润合理地分配给 5 家企业。

表 2.5　各联盟获得的利益

S	$v(S)$	S	$v(S)$	S	$v(S)$	S	$v(S)$
$\{1\}$	0	$\{4\}$	5	$\{1,3\}$	5	$\{2,3\}$	15
$\{2\}$	0	$\{5\}$	10	$\{1,4\}$	15	$\{2,4\}$	25
$\{3\}$	0	$\{1,2\}$	0	$\{1,5\}$	20	$\{2,5\}$	30

续表

S	v(S)	S	v(S)	S	v(S)	S	v(S)
{3, 4}	30	{1, 2, 5}	40	{2, 3, 5}	55	{1, 2, 4, 5}	75
{3, 5}	35	{1, 3, 4}	40	{2, 4, 5}	65	{1, 3, 4, 5}	80
{4, 5}	45	{1, 3, 5}	45	{3, 4, 5}	70	{2, 3, 4, 5}	90
{1, 2, 3}	25	{1, 4, 5}	55	{1, 2, 3, 4}	60	{1, 2, 3, 4, 5}	100
{1, 2, 4}	35	{2, 3, 4}	50	{1, 2, 3, 5}	65	∅	0

由表 2.5 知任意两个知识联盟满足超可加性，表面看，似乎将总利润进行平均分配（即每家企业分 20 单位）是一个合理的分配方案，但如果企业 D 和 E 组建知识联盟，其年利润为 45 单位，大于企业 D 和企业 E 在最大联盟所分配的 40 单位。同理，企业 A、B、C 如果组建知识联盟，只能获得年利润 25 单位，于是企业 A、B、C 自然希望企业 D 和企业 E 留在最大知识联盟中。因此，它们决定分给企业 D 和企业 E 总共 46 单位，而把剩余的 54 单位在企业 A、B、C 中平分，但仍不可行，因为企业 C、D、E 组建知识联盟时获得年利润 70 单位，大于在最大知识联盟中得到的 64 单位，即 46+18，而企业 A、B 没有足够的资源组建联盟，即 $v(\{1,2\})=0$，所以企业 A 和企业 B 不得不分给企业 C、D、E 总共 71 单位，而把剩下的 29 单位平分给企业 A 和企业 B。如果企业 C、D、E 将 71 单位利润平分，又会产生新的问题。因为企业 B、D、E 三家组建联盟获得年利润为 65 单位，即 $65 > \frac{71}{3} \times 2 + \frac{29}{2}$，那么刚才的分配又变得不可行了。

现假设企业 C 想评估一下自己在联盟中的地位，它想通过一些具体的分析来计算自己可以从联盟的总收益 100 单位中得到的利润。因此，它列举出最大联盟的所有可能的排序，并相应地计算出自己的边际贡献。例如，假设最大联盟的排序是 A、D、E、C、B，则它就会加入联盟 {A, D, E}，因为这个联盟如果没有它将获得 55 单位的利润，而它加入后就会获得 80 单位，因此其边际贡献是 25 单位。按照这样的方法，便可计算出在最大联盟中，它可以期望得到多少。因为每一种排列次序出现的可能性都相等，所以它给每种排列赋予相同的概率。所以，计算出其期望利润是 18.5 单位。其他企业同理来推算各自的期望收益。收益向量（7.25，14.75，18.5，27.25，32.25）为核心中的一个分配向量。可见，如果 Shapley 值位于核心之内，则它恰好位于其核心的重心处。

以上关于企业知识联盟传统合作博弈下可加性证明，核心、稳定集、Shapley 值等存在性与唯一性论述，均作为 2.4.2 节企业知识联盟模糊博弈下的合作和第 3 章企业知识联盟合作利益特征函数，以及第 4 章谈判均衡及第 5~7 章不

第 2 章　企业知识联盟成员合作的模糊特性及模糊博弈特征分析　　53

同模糊合作博弈格局下企业知识联盟利益分配等改进研究的切入点。

2.4.2　模糊博弈下企业知识联盟的合作

1. 模糊博弈下企业知识联盟的合作格局

本书针对企业知识联盟外界环境因素的不确定性、知识联盟成员合作博弈问题的复杂性等特征，在企业知识联盟传统合作博弈研究成果的基础上（胡延平和刘晓敏，2009），对其技术方法进行修正、完善，开展模糊博弈下企业知识联盟的相关研究。

因为从 2.4.1 节可知企业知识联盟传统博弈下的合作前提：①成员企业完全参与到一个特定的知识联盟，也就是说，每个成员企业要么参与某个知识联盟，要么不参与某个知识联盟，不存在成员企业以一定参与率或参与度参与某个联盟的情况；②成员企业在合作之前已对不同合作策略下获得的收益完全了解，并清晰地知道自身参与到特定知识联盟所获得的分配，然而，现实中企业知识联盟成员合作的博弈问题不一定满足这两个假设，更多的情况是成员企业分别以不同的参与度与多个知识联盟进行合作，且在合作之前，成员企业对不同合作策略下的收益以及自己在特定知识联盟下所获得的分配并不确定，甚至不清楚（南江霞等，2021）。

所以，本书根据模糊集与传统博弈论结合点的不同，对企业知识联盟传统合作博弈进行了模糊化（王锋叶等，2014）处理，分析了以下不同类别的企业知识联盟成员合作的模糊情况：

$$\text{企业知识联盟成员合作的模糊化}\begin{cases}\text{企业知识联盟结构模糊}\\\text{企业知识联盟预期收益模糊}\\\text{企业知识联盟结构和预期收益均模糊}\end{cases}$$

（1）企业知识联盟结构模糊。采用成员企业的参与度进行定义，从成员企业自己的角度考虑，由于能力、资源等诸多条件的限制，以及其他业务利益的吸引等诸多因素，成员企业可能并不会以全部资源完全与某个特定的知识联盟进行合作，即其以一部分资源参与到多个联盟中，且参与度是模糊的（赵宝福和张艳菊，2013），当然该成员企业也可能因没有掌握其他企业的准确信息而猜测其他成员企业的参与度。所以，这种情况只考虑参与度模糊，而联盟的预期收益因采用项目承包等形式是可以事前确定的。也就是说，知识联盟结构模糊的概念，描述了成员企业可以以不同的参与度参与多个知识联盟，参与度用在[0,1]上的模糊数进行表示，知识联盟结构的模糊特性也诠释了当每个成员企业拥有私人资源时所体现的吸引力。因此，知识联盟模糊情况下利益分配问题，实质就是模糊联盟合作博弈的求解问题。Ragade（1977）和 Orlovsky（1977）分别从不同的角度研究了两人模糊博弈，Butnariu（1978）也对两人博弈中的模糊策略集规则进行了研究。

（2）企业知识联盟预期收益模糊。知识联盟成员企业合作取得的社会效益一般用模糊语言进行描述，如"好"、"比较好"、"非常好"、"一般"、"差"、"比较差"和"非常差"等。知识联盟成员企业取得的品牌知名度等一般用"高"、"比较高"、"非常高"、"一般"、"低"、"比较低"和"非常低"等类似的模糊语言加以描述。另外对联盟预期收益进行预测具有很大的不确定性，知识联盟内的成员企业只能根据估计得到预期收益，而实际的预期收益以对联盟的商业机会进行评估为基础，并参考了伙伴企业运作能力评估及市场调研的结果，也就是说，这种情况下，只考虑收益模糊，而成员企业参与联盟的程度是确定的，即投入100%的资源完全参与联盟（李书金和郦晓宁，2011）。因此，企业知识联盟预期收益模糊背景下的利益分配问题，本质为具有模糊支付合作博弈的求解问题。Dubois 和 Prade（1980）对此类问题进行了开创性研究，运用扩展原理定义了参与者的最小赢得，研究了具有模糊矩阵博弈的模糊线性规划模型。Mare（2001）提出具有模糊支付函数的合作博弈也是一种模糊合作博弈的思想。Maras（2000）研究了具有模糊支付的双矩阵博弈均衡策略，用三角模糊数表示博弈的支付值。Kacher 和 Larbani（2008）研究了模糊博弈目标的线性隶属函数。Nishizaki 和 Sakawa（2001）提出了模糊支付的双矩阵博弈的二次规划模型。

（3）企业知识联盟结构和预期收益均模糊。知识联盟内的成员企业合作方式是以一定的参与度与知识联盟进行合作，即联盟结构是模糊的，并且联盟的预期收益也是模糊的。因此，对参与度和预期收益均模糊的知识联盟成员企业的利益分配问题进行研究，其实质为要素双重模糊合作博弈的求解问题。Bector 等（2004）对具有模糊目标和模糊支付的双矩阵博弈的模糊规划模型进行了探讨，Yu 等（2018）对纳什均衡策略进行了研究。

为了限制讨论范围，本书只关注联盟结构模糊的情况，不同的知识联盟结构将对应不同的模糊合作博弈格局，本书研究重点就在于对不同模糊合作博弈格局下企业知识联盟利益分配的均衡分析（即最优分配方案存在性）进行研究，为了便于分析，本节首先给出知识联盟概念在传统合作博弈及模糊合作博弈下的对应关系。

2. 知识联盟概念在传统合作博弈和模糊合作博弈下的对应关系

在模糊合作博弈格局下企业知识联盟中所有成员企业的集合用 $N=\{1,2,\cdots,n\}$ 表示，传统博弈下的知识联盟用任意 N 的非空子集加以描述。本书记 $|N|$ 维单位

超立体 $[0,1]^N$ 空间为 F^N，即 $F^N \triangleq [0,1]^N$，则在企业知识联盟模糊合作博弈格局下借助向量元素 $s \in F^N$ 对联盟加以表示，即 s 表示模糊合作博弈下成员企业集合 N 中的一个知识联盟。显然知识联盟 s 的第 i 个维度上的元素 s_i 满足 $[0,1]$，表达了成员企业 i 将以参与度 s_i 与知识联盟 s 进行合作的场景，即在某企业知识联盟 s 中，s_i 表示联盟伙伴 i 的参与程度（也即在知识联盟 s 中的隶属度）。

所以，本书针对企业知识联盟在传统合作博弈和模糊合作博弈下的对应关系进行分析，在标准方式上，一个传统博弈格局下的知识联盟 $S \in 2^N$ 对应一个模糊合作博弈下的知识联盟 e^S，$e^S \in F^N$，满足：

$$\left(e^S\right)_i = \begin{cases} 1, & \text{当} i \in S \text{时} \\ 0, & \text{当} i \in N \setminus S \text{时} \end{cases}$$

本书认为传统博弈下知识联盟 e^S 对应的是以下这种情况，S 中的成员企业完全合作（即参与度为 1），S 外的成员企业完全不包含在里面（即参与度为 0）。相应地，$\left(e^\varnothing\right)_i = 0$，$\forall i \in N$，$e^{\{i\}}$ 简记为 e^i。将模糊博弈格局下的知识联盟 e^S 对应于传统博弈格局下的知识联盟 $S \in 2^N$，则通过 e^i 将模糊博弈格局下的知识联盟 $e^N = \{1,1,\cdots,1\}$ 视为最大知识联盟，将 $e^\varnothing = \{0,0,\cdots,0\}$ 视为模糊合作博弈格局下的空知识联盟，用 $F_0^N = F^N \setminus \{e^\varnothing\}$ 表示所有非空知识联盟的集合。本书后续章节中提到的知识联盟均指模糊博弈格局下的知识联盟。

针对知识联盟 $s \in F^N$，本书借助 $\mathrm{car}(s) = \{i \in N | s_i > 0\}$ 表示知识联盟 s 的载体，若 $\mathrm{car}(s) \neq N$，则称 s 为一个特定的知识联盟。在成员企业集合 N 上的特定知识联盟集本书记为 PF^N，在成员企业集合 N 上的非空特定知识联盟集本书记为 PF_0^N。

本书中关于企业知识联盟成员企业集合 N 的模糊合作博弈格局就视为一个映射 $v: F^N \to R$，并满足：

$$v(e^\varnothing) = 0 \tag{2.22}$$

其中，映射 v 赋予每个知识联盟一个实数值，描述了成员企业在合作中可以获得的收益值。这也对应了本书所关注的企业知识联盟结构模糊和支付清晰的情况。然而这个映射只在顶层设计的层面给出了模糊博弈下企业知识联盟成员合作格局的约束，在实际企业知识联盟组建中可能会形成很多不同的博弈格局，每种博弈格局将对应着不同的合作关系，且并不是所有博弈下都存在全局最优的均衡分配及相应的性质。

实例 2.1 令 $v \in F^{\{1,2\}}$ 定义为，对每个知识联盟 $s = (s_1, s_2) \in F^{\{1,2\}}$，有

$$v(s_1,s_2) = \begin{cases} 1, & s_1 \geq \frac{1}{2}, s_2 \geq \frac{1}{2} \\ 0, & 其他 \end{cases}$$

本实例中的博弈对应这样一种情况：只有知识联盟成员的参与度至少是 0.5 的时候才能获利，所有其他知识联盟都不能获得利益。

如果从空间的角度，对企业知识联盟成员合作的模糊博弈格局和传统博弈格局进行考察，在传统合作博弈格局下只对 $|N|$ 维单位超立体 $[0,1]^N$ 离散的 $2^{|N|}$ 个端点进行考察，然而模糊合作博弈格局下考察的是整个连续的空间体。记 G^N 为传统合作博弈特征函数的集合，则 FG^N 为关于成员企业集合 N 的模糊合作博弈特征函数的集合，且 FG^N 是一个无限线性空间。

3. 模糊合作博弈格局下企业知识联盟的分配

本书将模糊合作博弈格局下企业知识联盟的分配表示为向量 $x=(x_1,x_2,\cdots,x_n)$，$x_i(i=1,2,\cdots,n)$ 即联盟中第 i 个成员企业所获得的利益份额，且满足：

$$\sum_{i \in N} x_i = v(e^N) \qquad (2.23)\text{-}1$$

$$x_i \geq v(e^i), \forall i \in N \qquad (2.23)\text{-}2$$

其中，式（2.23）-1 为集体理性条件或帕累托最优性条件，其含义为，总的分配不允许超出联盟后的收益。式（2.23）-2 为个体理性条件，其含义如下：如果参加知识联盟的第 i 个成员企业所获得的分配数额 x_i 还达不到它单独行动时所获得的最大收益 $v(e^i)$，则其不会接受这样的分配，因而将退出合作。

令 $x=(x_i)_{i \in N}$ 为实值向量空间，记 R^N，$R_+^n = \{x \in R^n | x_i \geq 0, \forall i \in N; 且 x \neq 0\}$，在本书模糊合作博弈格局 $v \in FG^N$ 下，用以下集合表示企业知识联盟的预分配集

$$I^*(v) = \left\{ x \in R^N | \sum_{i \in N} x_i = v(e^N) \right\} \qquad (2.24)$$

而模糊合作博弈 $v \in FG^N$ 下企业知识联盟的分配集 $I(v)$ 满足下面条件的集合：

$$I(v) = \left\{ x \in R^N \middle| \begin{array}{l} \sum_{i \in N} x_i = v(e^N) \\ x_i \geq v(e^i), \forall i \in N \end{array} \right\} \qquad (2.25)$$

1）模糊合作博弈下企业知识联盟的核心分配

企业知识联盟模糊合作博弈格局 $v \in FG^N$ 下的核心分配，在本书中用以下集合加以描述，简称为模糊核心：

$$C(v)=\left\{x\in I(v)|\sum_{i\in N}s_i\bullet x_i\geqslant v(s),\forall s\in F^N\right\}\qquad(2.26)$$

其中，$x\in C(v)$ 就可看作对模糊博弈格局下企业知识联盟 e^N 总值进行全部分配的一种方案。每一知识联盟 s 的总收益不少于 $v(s)$，联盟 s 中合作伙伴 $i\in N$ 所获收益离不开其与联盟合作时的参与程度，也就是说，每一成员企业 $i\in N$ 将根据它们的参与度获得一定比例的收益，也就是说，如果成员企业 i 全部参与时获得的收益为 x_i，以参与度 s_i 进行合作时所获得的收益为 $s_i\bullet x_i$。

显然，对每个模糊合作博弈 $v\in FG^N$ 下企业知识联盟的核心是 R^n 上的一个闭凸集，当然，核心可能是空集，也可以仅含有一个元素，本节通过实例2.2和实例2.3加以说明。

实例 2.2 再一次考虑实例2.1中的博弈格局 v，模糊博弈下企业知识联盟的核心分配 $C(v)$ 是空的，因为对于一个核心元素 x，它应满足 $x_1+x_2=v\left(e^{\{1,2\}}\right)=1$，同样 $\frac{1}{2}x_1+\frac{1}{2}x_2\geqslant v\left(\frac{1}{2},\frac{1}{2}\right)=1$，这是不可能的。

实例 2.3 令 $v\in FG^{\{1,2,3\}}$，满足：对每个知识联盟 $s=(s_1,s_2,s_3)\in F^{\{1,2,3\}}$，有
$$v(s_1,s_2,s_3)=\min\{s_1+s_2,s_3\}$$

可以想象这样的场景，成员企业1、2和3分别拥有无限可分的一个单位资源 A、A 和 B，其中，A 和 B 是补充资源，并且组合一个单位资源 A 和 B 的 α 部分可以带来一个收益 α。资源 B 在最大知识联盟中是稀少的，它反映这样一个事实，即核心只包含一个点 $(0,0,1)$，在这种情况下，所有收益将赋予成员企业3，因为它拥有稀缺资源。

2）模糊合作博弈下企业知识联盟的 Shapley 值分配

针对知识联盟 $s\in F^N$，$s^r=\{i|\ i\in N,s_i=r\}(\forall r\in[0,1])$，如果特征函数 v 的形式为 $v(s)=\sum_{r\in[0,1]}v(s^r)\bullet r$，则称 $v\in FG^N$ 为具有比例值的模糊合作博弈格局，其博弈全体记为 FG_p^N。

针对 $v\in FG^N$，参与度 $s^r=\{i|\ i\in N,s_i=r\}(\forall r\in[0,1])$，函数：$g:\varGamma_p\to\left(R^N\right)^{F^N}$，则成员企业 i 在此类合作博弈下的模糊 Shapley 值为

$$g_i(v)\bullet s_i=\begin{cases}\sum_{i\in T\subset s^r}\dfrac{(|T|-1)!(|s^r|-|T|)!}{|s^r|!}\big(v(T)-v(T\setminus\{i\})\big)\bullet s_i,\ i\in s^r,\ r\in[0,1]\\ 0,\hspace{7.5cm}\text{其他}\end{cases}$$

(2.27)

针对模糊合作博弈 $v \in FG^N$，知识联盟 $s \in F^N$，$[s]_h = \{i|i \in N, s_i \geq h\}(\forall h \in [0,1])$，函数 $f: \Gamma_c \to (R^N)^{F^N}$，第 i 个成员企业在参与度 s_i 下的模糊 Shapley 值为

$$f_i(v) \cdot s_i = \begin{cases} \sum_{l=1}^{q(s)} f_s'([s]_{h_l})(h_l - h_{l-1}), & i \in [s]_{h_l} \\ 0, & \text{其他} \end{cases} \quad (2.28)$$

其中，$f_s'([s]_{h_l}) = \sum_{i \in T \subset [s]_{h_l}} \dfrac{(|T|-1)!(|[s]_{h_l}|-|T|)!}{|[s]_{h_l}|!}(v(T) - v(T \setminus \{i\})) \cdot s_i, i \in [s]_{h_l}$。

2.5 本章小结

为了给后续章节解决不同模糊合作格局下知识联盟利益分配问题提供理论支撑，本章描述了企业知识联盟成员合作的模糊博弈要素及其成员选择的博弈过程：首先，模糊合作博弈提供了隶属度函数，支持成员企业以相应的参与度与多个知识联盟进行合作；其次，联盟成员合作前必然要对合作伙伴进行选择，分别分析了完全信息和不完全信息两个视角下知识联盟成员选择的博弈过程；最后，对比了模糊博弈与传统博弈格局下企业知识联盟相应的特征函数及分配模型的表述，基于企业知识联盟本质特点，体现了模糊合作博弈思想在企业知识联盟领域中，为解决其利益分配问题提供了强大的支撑保障，也为第 3 章分析知识联盟合作利益的影响因素及特征函数奠定了基础。

第 3 章　企业知识联盟合作利益的影响因素及特征函数表述

第 2 章在对企业知识联盟成员合作的模糊特性和博弈特征进行分析的基础上，构建了知识联盟成员企业模糊合作博弈格局，并对企业知识联盟由传统博弈下的合作通过参与度的引入延拓到模糊博弈下的合作进行了分析。本章将在第 2 章基础上，深入研究企业知识联盟合作利益的协同效应、创造与分配关键影响变量及特征函数，为进一步提高模糊合作博弈下企业知识联盟利益分配的谈判均衡提供条件。

3.1　企业知识联盟合作利益的协同效应

本章从知识联盟整体和知识联盟个体两个层面进行合作利益分析，基于知识联盟整体的研究视角，企业组建知识联盟的目的是实现共同利益和协同效应，即实现"1+1≥2"，各合作伙伴组建知识联盟的前提如下：①各成员企业从知识联盟整体中获得的预期收益不少于其单独行动时获得的收益；②各成员企业从知识联盟整体中获得的预期收益大于其投入或贡献。若知识联盟整体不能取得预期的协同效应，则联盟个体的利益也将无从谈起。因此，企业知识联盟组建的基础需同时具备以上条件（刘家财等，2017；杨纱纱等，2013）。

3.1.1　成员企业组建知识联盟的利益分析

本节以 A 和 B 两家企业为例，两家企业各自研发的资源分别为 M_1 和 M_2，当合作时可研发出满足用户特定需求的新资源 M，现用 p_1 和 p_2 分别表示企业 A 和企业 B 的资源市场价格，那么 $p = p_1 + p_2$ 即代表合作研发的新资源的价格，用 c_1 及 c_2 分别表示两企业的单位资源成本，q_1 及 q_2 分别表示其产量，q 表示市场对新

资源的需求，现令影响需求的其他因素如消费者偏好、预期、收入及分配等保持不变，只考虑价格对需求的影响，线性需求函数为

$$q = a - (p_1 + p_2), \quad p_1 + p_2 < a \tag{3.1}$$

下面将对这两家企业组建知识联盟及不组建知识联盟时的利益进行分析，以研究合作利益的协同效应对知识联盟组建的影响。

1. 两企业单独行动时的利益分析

在需求量相同的前提下，两个企业单独行动，不组建知识联盟，则企业 A 为使自身利益最大化而选择 p_1 时的利润函数描述如下：

$$\prod_A (p_1, p_2) = (p_1 - c_1) \cdot q_1 = (p_1 - c_1)(a - p_1 - p_2) \tag{3.2}$$

针对 p_1 计算其一阶导数，求解出企业 A 的最优反应函数为

$$p_1^*(p_2) = \frac{1}{2}(a + c_1 - p_2) \tag{3.3}$$

以上表明：当企业 A 单独行动时要实现利益最大化，其最优价格依赖于自身成本、市场需求及企业 B 的资源价格，企业 A 资源的最优价格正比于其成本，反比于企业 B 的资源价格。

同理，可对企业 B 的最优反应函数进行求解：

$$p_2^*(p_1) = \frac{1}{2}(a + c_2 - p_1) \tag{3.4}$$

由式（3.3）和式（3.4）可求得，当企业 A，B 价格都达到最优的均衡价格时，企业 A 的均衡价格为

$$p_1^*(p_2) = \frac{1}{3}(a + 2c_1 - c_2)$$

企业 B 的均衡价格为

$$p_2^*(p_1^*) = \frac{1}{3}(a + 2c_2 - c_1)$$

进而可求解出此均衡状态下，企业 A 单独行动时的产量为

$$q_1^* = q^* = a - p_1^* - p_2^* = \frac{1}{3}(a - c_1 - c_2)$$

企业 B 单独行动时的产量为

$$q_2^* = q^* = a - p_1^* - p_2^* = \frac{1}{3}(a - c_1 - c_2)$$

企业 A 单独行动时的利润为

$$\prod_A (p_1^*, p_2^*) = (p_1^* - c_1) q_1^* = \frac{1}{9}(a - c_1 - c_2)^2$$

企业 B 单独行动时的利润为

$$\prod_B(p_1^*,p_2^*)=(p_2^*-c_2)q_2^*=\frac{1}{9}(a-c_1-c_2)^2$$

两企业单独行动时的利润之和为

$$\prod(p_1^*,p_2^*)=\prod_A(p_1^*+p_2^*)+\prod_B(p_1^*+p_2^*)=\frac{2}{9}(a-c_1-c_2)^2$$

2. 两企业组建为知识联盟时的利益分析

在企业 A 和企业 B 组建知识联盟的前提下，$c=c_1+c_2$ 表示新资源成本，p_M 表示新资源的价值，q_M 表示产量，则新资源 M 的利润函数描述为

$$\prod_M(q_M)=(p_M-c_1-c_2)q_M=(p_M-c_1-c_2)(a-p_M) \quad (3.5)$$

求 p_M 的一阶导数，可求解出利润最大化时的最优价格为

$$p_M^*=\frac{1}{2}(a+c_1+c_2)$$

利润最大化时的总产量为

$$q_M^*=a-p^*=\frac{1}{2}(a-c_1-c_2)$$

利润最大化时的总利润为

$$\prod_M(p_M^*)=(p_M^*-c_1-c_2)q_M^*=\frac{1}{4}(a-c_1-c_2)^2$$

由此可知，两企业单独行动时各自成本越低，组建联盟后收益将会越大，现对相同需求条件下，组成联盟后联盟整体的总利润与两企业单独行动的利润之和进行比较，可得

$$\frac{2}{9}(a-c_1-c_2)^2<\frac{1}{4}(a-c_1-c_2)^2$$

即 $\prod(p_1^*,p_2^*)<\prod_M(q_M^*)$。

也就是说，两企业具备组建知识联盟的基础，即在需求不变的前提下，知识联盟可产生协同效应，使得知识联盟整体收益大于联盟个体单独行动时的收益之和。

3.1.2 成员企业组建知识联盟的过程描述

以上分析说明成员企业合作利益满足协同效应才能组建知识联盟，本节将知识联盟组建过程分为企业战略目标分析、企业知识联盟确定、企业知识联盟运营、企业知识联盟评价四个阶段，且每个阶段又有自身独立的流程，如图 3.1 所示。

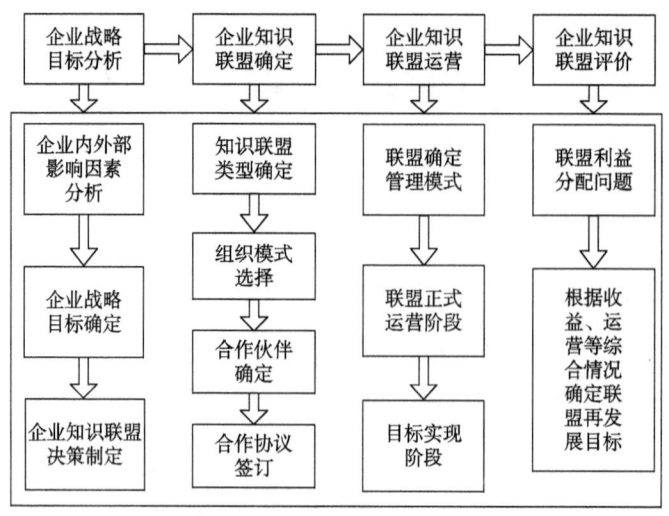

图 3.1　企业知识联盟组建过程

1. 企业战略目标分析阶段

这一阶段主要从内部和外部两个层面研究企业创新环境，其目的主要是就企业当前与未来对知识资源的需求进行详细勾勒，以及对知识联盟组建给成员企业经营所带来的预期收益进行分析，其中，内部环境分析主要对企业内部业务流程进行详细的调查，以找到企业目前存在的流程瓶颈问题，以通过组建知识联盟对其进行改进与优化，最终落实企业的实际需求。外部环境分析主要针对合作伙伴、竞争对手及供应链等经营对象的知识资源现状进行调查与研究。

2. 企业知识联盟确定阶段

企业战略框架取决于该企业战略目标的制定，然而从目标实现的角度来看，仍需要确定组织模式及知识联盟类型，以使其长期目标和短期目标都符合自身需求，进而选择合适的合作伙伴，在方案实施路径上找到结合点。此外，在组织模式选择过程中，需要注重阶段性与过程性，整体考虑自身的实际运作状况，不能盲目实施，要预留一定的升级空间，以降低风险。

3. 企业知识联盟运营阶段

在完成战略分析、确定知识联盟类型之后，必须结合战略目标运营知识联盟，从分步实施、整体部署，做到战略性与稳定性的统一（刘海涛和郭嗣琮，2010）。此外，在实施过程中还需要进行监控，基于资源、人才、技术、成熟度、战略等要素对企业知识联盟运营实施控制，使其符合企业战略的整体要求。

4. 企业知识联盟评价阶段

各成员企业需要建立评价机制，构建相应的评价体系，对企业知识联盟实施过程进行客观的评价，并予以信息反馈。过程评价一般从联盟运营过程的角度考虑，优秀的知识联盟会带来信息流、资金流及物流，能使成员企业的整体竞争力得以提升，能柔性地融合到市场环境中，另外，借助过程评价环节可及时发现企业知识联盟中存在的不足，并能将其实时反馈到知识联盟各成员企业中，以便后期进行动态修正与优化。

企业知识联盟组建后，联盟的组织结构成为影响知识联盟持续发展的关键因素，合适的结构可促进知识联盟的稳定发展，图 3.2 为企业知识联盟基本组织结构，当然，不同的知识联盟组织结构可随实际情况而有所调整。

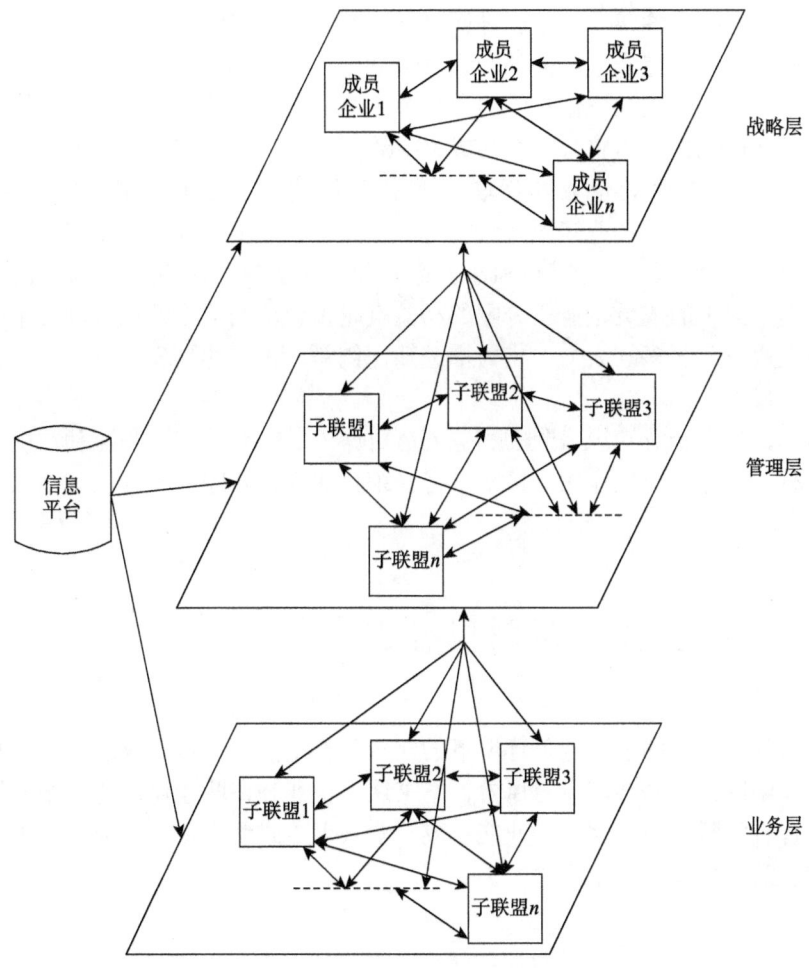

图 3.2　企业知识联盟组织结构图

本书将企业知识联盟的基本组织结构分为三个层次：①战略层。一般由参与组建知识联盟的高层管理人员组成，是知识联盟的最高决策机构，主要负责制定知识联盟的发展战略，协调处理知识联盟的重大问题。②管理层，由各成员企业的管理机构或由各成员企业组建的各类管理部门组成，即子联盟，其负责知识联盟的战略任务分解与执行、经营与管理等，可为业务层提供指导与帮助。③业务层，是各种任务的具体执行者，知识联盟根据任务特性，将相关成员组建成各种子联盟，完成不同特性的任务，进而实现整个知识联盟的任务目标。

图 3.2 还表明，知识联盟不仅要保证各层次内部信息的顺畅流动，还要保证各层次之间进行信息流通和交互，所以，知识联盟也可设置一个专用的信息平台，负责联盟内同层次的横向信息流动和不同层次的纵向信息流动，促使知识联盟的信息环境向对称状态发展，进而降低联盟解散的风险。

然而，知识联盟作为庞大的知识价值创造单位，其利益创造能力是单个成员企业所不具备的，其知识创造能力也是单个成员企业无法比拟的，企业知识联盟可以通过知识创新能力整合、交易成本节约、联盟内的知识转移等方式保持联盟的竞争优势，进而对企业知识联盟的利益创造能力进行强化（王大澳等，2019）。因此，组建企业知识联盟参与市场竞争会比单个成员企业或者其他形式的联盟具有优势，进而可以在利益创造方面带来更好的表现，且利益创造得越多，知识联盟中的成员企业所分配的利益就越多，从而能更好地激励各个联盟内的成员企业投入更多的人力、物力推进知识创新，进而达到良性循环（孙新波和刘博，2012）。

因此，分析企业知识联盟的利益创造对深入研究企业知识联盟利益由来及最优分配有着关键的铺垫作用。接下来将介绍企业知识联盟合作利益的创造与分配过程。

3.2　企业知识联盟合作利益的创造与分配

面对复杂多变的客观竞争环境下的众多不确定因素，各企业通过组建知识联盟来合作创造价值并共同应对风险，本书认为企业知识联盟可以通过企业核心竞争力整合、联盟知识转移、企业交易成本削减等方式使得成员企业创造出更大的价值和利益，如图 3.3 所示。

第 3 章　企业知识联盟合作利益的影响因素及特征函数表述　　65

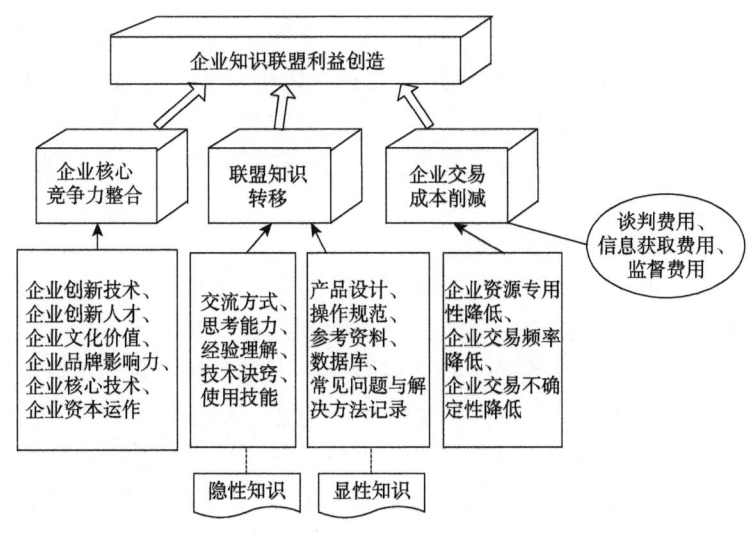

图 3.3　企业知识联盟利益创造

1. 企业交易成本削减

基于投资专用视角，企业知识联盟属于利益共同体，在知识联盟整体进行投资的环节，虽然不会从根本上降低规避风险及投资专用性，但知识联盟投资是集体决策，所以各成员企业都会提出自身的见解以供集体抉择，且知识联盟集体决策会比单个成员企业自身决定风险要小，也就是说，降低了专用投资的风险性，一旦出现风险，知识联盟的各成员企业可以共同分担损失成本。

2. 联盟知识转移

知识联盟各成员企业创造新价值与利益的重点在于知识的转移及创新，成员企业通过与联盟中其他企业进行合作研发，不仅可以学习其他成员企业的知识，还能通过知识创新拥有新的知识，这种方式对促进成员企业创造利益具有极其重要的作用，企业知识联盟中知识转移如图 3.4 所示。

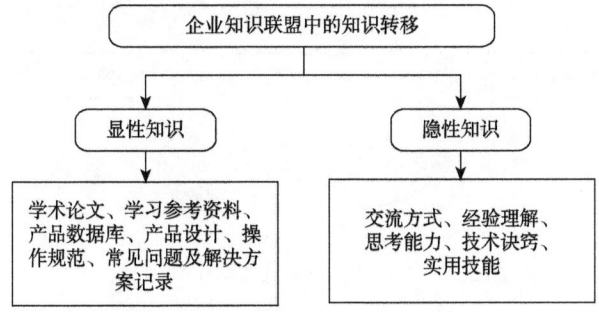

图 3.4　企业知识联盟中的知识转移

本书将企业知识联盟可转移的知识分为显性知识和隐性知识，其中，显性知识主要是指可以用文字书面表达的知识，隐性知识主要是指无法用书面表达、难以给予准确描述的知识，如在知识联盟中来自科研人员的思维方式、工作经验、技术诀窍等。通常显性知识要比隐性知识更容易转移（刘二亮和纪艳彬，2011a，2011b）。

（1）显性知识转移途径。

针对显性知识与隐性知识的界限划分有时并不明显，所以有些显性知识转移途径同样适用于隐性知识转移（王荣朴和宣国良，2009）。为了更好地让显性知识在联盟成员企业间传播，必须克服一些困难，在企业知识联盟中显性知识比隐性知识的转移要更简便，以至于被成员企业们忽略。例如，很多显性知识拥有具体的形式，并可通过图文进行表达，易于整理和储存，因此知识联盟中的知识发送方成员企业认为该知识显而易见，则在合作中就不将其作为研究重点，于是原本的显性知识成为隐性知识，接收方企业因而丧失了转移该知识的机会。

本书认为企业知识联盟中显性知识转移的途径主要如下：①资源共享平台。虽然显性知识转移过程不复杂，但因各成员企业交流与沟通程度不同，难以达到彼此交流的最大化，即知识共享的完全化。如果构建资源共享平台，知识联盟的成员企业便可有选择地上传各自的知识储备，如各成员企业的基本信息、产品研发流程与进度、顾客信息等，还可避免成员企业在知识转移时造成意外损失，通过资源共享平台可实现联盟内部成员的知识获取。②书面记录。企业知识联盟中各个成员企业合作时可将在合作中涉及的知识进行记录，将其作为一种合作规范，以更好地帮助知识联盟中的成员企业最大限度地完成显性知识转移，即书面记录可以作为企业知识联盟进行显性知识转移的大前提。显性知识转移分析如图3.5所示。

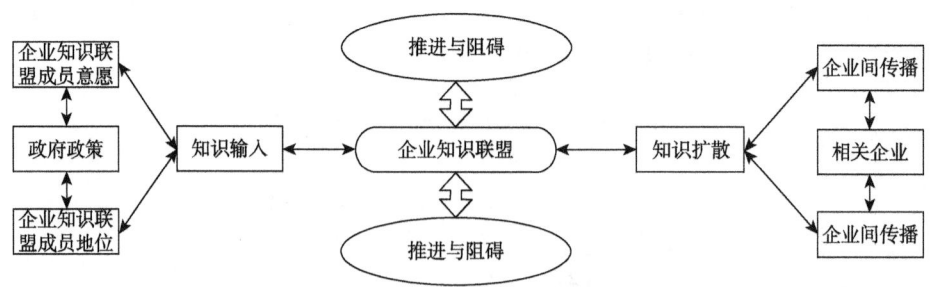

图3.5　企业知识联盟显性知识转移分析

(2) 隐性知识转移途径。

本书将企业知识联盟隐性知识转移途径分为以下四种：①显性化，主要将联盟内某成员企业所掌握的隐性知识转化为显性知识，随后将其转移给其他合作伙伴。②并购、合资、兼并，主要是指企业在合资或再集团化、破产兼并过程中进行产权变动时，通过并购、合资、兼并等方式转移隐性知识，当然某些知识联盟中的成员企业也可能运用合资、合并及并购的方式进行合作，进一步协同发展，从而为隐性知识的顺利转移提供可靠的渠道。③组织网络化，联盟中的成员企业在日常经济活动中会形成一种无形的网络，在成员企业日常活动过程中产生知识的扩散。例如，知识联盟内的盟主企业凭借自身的核心地位和强大的沟通能力及科研能力，能够很好地将联盟外的有价值的知识转移到联盟内。同时，联盟内的企业通过知识转移提高了科研能力，从而在知识联盟合作中拥有更强的能力，进而投入知识创新，实现收益的扩大，促进知识联盟的成功运行。④关联业务，知识联盟中的成员企业除了合作研发外，还会产生经济业务的往来，如有些企业知识联盟是基于供应链组建的，因此，在日常经济事务交流和交易中，会产生隐性知识的转移（张磊生，2013），为完成知识共享奠定了基础。隐性知识转移分析如图3.6所示。

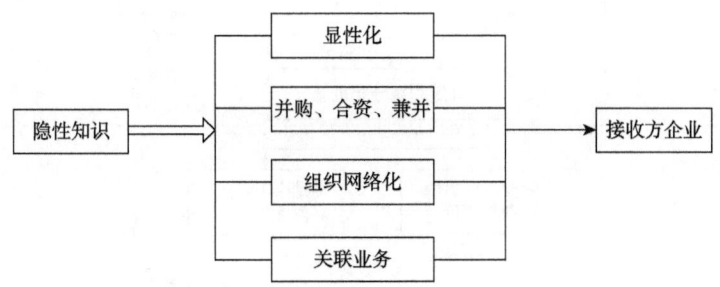

图3.6 企业知识联盟隐性知识转移分析

3. 企业核心竞争力整合

联盟中的成员企业在核心竞争力的不同环节展开合作，进而强化与整合知识联盟合作的核心竞争力，以提升自身价值，也是成员企业组建知识联盟的动因体现。企业知识联盟的组建强化及整合了成员企业的核心竞争力，也达到了联盟内部的资金节省，并有利于新业务的开展，新竞争优势的形成，从而使得联盟内的成员企业创造出更大的价值和利益（徐小丽，2010）。

本书研究的联盟利益分配贯穿于企业知识联盟的整个运行过程中，是一个动态的全过程的问题，不仅仅是在知识联盟形成初期或联盟结束时才会遇到。本书将企业知识联盟利益分配过程描述为如图3.7所示的六个步骤。

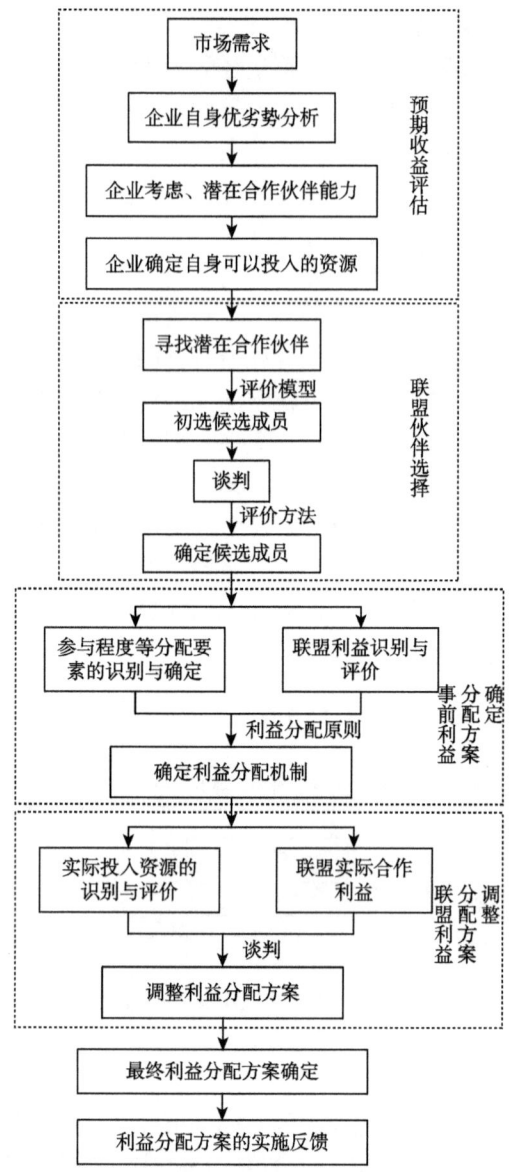

图 3.7　企业知识联盟利益分配过程描述

步骤1：预期收益评估。

成员企业依据商业机会、市场信息对自身优势及劣势资源进行审视，并评估自身商业机会，充分考虑潜在合作伙伴能力及可投入联盟的资源，借助统计分析、市场调研等方法，评价不同联盟方式对商业机会的影响。成员企业需要对自身优势与劣势、所处的行业环境、面临的威胁与发展机遇等进行深入分析。首先，要对行业的发展现状、发展动力、发展特点、发展方向，以及信息技术在行业发展中的作用进行分析。其次，要对信息技术本身的发展现状、发展特点及方向进行分析。最后，要对竞争对手的信息技术应用情况加以了解，主要包括实现功能、具体技术、实施手段、应用范围及成果等。

步骤 2：联盟伙伴选择。

在步骤 1 所收集的相关资料的基础上，依据总成本最低、敏感性等原则，初步确定合作伙伴的范围，初选候选成员，然后通过谈判，与各候选成员进行协商，了解评价信息，最终选择彼此满意的合作伙伴。

步骤 3：事前利益分配方案确定。

成员企业在知识联盟运行初期，在利益分配原则下经协商对事前利益分配方案进行确定，以对各成员企业的成本、知识创新能力、利益分配比例及风险等进行预测，各成员企业针对联盟收益的不同预测，制订知识联盟事前利益分配方案。

步骤 4：联盟利益分配方案调整。

结合联盟实际收益和成员企业的实际参与度，以及实际投入资源的识别与评价，针对分配方案进行事前调整。

步骤 5：最终利益分配方案确定。

对调整的分配方案结果进行评估，确定最终利益分配方案。

步骤 6：利益分配方案的实施反馈。

因为各成员企业在收益分配方法、经营方式等方面存在差异，要解决各种各样的问题，必须对分配策略实施情况加以反馈。

本章前两节对企业知识联盟的合作利益进行了表述，并对其协同效应进行了分析，描述了合作利益的创造与分配过程，接下来将对合作利益的关键影响变量进行分析。

3.3　企业知识联盟合作利益的关键影响变量

为了提炼企业知识联盟合作利益的影响因素，成员企业必须明确，在知识联盟合作过程中，每个成员均是一个理性的组织，都拥有自身的利益目标，并希望获取尽可能多的利益，本节首先构建了如图 3.8 所示的 SWOT 分析框架，进行市场竞争环境分析，基于 S（strength，优势）、W（weakness，弱势）、O（opportunity，机会）、T（threats，威胁）的相关表现，结合定性分析与定量数据，分析模糊环境下成员企业面临的外部机会与威胁、内部优势和劣势，开展企业知识联盟及成员企业可持续发展的影响因素分析，进而为确定主要影响因素做好准备。

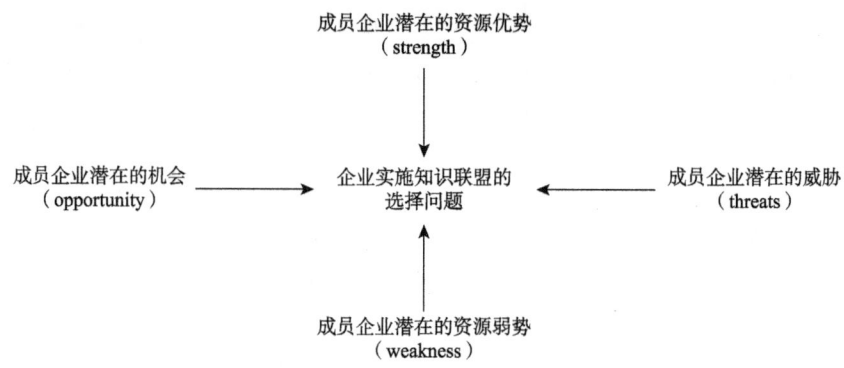

图 3.8　企业知识联盟 SWOT 环境分析

本书在上述 SWOT 分析的基础上，认为影响知识联盟合作利益的其他较为重要的因素还包括如图 3.9 所示的内容。

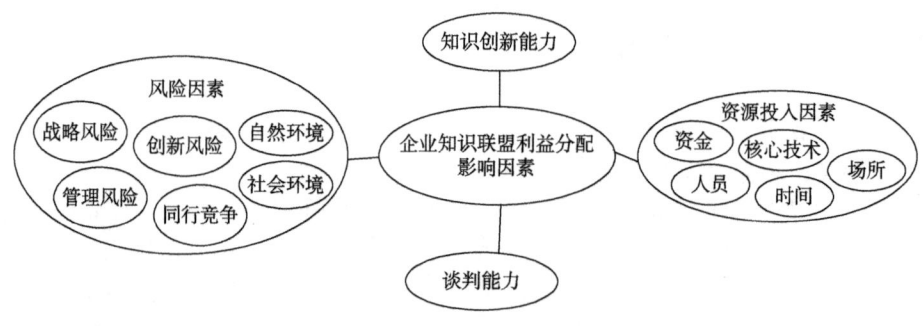

图 3.9　影响企业知识联盟合作利益的因素

1. 资源投入因素

企业知识联盟实质上是各成员企业之间对各自的优势知识资源进行整合，以及进行知识创新的研发联盟，所以，在合作研发过程中，成员企业的资源投入情况将作为影响联盟合作利益的首要考虑要素。在以资源投入为主要标准进行利益分配时，关键问题是合理且公平地确认知识联盟成员企业的资源投入情况。

本节假设知识联盟成员企业个数为 m，投入了人员、资金、核心技术、时间及场所五种资源，现将资源类型进行统一量化。第 i 个成员企业第 j 项资源投入情况用 $p_{ij}(i=1,2,\cdots,n;j=1,2,3,4,5)$ 表示，但因每个成员企业在合作中所处地位或所创造的价值不尽相同，所以需要为每项资源投入设定一个权重 R_j，表示第 j

项资源的价值权重，R_j 越大，表示此项资源在合作中的重要性越大，借助 R_j 可计算联盟各成员企业所投入的第 j 项资源的价值，求解新的资源投入价值，其资源投入价值矩阵描述为

$$p = \begin{bmatrix} p_{11} & p_{12} & \cdots & p_{1m} \\ p_{21} & p_{22} & \cdots & p_{2m} \\ \vdots & \vdots & & \vdots \\ p_{n1} & p_{n2} & \cdots & p_{nm} \end{bmatrix}_{n \times m} \quad (3.6)$$

$R_j = (R_1, R_2, \cdots, R_m)$ 表示资源投入价值权重向量，R_j 表示成员企业所投入的第 j 项资源在知识联盟创新中所占的比例，w_i 表示第 i 个成员企业所投入的总资源投入价值，即 $P_R = (w_1, w_2, \cdots, w_n)$，从而可求解 n 个成员企业投入的所有资源的分配权重系数：$c_i = \dfrac{w_i}{\sum w_i}$。

2. 风险因素

知识联盟是一种以知识创新为任务的联盟合作方式，进行合作肯定会伴随着风险，风险主要体现为不确定性、客观性、普遍性、可变性及可测性等特点，无论是成员企业自身还是联盟都面临来自各方面的风险，如来自企业内部条件的风险，包括战略风险、管理制度、资金财力等，这些因素随时都可能发生变化，使成员企业面临不同程度的风险。来自市场外部环境的风险主要有社会政治经济环境、同行企业的竞争、自然生态环境等因素引起的风险。

3. 谈判能力

企业知识联盟中的利益分配过程实际上是一种谈判协商的过程，各成员企业在商定谈判分配方案时或分配利益时往往会进行博弈，因联盟中各成员企业是理性的，都会追求自身的最大利益，且会以自身利益最大化为前提选择对自己有利的方案，所以各成员企业在利益分配过程中会出现一定程度的冲突。因此谈判能力对利益分配有十分重要的影响。

4. 知识创新能力

在知识联盟组建过程中，某成员企业在投入知识创新和产品研发过程中会拥有自己的研发项目，或直接与其他联盟进行合作，于是对利益的创造及分配会增加很多不确定因素，影响整个知识联盟的收益和运行的稳定性，进而使知识联盟收益分配受到影响，所以说，成员企业的知识创新能力也是影响知识联盟利益分配的重要因素之一。本书认为成员企业参与知识联盟的参与度及不同模糊格局下

的谈判均衡状态均能促使成员企业知识创新能力的提高。

成员企业在参与知识联盟合作时,一般会考虑以下几个方面:①合作能给企业带来资金;②合作能带来管理经验;③合作能带来先进技术;④合作能促进企业升级;⑤合作能拓展国内外市场;⑥合作可提升企业核心竞争力。本书在如图 3.10 所示的知识联盟成员企业投入-利益循环图中,进一步分析了关键变量对联盟合作利益的影响。

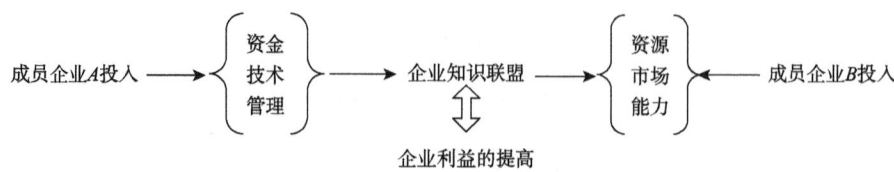

图 3.10　知识联盟成员企业投入-利益循环图

在图 3.10 中,成员企业 A、B 代表知识联盟中任意成员企业,但不同联盟的信息及行动差异会对联盟合作结果产生不同影响,描述如下:

$$\begin{aligned} A_t &= x_t(h) - c_t(h) \\ A_t' &= x_t' - c_t' \end{aligned} \quad (3.7)$$

其中,A_t 表示 t 时期知识联盟企业获得的净收益;x_t 表示 t 时期联盟企业参与联盟后获得的收益,即联盟企业投资收益;c_t 为 t 时期企业为获得某种自己不具有的资源的投入,即投资成本;A_t' 表示 t 时期企业未组建知识联盟时获得的投资净收益;x_t' 表示 t 时期联盟企业未参与联盟时的投资收益;c_t' 表示 t 时期企业通过市场投入的投资成本。以经济人假设为基础,当 $A_t > A_t'$ 时,成员企业才会选择参与联盟,否则将导致联盟的瓦解。

可见,在企业知识联盟组建过程中,为了保证其联盟过程的稳定性,联盟内成员企业之间通过相互竞争形成平均利益,如果不能获得平均利益,则联盟不可能达到暂时的稳定状态。

本章以企业 A、B 为例,若企业 A 主动与企业 B 组建知识联盟,则它将会根据市场机遇所依赖的资源,对企业 B 进行优势资源的挖掘,以优化资源配置,进而弥补自身居于劣势的资源,以便进行知识创新。令 v_B 表示企业 A 从企业 B 处所获得的优势资源的价值,尽管企业 A 拥有能使自身盈利的私有资源,然而组建联盟后的联盟整体收益不能从原企业 A 的收益 π 中进行分离,所以企业 A 与企业 B 都只能对组建联盟后企业 A 的总收益加以关注。

现令 α 表示成员企业 A 向成员企业 B 承诺的收益分配系数,若成员企业 B 同意,则企业 A 和企业 B 可组建知识联盟,否则组建失败,其关键问题在于成员企

业 B 同意与企业 A 组建知识联盟时，分配系数 α 最小值是多少。基于联盟个体，若企业 B 赞同组建知识联盟，必须同时满足条件：企业 A 和企业 B 通过组建知识联盟获得的预期收益要大于其投入，且从知识联盟中获得的预期收益不低于其单独行动时的收益。

现令 π 表示企业 A 不参与联盟时的收益，假设不能确定将来的收益情况，则存在两种可能的状态：①获得高收益 H；②取得低收益 L。令 R 表示组建联盟后新资源在计算期内的预期总收益，所需的总投资用 J 表示，则有 $J > v_B$，企业 B 的预期保留效用用 u_B 来描述，则有 $u_B > 0$，且 $R > 1 + u_B$，如果忽略资金的时间价值，那么企业 B 与企业 A 组建知识联盟的博弈过程可描述如下。

（1）若企业 B 同意企业 A 承诺的利益分配系数 α，则企业 A 和 B 的收益 R_A、R_B 为

$$\begin{cases} R_A = \pi = \rho H + (1-\rho)L \\ R_B = v_B + u_B \end{cases} \quad (3.8)$$

其中，ρ 用来描述企业 B 推断企业 A 为高收益的概率。

（2）若企业 B 对企业 A 承诺的利益分配系数 α 表示不同意，则企业 A 和 B 的收益 R'_A、R'_B 分别为

$$\begin{cases} R'_A = (1-\alpha)R \\ R'_B = \alpha R \end{cases} \quad (3.9)$$

（3）对企业 B 来说，它对企业 A 提出的分配系数 α 表示接受时的充分必要条件是，企业 B 组建联盟时的最低期望收益不低于其单独行动时所获得的收益，即

$$R'_B \geqslant R_B \quad (3.10)$$

也就是，$\alpha R \geqslant v_B + u_B$，可得 $\alpha \geqslant \dfrac{v_B + u_B}{R}$。那么，企业 B 通过联盟所获得的预期收益高于其投入时的解为 $\alpha \geqslant \dfrac{v_B}{R}$。

（4）从企业 A 的角度，它同意与企业 B 组建为知识联盟的充分必要条件是，企业 A 组建知识联盟后的预期收益不低于其单独行动时所获得的收益，即

$$(1-\alpha)R \geqslant \rho H + (1-\rho)L$$

$$\alpha \leqslant \frac{R - \rho H - (1-\rho)L}{R} \quad (3.11)$$

（5）联合 $\alpha \geqslant \dfrac{v_B + u_B}{R}$ 及 $\alpha \leqslant \dfrac{R - \rho H - (1-\rho)L}{R}$ 得，当企业 B 期望的最低利益分配系数不大于企业 A 所承诺的最高收益分配系数时，企业 A 才能选择 B 作为合作伙伴，描述为

$$\frac{v_B + u_B}{R} \leqslant \alpha \leqslant \frac{R - \rho H - (1-\rho)L}{R} \tag{3.12}$$

即 $\frac{v_B + u_B}{R} \leqslant \alpha \leqslant 1 - \frac{\rho H + (1-\rho)L}{R}$。

由式（3.12）可知，影响知识联盟合作利益的关键变量包括：知识联盟体的总收益 R、成员企业 B 推测的成员企业 A 取得高收益的概率 ρ、成员企业 B 的预期保留效用 u_B、成员企业 B 的资源价值 v_B、企业 A 不组建联盟时的收益 π，这些关键变量对知识联盟合作利益的影响分析如下。

3.3.1 知识联盟体总收益对合作利益的影响

在以上推导的基础上，本节进一步分析 $\frac{v_B + u_B}{R} \leqslant \alpha \leqslant 1 - \frac{\rho H + (1-\rho)L}{R}$ 得到：知识联盟的总收益 R 越大，则 $\frac{v_B + u_B}{R}$ 的值越小，这样使得企业 A 向企业 B 承诺的收益分配系数 α 的下限值越小，即分配系数 α 的下限值的取值范围越宽。同时，知识联盟的总收益 R 越大，则 $1 - \frac{\rho H + (1-\rho)L}{R}$ 的值也就越大，使得企业 A 承诺给企业 B 的收益分配系数 α 的上限值变大，则分配系数 α 的上限取值范围变大。由此可知，知识联盟体的总收益 R 越大，企业 A 承诺给企业 B 的收益分配系数 α 的取值范围越大，可行解越多。

也就是说，在其他因素保持不变的情况下，知识联盟的总收益 R 对成员企业 B 的利益份额的影响比较复杂，知识联盟的总收益 R 越小，则企业 A 承诺给企业 B 的收益分配系数 α 的取值范围就越窄，其可行解就越少，成员企业通过组建知识联盟创造合作利益的动机就越弱。知识联盟的总收益 R 越大，企业 A 承诺给企业 B 的收益分配系数 α 的下限值越倾向于变小，同时使 α 的上限值越倾向于变大，也就是说，R 变大使得 α 的取值范围扩大，则其可行解增多，所以，成员企业通过组建知识联盟创造合作利益的动机就越强。

3.3.2 资源投入和预期效用对合作利益的影响

本书分析企业 B 投入的资源价值 v_B 和预期保留效用 u_B 对知识联盟合作利益的影响体现如下：当成员企业 B 的预期效用 u_B、企业 B 投入的资源价值 v_B 较大时，要想使 $\frac{v_B + u_B}{R} \leqslant \alpha$ 成立，则企业 A 承诺给企业 B 的收益分配系数 α 的下限值将变大，其下限取值范围将变小，即成员企业 B 的预期保留效用变大，也就是说，对资源使用效果的期望值比较高的前提下，期望得到更高的分配系数，所以，成员企业 B 投入的资源价值越大，期望得到的分配系数越高。

3.3.3 高收益概率对合作利益的影响

本书得出企业 B 推测原企业 A 取得高收益时的概率 ρ，对知识联盟合作利益的影响体现如下：首先考虑两种极端的情况，分别对应 $\rho \approx 0$ 及 $\rho \approx 1$：若 $\rho \approx 0$，表明企业 B 对企业 A 达到低收益状态时的低收益 L 进行推测，此时，$1 - \dfrac{\rho H + (1-\rho)L}{R}$ 变为 $1 - \dfrac{L}{R}$，达到最大值，使得企业 A 承诺给企业 B 的收益分配系数 α 的上限值变大，即上限取值范围变大；如果 $\rho \approx 1$，表明企业 B 推测企业 A 达到高收益状态时的高收益 H，此时，$1 - \dfrac{\rho H + (1-\rho)L}{R}$ 变为 $1 - \dfrac{H}{R}$，达到最小值，使得企业 A 承诺给企业 B 的收益分配系数 α 的上限值变小，也就是说，其上限取值范围变小。

所以，如果保持其他因素不变，企业 A 不组建联盟时的收益越高，那么组建联盟后倾向于承诺给企业 B 的分配系数将会越小。反之，企业 A 不组建联盟时的收益越低，那么，其组建联盟后承诺给企业 B 的分配系数将会越大，也就是说，若企业 B 越是推测企业 A 在组建联盟前为高收益状态，则说明原企业 A 在联盟后总收益中的相对贡献值就越大，那么，分配给企业 A 的份额 $(1-\alpha)$ 就应越大，所以，企业 B 得到的份额 α 将越小。

3.3.4 结盟前收益对合作利益的影响

本书得出原企业 A 组建联盟前的收益 π 对联盟合作利益的影响体现如下：企业 A 在组建联盟前的收益 π 越大，$1 - \dfrac{\pi}{R}$ 的值就越小，这使得企业 A 承诺给企业 B 的分配系数 α 的上限的取值范围越小，表明企业 A 在组建联盟前的收益 π 越大，它对联盟总收益 R 的相对贡献就越大，就越倾向于保留更多的利益份额，导致留给企业 B 的份额 α 就越小。

前面分析了知识联盟合作利益的关键影响变量之后，接下来将针对知识联盟合作利益的特征函数进行进一步的定量描述。

3.4 企业知识联盟合作利益的特征函数

3.4.1 企业知识联盟合作利益的特征函数表述

本节将对企业知识联盟合作利益的特征函数进行定量表述。本书将模糊合作模式下企业知识联盟合作利益通过模糊合作博弈的特征函数描述，关于企业知识联盟成员企业集合 N 的模糊合作博弈的特征函数就是一个映射 $v: F^N \to R$，并满足性质：

$$\begin{cases} v(e^\varnothing) = 0 \text{（空性）} \\ v(s \vee t) \geqslant v(s) + v(t) \text{（超可加性）} \end{cases} \quad (3.13)$$

其中，知识联盟 s、t 满足：$\operatorname{car}(s) \cap \operatorname{car}(t) = \varnothing$，$(s \vee t) \in \{R^{\operatorname{car}(s) \cup \operatorname{car}(t)} | (s \vee t)_i = \max(s_i, t_i), i \in \operatorname{car}(s) \cup \operatorname{car}(t)\}$。针对其特征函数 v 而言，主要表达：当联盟成员决定合作时，无论其他联盟伙伴采取何种行动，每个合作伙伴都能够根据各自的参与程度保证每个联盟子集能获得最大收益或最小成本。也就是说，特征函数 v 将实数分配给每一个知识联盟，以对通过合作获得的收益进行测度。$v(s \vee t) \geqslant v(s) + v(t)$ 表明两个不同的知识联盟通过合作所获得的收益不低于这两个知识联盟单独行动时获得的收益。

3.4.2 企业知识联盟合作利益的模糊分配模型

本节将对企业知识联盟模糊合作博弈格局下的优超关系及相应分配模型进行描述。

1. 模糊优超

针对企业知识联盟模糊合作博弈格局 $v \in \mathrm{FG}^N$ 的两种分配方案 x 和 y，$x, y \in I(v)$，$s \in F_0^N$，若满足以下条件，则称分配 x 在知识联盟 s 上优超于分配 y，记为 $x \operatorname{dom}_s y$：

$$\begin{aligned} & x_i > y_i, \forall i \in \operatorname{car}(s) \text{ 且} \\ & \sum_{i \in N} s_i \cdot x_i \leqslant v(s) \end{aligned} \quad (3.14)$$

其中，$x_i > y_i$ 隐含着 $s_i \cdot x_i > s_i \cdot y_i$，表明对知识联盟 s 而言，分配向量

$x=(x_1,x_2,\cdots,x_n)$ 比分配向量 $y=(y_1,y_2,\cdots,y_n)$ 要优；$\sum_{i\in N}s_i\bullet x_i \leqslant v(s)$ 则表明知识联盟 s 接受了收益 $\sum_{i\in N}s_i\bullet x_i$。

对非空知识联盟 s 而言，存在分配方案 x 在模糊合作博弈格局下优超于分配方案 y，记为 $x\ \mathrm{dom}_s\ y$。如果没有分配方案 x 模糊优超于分配方案 y，则记为 $\neg x\ \mathrm{dom}_s\ y$。

本节将在模糊优超关系的基础上描述模糊优超核心分配。针对企业知识联盟模糊合作博弈格局 $v\in \mathrm{FG}^N$ 下的优超核心分配 $\mathrm{DC}(v)$，即在优超核心分配中在核心内的分配不被任何其他分配所优超，描述如下：

$$\mathrm{DC}(v)=\{x\in I(v)|\ \neg y\ \mathrm{dom}\ x, \forall y\in I(v)\} \quad (3.15)$$

其实关于成员企业模糊合作博弈格局下知识联盟的核心分配还有如下两种类型。

第一，企业知识联盟模糊合作博弈 $v\in \mathrm{FG}^N$ 下的特定核心分配 $C^P(v)$（简称模糊特定核心分配），表示为

$$C^P(v)=\left\{x\in I(v)|\sum_{i\in N}s_i\bullet x_i \geqslant v(s),\ \forall s\in \mathrm{PF}^N\right\} \quad (3.16)$$

等价于：

$$C^P(v)=\left\{x\in I(v)|\sum_{i\in N}s_i\bullet x_i \geqslant v(s),\ \forall s\in \mathrm{PF}_0^N\right\} \quad (3.17)$$

第二，在企业知识联盟模糊合作博弈 $v\in \mathrm{FG}^N$ 下的明确核心分配 $C^{\mathrm{cr}}(v)$（简称模糊明确核心分配），描述为

$$C^{\mathrm{cr}}(v)=\left\{x\in I(v)|\sum_{i\in S}x_i \geqslant v(e^S), \forall S\in 2^N\right\} \quad (3.18)$$

2. 模糊 P-核心分配

将线性函数 $x^*:R^n\to R$，与企业知识联盟模糊合作博弈格局下的核心分配相关联，即为每一个知识联盟 $s\in F^N$ 分配实数 $x^*(s)=\sum_{i\in N}s_i\bullet x_i$。在企业知识联盟的模糊合作博弈 $v\in \mathrm{FG}^N$ 格局下，当且仅当 $x^*(e^N)=v(e^N)$ 及 $x^*(s)\geqslant v(s)$，$\forall s\in F^N$ 时，分配 x 才是模糊核心 $C(v)$ 中的分配，即 $x\in C(v)$。线性函数 $x^*:R^n\to R$ 其实是 $\sum_{i\in N}p(s_i)\bullet x_i$，$s\in F^N$ 的一种特例，其中，$p:[0,1]\to[0,1]$，且 $p(0)=0$ 及 $p(1)=1$，以及 $p(s_i)=s_i\in[0,1]$，$\forall i\in N$。

也可将非线性函数 $p:[0,1]\to[0,1]$ 与企业知识联盟模糊合作博弈格局下的核

心分配进行关联，其中，$p(0)=0$，$p(1)=1$。若对任意的 $a,b\in[0,1]$，有 $a\leqslant b, p(a)\leqslant p(b)$，那么，函数 p 为单调的。现令 $p=\{p:[0,1]\to[0,1]|\ p$ 为单调的且 $p(0)=0, p(1)=1\}$，则可用函数 p 表示模糊合作博弈格局下企业知识联盟的分配方案。若在传统合作博弈格局下成员企业 $i\in N$ 参与联盟时获得的收益为 x_i，则在模糊合作博弈格局下以参与度 s_i 参与知识联盟时获得的收益为 $p(s_i)\cdot x_i$。

现有函数 $p\in P$，将企业知识联盟模糊合作博弈 v 下的 P-核心分配 $C_p(v)$（简称模糊 P-核心分配）描述为

$$C_p(v)=\left\{x\in R^n\Big|\begin{array}{l}\sum_{i\in N}x_i=v(e^N)\\ \sum_{i\in N}p(s_i)\cdot x_i\geqslant v(s)\end{array}\right\} \qquad (3.19)$$

由此可知，模糊核心分配是模糊 P-核心分配的特例，其中，p 由 $p(s_i)=s_i$，$\forall i\in N$ 确定。本书通过模糊 P-核心分配模型实现成员企业以一定参与度参与知识联盟，以满足更加广泛的合作需求。

现对两种极端的规则加以考虑，如先分配再合作的规则，就是开始合作时就将收益全部分配给每一个成员企业，记为 p^+。另一种是先合作后分配的规则，也就是说，当全部合作完成之后再进行分配，记为 p^-。公式如下：

$$\begin{array}{l}p^+(a)=\begin{cases}1, & 0<a\leqslant 1\\ 0, & a=0\end{cases}\\ p^-(a)=\begin{cases}1, & a=1\\ 0, & 0\leqslant a<1\end{cases}\end{array} \qquad (3.20)$$

类似地，本书给出以下模糊特定 P-核心分配和模糊明确 P-核心分配的描述，以供知识联盟决策者参考。

在企业知识联盟模糊合作博弈格局 $v\in FG^N$ 下，特定 P-核心分配（简称为模糊特定 P-核心分配）用以下集合表述：

$$C_p^P(v)=\left\{x\in R^n\Big|\begin{array}{l}\sum_{i\in N}x_i=v(e^N)\\ \sum_{i\in N}p(s_i)\cdot x_i\geqslant v(s)\end{array}\right\} \qquad (3.21)$$

用以下集合描述企业知识联盟模糊合作博弈格局 $v\in FG^N$ 下的明确 P-核心分配（简称为模糊明确 P-核心分配）：

$$C_p^{cr}(v)=\left\{x\in R^n\Big|\begin{array}{l}\sum_{i\in N}x_i=v(e^N)\\ \sum_{i\in S}p(1)\cdot x_i\geqslant v(e^S)\end{array}\right\} \qquad (3.22)$$

式（3.18）描述了模糊明确核心分配的概念，由以上模糊分配方案的关联函数 p 可得，当 $p(1)=1$ 时模糊明确 P-核心分配 $C_p^{cr}(v)$ 与模糊明确核心分配 $C^P(v)$ 等价。接下来将在关联函数 p 的基础上给出模糊 P-优超和模糊 P-稳定集的描述，为企业知识联盟管理者提供更多合理的分配方案。

3. 模糊 P-优超

本书基于函数 $p \in P$，给定模糊合作博弈 $v \in FG^N$ 格局下的企业知识联盟 $s \in F^N$ 的任意两个分配 $x, y \in I(v, r, c)$，如果满足以下条件，则说分配向量 x 优超于分配向量 y，可简称为模糊 P-优超，记为 $x \ \mathrm{dom}_s^P \ y$：

$$\begin{cases} p(s_i) \cdot x_i > p(s_i) \cdot y_i, \forall i \in \mathrm{car}(p(s)) \\ \sum_{i \in N} p(s_i) \cdot x_i \leq v(s) \end{cases} \quad (3.23)$$

若至少有一个知识联盟 $s \in F^N$ 满足 $x \ \mathrm{dom}_s^P \ y$，可简称为 x P-优超于 y，记为 $x \ \mathrm{dom}^P \ y$，若 $x \ \mathrm{dom}_s^P \ y$，则必须满足 $|\mathrm{car}(s)| < n$。

综上，本书将企业知识联盟模糊合作博弈格局 v 下的 P-优超核心分配 $\mathrm{DC}_p(v)$（简称模糊 P-优超核心分配）描述为在函数 P 下，不被其他分配而优超的分配集。

4. 模糊 P-稳定集分配

企业知识联盟模糊合作博弈 $v \in FG^N$ 下的稳定集分配（简称模糊稳定集分配），通过以下非空分配集 K_c 描述。

（1）知识联盟外部稳定性：$\forall z \in I(v) \setminus K_c, \exists x \in K_c$，使得 $x \ \mathrm{dom} \ z$。

（2）知识联盟内部稳定性：$\forall x, y \in K_c$，$\neg x \ \mathrm{dom} \ y$。

企业知识联盟模糊合作博弈格局下的 P-稳定集分配 K_p（简称模糊 P-稳定集分配）用以下非空分配集描述。

（1）知识联盟 P-外部稳定性：$\forall z \in I(v) \setminus K_p$，$\exists x \in K_c$，使得 $x \ \mathrm{dom}^P \ z$。

（2）知识联盟 P-内部稳定性：$\forall x, y \in K_p$，$\neg x \ \mathrm{dom}^P \ y$。

在以上描述的模糊合作博弈格局下，核心分配是企业知识联盟中最重要的分配模型，接下来将对企业知识联盟的各种核心分配向量之间存在的关系进行论证，以便决策者能够在相应条件下选择合适的分配方案。

3.4.3　企业知识联盟模糊核心分配的关系刻画

定理 3.1　令企业知识联盟成员合作格局为模糊合作博弈 $v \in \mathrm{FG}^N$，则：

①针对函数 $p, p' \in P$，如果满足 $p(a) \leqslant p'(a)$，$\forall a \in [0,1]$，则企业知识联盟模糊合作博弈格局下基于函数 p' 的模糊核心分配包含模糊 P-核心分配，即 $C_p(v) \subseteq C_{p'}(v)$；函数 p' 下的模糊特定核心分配包含模糊特定 P-核心分配，即 $C_p^P(v) \subseteq C_{p'}^P(v)$；规则 p^+ 下的模糊核心分配包含模糊 P-核心分配，且模糊 P-核心分配包含规则 p^- 下的模糊核心分配，即 $C_{p^-}(v) \subseteq C_p(v) \subseteq C_{p^+}(v)$；规则 p^+ 下的模糊特定核心分配包含模糊特定 P-核心分配，且模糊特定 P-核心分配包含规则 p^- 下的模糊特定核心分配，即 $C_{p^-}(v) \subseteq C_p(v) \subseteq C_{p^+}(v)$，$C_{p^-}^P(v) \subseteq C_p^P(v) \subseteq C_{p^+}^P(v)$，$\forall p \in P$。

②针对函数 $p \in P$，企业知识联盟的模糊特定 P-核心分配包含模糊 P-核心分配，同时模糊明确核心分配 $C_{(u)}^{\mathrm{cr}}$ 又包含模糊特定 P-核心分配，即 $C_p(v) \subseteq C_p^P(v) \subseteq C^{\mathrm{cr}}(v)$。

③企业知识联盟规则 p^+ 下的模糊核心分配、规则 p^+ 下的模糊特定核心分配，以及模糊明确核心分配之间具有等价关系，即 $C_{p^+}(v) = C_{p^+}^P(v) = C^{\mathrm{cr}}(v)$。

证明：①取企业知识联盟模糊 P-核心内的任意分配向量 $x \in C_p(v)$，则 $\sum_{i \in N} x_i = v(e^N)$，$\sum_{i \in N} p(s_i) \cdot x_i \geqslant v(s), \forall s \in F^N$。由于 $x \in I(v)$ 意味着 $x_i \geqslant v(e^i) \geqslant 0$，如果 $p(a) \leqslant p(a'), \forall a \in [0,1]$，则 $p(s_i) \cdot x_i \leqslant p'(s_i) \cdot x_i, \forall i \in N$。所以，$\sum_{i \in N} p'(s_i) \cdot x_i \geqslant v(s), \forall s \in F^N$，表明 $x \in C_{p'}(v)$。

同样道理，可证明 $C_p^P(v) \subseteq C_{p'}^P(v)$ 成立。

②据模糊 P-核心分配 $C_p(v)$，模糊特定 P-核心分配 $C_p^P(v)$ 及模糊明确核心分配 $C^{\mathrm{cr}}(v)$ 的定义，结论是显而易见的。

③根据②，我们有 $C_p^P(v) \subseteq C^{\mathrm{cr}}(v)$，为了反证，取模糊明确核心分配中的任意的分配向量 $x \in C^{\mathrm{cr}}(v)$，则 $\sum_{i \in N} x_i = v(e^N)$ 及 $\sum_{i \in S} x_i \geqslant v(e^S), \forall S \subseteq N$。取任意的知识联盟 $s \in F^N$，足以表明 $\sum_{i \in \mathrm{car}(p^+(s))} p^+(s_i) \cdot x_i \geqslant v(s)$。通过 p^+ 规则的定义，若 $s_i = 0$，$p^+(s_i) = 0$，若 $s_i > 0$，$p^+(s_i) = 1$。所以，得出：$\sum_{i \in \mathrm{car}(p^+(s))} p^+(s_i) \cdot x_i =$

$\sum_{i:s_i>0} x_i = \sum_{i \in S} x_i \geqslant v(e^S) \geqslant v(s)$，最后一个不等式可由模糊合作博弈 v 的单调性得知。

定理 3.1 表明：企业知识联盟模糊合作博弈格局下的模糊 P-核心分配之间存在相互的包含关系，以及在规则 p^+ 下模糊核心分配与模糊特定核心分配及模糊明确核心分配具有等价关系，为决策者根据实际情况选择适当分配方案提供理论参考。

定理 3.2 令企业知识联盟成员合作格局为模糊合作博弈为 $v \in FG^N$，及 $p \in P$，则：

① 模糊 P-优超核心分配包含模糊特定核心分配，即 $C_p^P(v) \subseteq DC_p(v)$。

② 针对企业知识联盟的任意模糊 P-稳定集分配 K_p 有：模糊 P-稳定集分配与模糊 P-优超核心分配具有包含关系，即 $DC_p(v) \subseteq K_p$。

③ 模糊合作博弈 v 下企业知识联盟的分配 x 在规则 p^+ 下优超分配 y，即 $x \text{ dom}^{p^+} y$，当且仅当在 v 所对应的传统博弈 w 下分配 x 优超 y，即 $x \text{ dom } y$。因此，模糊合作博弈格局下规则 p^+ 中的模糊优超核心分配与传统博弈格局下的优超核心分配具有等价关系，也就是说，$DC_{p^+}(v) = DC(w)$，且 K_{p^-} 是模糊博弈格局中规则 p^- 下的稳定集分配，当且仅当 K_{p^-} 是 w 中的一个稳定集分配。

证明： ① 若 $DC_p(v) = I(v)$，定理很显然是成立的，所以，假设 $DC_p(v) \subset I(v)$，令 $x \in I(v) \setminus DC_p(v)$，存在 $y \in I(v)$ 及 $s \in PF^N$，满足 $p(s_i) \cdot y_i > p(s_i) \cdot x_i, \forall \text{car}(p(s))$，且 $\sum_{i \in \text{car}(p(s))} p(s_i) \cdot y_i < v(s)$，则 $\sum_{i \in \text{car}(p(s))} p(s_i) \cdot x_i < \sum_{i \in \text{car}(p(s))} p(s_i) \cdot y_i \leqslant v(s)$。因此，$x \in I(v) \setminus C_p^P(v)$，可得结论：$C_p^P(v) \subseteq DC_p(v)$。

② K_p 为模糊 P-稳定集分配，由于模糊 P-优超核心 $DC_p(v)$ 是由非优超的分配向量构成的，且在外部稳定性下，$I(v) \setminus K_p$ 中的每一个分配会被其外的一些分配方案所优超，也就是说，有 $DC_p(v) \subseteq K_{p,c}$ 成立。

③ 现令企业知识联盟在模糊合作博弈 v 下有两个分配 x 和 y 在规则 p^+ 下满足 $x \text{ dom}_s^{p^+} y$，则 $\sum_{i \in \text{car}(p(s))} p^+(s_i) \cdot x_i \leqslant v(s)$ 及 $p^+(s_i) \cdot x_i > p^+(s_i) \cdot y_i, \forall i \in \text{car}(p(s))$。因为 $p^+(s_i) = 1$ 当且仅当 $s_i > 0$，由企业知识联盟模糊合作博弈 v 的单调性有 $x_i > y_i, \forall i \in \text{car}(p(s))$，且 $\sum_{i \in \text{car}(p(s))} x_i \leqslant v(s) \leqslant \left(e^{\text{car}(p(s))}\right)$，所以在传统博弈格局 w 下有：$x \text{ dom } y$，反之，由于在传统博弈格局 w 下通过 $x \text{ dom}_s y$，可得 $x \text{ dom}_{e^S}^{p^+} y$，同样道理③中的后半部分也是成立的。

定理 3.2 表明：企业知识联盟模糊 P-优超核心分配方案与模糊 P-稳定集分配方案之间的包含关系，以及 p^+ 规则下模糊优超核心分配方案与传统优超核心分配方案相等的充分必要条件，为确保企业在模糊合作格局下最优分配方案的存在提供决策依据。

定理 3.3 在企业知识联盟模糊合作博弈格局 $v \in \mathrm{FG}^N$ 下，在函数 $p \in P$，$p(a) > 0$，$\forall a \in [0,1]$ 的基础上，针对任意知识联盟 $s \in F^N$，$\mathrm{car}(p(s)) \neq \varnothing$，令 $p^*(s) = \min_{i \in \mathrm{car}(p(s))} p(s_i)$ 及 $v_p^*(s) = \dfrac{v(s)}{p^*(s)}$，若满足以下关系：

$$v(e^N) - v_p^*(s) - \sum_{i \in N \setminus \mathrm{car}(s)} c_i \cdot v(e^i) \geq 0, \forall s \in F^N$$

那么：企业知识联盟的模糊特定 P-核心分配等价于模糊 P-优超核心分配，即 $C_p^P(v) = \mathrm{DC}_p(v)$。

证明： 由定理 3.2 中的①可知，$C_p^P(v) \subseteq \mathrm{DC}_p(v)$，我们通过反证，$x \notin C_p^P(v)$ 表明 $x \notin \mathrm{DC}_p(v)$。如果 $I(v) = C_p^P(v)$，则很容易得出 $C_p^P(v) \subseteq \mathrm{DC}_p(v)$，因为 $C_p^P(v) \subseteq \mathrm{DC}_p(v) \subseteq I(v)$，我们现假设 $C_p^P(v) \subset I(v)$，并取 $x \in I(v) \setminus C_p^P(v)$，则存在 $s \in F^N$ 使得 $\sum_{i \in \mathrm{car}(p(s))} p(s_i) \cdot x_i < v(s)$，于是 $\sum_{i \in \mathrm{car}(p(s))} p(s_i) \cdot x_i < v(s)$，所以，$\sum_{i \in \mathrm{car}(p(s))} x_i < v(s)$，所以，针对任意成员企业 $i \in \mathrm{car}(p(s))$，可取 $\varepsilon_i > 0$，满足 $\sum_{i \in \mathrm{car}(p(s))} (x_i + \varepsilon_i) < v_p^*(s)$ 及 $\sum_{i \in \mathrm{car}(p(s))} p(s_i) \cdot (x_i + \varepsilon_i) < v(s)$，现定义 $y \in R^N$：

$$y_i = \begin{cases} x_i + \varepsilon_i, & \forall i \in \mathrm{car}(p(s)) \\ v(e^i) + \dfrac{v(e^N) - v_p^*(s) - \sum_{i \in N \setminus \mathrm{car}(p(s))} c_i \cdot v(e^i)}{|N \setminus \mathrm{car}(p(s))|} + \delta_i, & \forall i \in N \setminus \mathrm{car}(p(s)) \end{cases}$$

其中，$\delta_i > 0$，使得 $\sum_{i \in N \setminus \mathrm{car}(p(s))} \delta_i = v_p^*(s) - \sum_{i \in \mathrm{car}(p(s))} p(s_i) \cdot (x_i + \varepsilon_i), \forall i \in N \setminus \mathrm{car}(p(s))$，因为 $\sum_{i \in \mathrm{car}(p(s))} p(s_i) \cdot (x_i + \varepsilon_i) < \max_{j \in \mathrm{car}(s)} c_j \cdot v_p^*(s)$，因此，这样的 δ_i 是可以取到的。所以，

$$\sum_{i \in N} y_i = \sum_{i \in \mathrm{car}(p(s))} (x_i + \varepsilon_i) + \sum_{i \in N \setminus \mathrm{car}(p(s))} v(e^i)$$
$$+ \dfrac{|N \setminus \mathrm{car}(p(s))|}{|N \setminus \mathrm{car}(p(s))|} \cdot \left(v(e^N) - v_p^*(s) - \sum_{i \in N \setminus \mathrm{car}(p(s))} v(e^i) \right) + \sum_{i \notin \mathrm{car}(p(s))} \delta_i = v(e^N)$$

因为 $\sum_{i \notin \text{car}(p(s))} \delta_i = v_p^*(s) - \sum_{i \in \text{car}(p(s))} p(s_i) \cdot (x_i + \varepsilon_i)$，有 $y_i > x_i \geqslant v(e^i)$，$\forall i \in \text{car}(p(s))$，同时，因为 $v(e^N) - v_p^*(s) - \sum_{i \in N \setminus \text{car}(p(s))} v(e^i) \geqslant 0$，我们有 $y_i > v(e^i), \forall i \in N \setminus \text{car}(p(s))$，所以，$y \in i = I(v)$。

现因 $y_i > x_i, \forall i \in \text{car}(p(s))$，又有 $p(s) \cdot y_i > p(s) \cdot x_i$，$\forall i \in \text{car}(p(s))$，同时 $\sum_{i \in \text{car}(p(s))} p(s_i) \cdot y_i < v(s)$，因为 $y_i = x_i + \varepsilon_i$，同时 $\sum_{i \in \text{car}(p(s))} (x_i + \varepsilon_i) < v(s)$，所以，$y \text{ dom}^p x$。

因此，可得 $x \in I(v) \setminus \text{DC}_p(v)$，即反证 $C^P(v) = C^{\text{cr}}(v)$ 成立。

定理 3.3 表明：企业知识联盟模糊合作博弈格局下，实际收益值满足以上充分条件，则基于模糊特定 P-核心的分配方案与模糊 P-优超核心分配方案具有等价性质。

3.5 本章小结

（1）针对企业知识联盟组建的利益基础，本章结合企业知识联盟个体及联盟总体的研究视角，对知识联盟合作利益的协同效应进行了分析，协同效应体现如下：知识联盟的联盟总体收益大于联盟个体单独行动时所获收益之和，并对企业知识联盟合作利益的创造与分配过程进行了深入分析。

（2）在企业知识联盟合作利益的众多影响因素中，对关键变量加以明确，并就知识联盟总收益、成员企业的资源投入和预期效用等对合作利益的影响进行分析。

（3）通过模糊合作模式下博弈模型的集体理性及个体理性分析，描述了企业知识联盟合作利益的特征函数，对知识联盟相应的利益分配向量进行定义，同时对企业知识联盟利益分配向量之间的关系加以刻画，为企业管理者制定联盟最优利益分配策略提供理论基础。

第 4 章 企业知识联盟利益分配的谈判均衡研究

知识联盟的总收益最优分配的过程,本质上是各成员企业进行相互谈判的过程,成员企业之间通过谈判达成一致意见,进而组建知识联盟,而谈判均衡的主要目的是保证企业知识联盟找到最优利益分配方案(Okada,2014;张艳菊,2013)。因此,本章在第 3 章企业知识联盟合作利益的影响因素及特征函数表述的基础上,首先详细概括纳什谈判的公理化,图示分析成员企业对合作利益谈判中的帕累托效率、对称性、线性变换不变性及无关方案独立性等公理;其次对企业纳什谈判模型及均衡进行分析;最后由企业知识联盟传统合作模式下成员企业完全参与或完全不参与联盟的谈判集概念,模糊延拓到以一定参与度同时与多个联盟进行合作的模式,提出了模糊谈判集的概念,为寻求不同模糊合作博弈格局下知识联盟最优利益分配方案提供服务。

4.1 企业知识联盟利益分配的基本原则

利益分配问题是知识联盟稳定、持续发展、科学运行的关键和核心问题,知识联盟成员均是独立的经济实体,其目标是实现自身利益最大化,所以,制订科学合理的利益分配方案至关重要,需要以科学、具体的利益分配指导思想和原则为支撑,结合现代系统工程的发展,基于知识联盟所体现的竞合特征,公平、合理地分配好知识联盟利益,本书给出企业知识联盟利益分配需要遵循的原则。

1. 前期调研强调寻找发展规律原则

本书认为解决知识联盟利益分配问题的根本,是用心找出知识联盟组建问题的本源,寻找知识联盟发展的基本规律,需要用系统工程的思想调查不同阶段知识联盟的影响因素、联盟成员相互关系、技术方法等发展规律（唐登莉等，2014）。

一个企业总会与合作伙伴、其他企业、竞争者及其他利益相关者相互联系、相互作用及相互影响，进而组成为错综复杂的大系统，知识联盟就是以利益为基础、以知识为纽带的复杂系统，是诸多要素的共同组合体，但可将它再分解为若干个子系统及分系统。知识联盟的推进意味着对这种系统性能进行强化，即要求知识联盟结构本身具有更强的系统性，以系统化的内容、系统化的手段来对系统性能加以强化。网络化、数据化、程序化及信息反馈、信息交流、信息共享即高度系统性的具体体现。知识联盟利益分配本身也是一项系统工程，其各项内容既相互促进又相互制约，既相对独立又密切联系，从而形成一个有机整体。

2. 研究思路强调整体最优化原则

本书运用现代系统工程的理论观点，将企业知识联盟利益分配视为一个整体进行研究。也就是说，一方面，对于知识联盟利益分配过程中任何一个环节的研究对象，即便它是由各个不同的功能和结构部分组成，也要将其视为由若干个要素或子系统有机结合而成的整体，同时还要把这个整体视为从属于一个更大的复杂大系统的一个子系统进行研究；另一方面，把知识联盟利益分配过程本身也视为一个整体，即以系统研究、规划、设计、试验、制造和应用作为整个过程，分析知识联盟利益分配的环节或进程，从整体出发掌握它们之间的信息及传递路线，分析它们的反馈关系、控制管理，进而建立系统发展的全过程，全方位考虑和改善整个推进过程，实现其整体最优化，这样即可在现代系统工程支撑下，建立更加完善、实用的知识联盟利益分配体系。

在进行利益分配时，要确保成员企业更积极有效地为知识联盟做贡献，在任何一个合作阶段不脱离知识联盟，通过利益分配激励，调动所有成员的积极性，进而创造出更多的财富，对知识联盟贡献大的成员企业而言，可考虑对其分配更多的利益。

合理分析影响知识联盟合作利益的主要因素，根据各个要素对联盟利益的影响程度，建立相关模型刻画联盟结构，对创造的利益进行更好的分配，维持企业知识联盟的长期稳定。

3. 探索方式强调探求问题本质原则

知识联盟利益分配本质是管理理念贯彻的过程，各成员企业的组织者应依据管理战略及业务发展战略制订利益分配方案。

知识联盟利益分配的出发点在于互惠互利，企业知识联盟决策者在设计分配方案时，应考虑联盟内各成员的创新性努力，并且应该伴随联盟成员创新性努力贡献程度而对其利益分配比例进行灵活调整，以此保障每个成员企业随创新投入的增加而获得更多利益，并保证知识联盟获得更多的整体利益，并且，每一个参加知识联盟的成员企业从知识联盟整体中获得的收益不少于其单独行动时所获得的收益,如果通过知识联盟所获的收益变少,那么该成员企业将不会选择与联盟合作,现将企业 i 在知识联盟 j 中获得的收益用 $h_i(j)$ 加以表示,将企业 i 单独行动时所能获得的收益用 $v(i)$ 表示,则:

$$h_i(j) \geqslant v(i)$$

所以,一定要对知识联盟利益分配进行正确认知,探求其本质。本书所研究的企业知识联盟成员合作模糊特性下的利益分配问题实质就是模糊合作博弈的求解问题。

4. 思维逻辑强调创新理念原则

成员企业通过与联盟中其他成员企业进行合作,不仅可以对其他成员企业的现有技术进行学习,还可通过知识创新获取新的核心技术,也就是说,知识转移与创新是促进企业发展及创造新价值的重要途径。

知识联盟中的成员企业对知识进行创新所表现出的强烈需求,会促使创新知识的产生,而联盟企业对创新知识的运用将体现为知识沉淀及转化,知识沉淀又会促使成员企业创造新知识。企业知识联盟中的知识创新原理体现为在联盟的知识储备中引入新知识,并在实践中运用这些新知识。新知识不断在联盟内部传播,使知识创新成为可能,所以,知识联盟的知识创新是多阶段且循环往复的过程,如图 4.1 所示。

图 4.1　企业知识联盟知识转移过程

在联盟内部知识沉淀阶段,知识创新主要指知识在联盟中转移及接收方积累知识,即相关企业通过在联盟中引进知识,建立自身的知识储备,对接收方企业而言,其通过知识利用,形成知识的转化,进而使接收到的知识成为自身的知识储备,最终完成新知识在企业内沉淀。在新的联盟知识产生阶段,知识创新体现为联盟对新知识转移的不断应用的过程,各成员企业在合作过程中经过知识融合与新知识吸收,不断产生新的创新知识。在新知识运用与实践阶段,知识创新主要指知识联盟为实现合作目标而对产生的创新知识进行运用,以直接提高联盟创造价值的能力,最终使联盟各成员企业获得更大的利益。但产生的新知识不一定适用于联盟的知识创新目标,联盟各方必须在实践中尽可能运用新的创新知识,从而证明新知识的合理性,提高企业核心竞争力。

本书的创新理念主要是在企业知识联盟传统合作方式不满足实际需求的背景下，提炼成员合作的模糊特性，进而构建不同的模糊合作博弈及解模型对企业知识联盟利益分配问题加以解决。

5. 问题描述强调量性结合原则

企业知识联盟是以学习为目的的联盟，其中学习目标既有显性知识及共有知识，也有隐性知识及私有知识，不同的知识会产生不同的收益，由显性知识及共有知识产生的是显性收益，主要与各成员企业的努力程度和知识分享程度有关。由隐性知识及私有知识产生的是隐性收益，主要与成员企业自身学习能力有关，学习能力越强，则获得的隐性收益就越多。

知识联盟的利益分配包括隐性利益和显性利益两部分，在知识联盟利益分配过程中，存在很多影响因素，因此，在研究具体利益分配方法前，需要对影响利益分配的关键变量进行分析，针对无法量化的影响因素，可进行定性分析，也可通过一定的技术方法将其量化，即量性结合，从而更有效地进行利益分配。

6. 技术应用强调综合化原则

现代系统工程强调综合运用各学科和各技术领域的已获得的成果和方法，同时吸纳最新理论、技术和方法，以使其体系更加完善，通过各种方法的相互配合，实现系统整体最优化。然而现代系统工程对各种方法的综合应用，并不是将这些方法进行简单的堆砌叠加，而是从系统的总目标出发，将各种相关的方法互相渗透、协调配合、互相融合地综合运用。

成员企业之间互相合作，组建为知识联盟，有些成员企业关注技术的互补，有些成员企业关注扩大企业规模，提高规模效益。知识联盟的核心即通过成员企业的知识转移及创新达到双赢或多赢的目的，也就是说，企业知识联盟强调基于联盟整体利益，实现各成员企业利益的最优化。知识联盟在整体利益最大化时，必须关注成员企业环境变化，不排斥任何技术方法的运用，所以知识联盟利益分配应用现代系统理论来指导联盟利益分配方法，综合应用多种方法达到企业知识联盟利益分配的最优化目标。

本书技术应用综合化体现在传统合作博弈及其解集的基础上，通过引入参与度及分配系数，将企业知识联盟的合作格局及利益分配方法由传统博弈延拓到模糊合作博弈及模糊分配下，并提出模糊网络博弈及模糊平均单调博弈模型来探讨企业知识联盟成员合作的格局，通过模糊谈判集概念来研究知识联盟利益分配问题。

7. 管理决策强调科学化原则

企业知识联盟实质上是一个重要的、复杂的、动态的、群体决策的过程。巩固和维持成员企业合作关系的根本在于对联盟利益进行合理分配,而建立并维护联盟合作伙伴关系是知识联盟管理的关键所在,进而发挥各成员企业的自身优势,使各成员企业协调一致,尽可能降低知识创新与转移过程中的运营成本,最终实现知识联盟的最高运行效率及利益最大化的目标。

企业知识联盟管理不强调现代化和科学化,将难以实现研究思路的整体化和技术应用的综合化,难以充分发挥系统的效能,难以实现知识联盟的最终目标。企业知识联盟管理科学化就是要按科学规律处理问题,它涉及的内容极其广泛,包括对信息技术、组织管理、人员配备的分析、基础设施的布局、推进步骤及计划与控制等问题的研究。企业知识联盟管理现代化就是指符合企业知识联盟发展的客观规律,而且证明与之有效的最新管理理论、思想、组织和方法手段等综合化,从而进一步促进企业乃至国民经济与社会发展。

本书研究过程中从理论上通过定理证明了企业知识联盟模糊博弈格局下利益分配的相关结论,也体现了科学化原则。

8. 因素评估强调标准化原则

由于企业内外部环境具有多变性,如各成员企业的规模、资产投入、创造能力等方面存在很大的差异性,所以,在利益分配之前,需要评估各种相关影响因素,基于评估结果进行利益分配。但影响因素的评估极其复杂,因为除了对有形资产进行评估外,还要对无形资产进行评估,尤其开展无形资产的评估难度较大,同时,市场及其他因素的不断变化也会使知识联盟利益内容发生变化。

标准化原则体现在设计分配机制时,主要强调处理好知识联盟集体理性与成员企业自身个体理性之间的关系,也就是集体理性与个体理性一致。个体理性表明每个成员企业参与联盟后获得的利益不低于其单独行动时获得的利益。集体理性描述在企业知识联盟运行过程中,要确保联盟成员都能从中获得相应的收益,并且在收益分配时,任何成员企业的收益分配份额及比例的提高不是以损害其他联盟合作伙伴的利益和联盟整体利益为大前提的,否则可能会导致联盟的失败或解体。

结合此标准化原则,本书所构建的模糊网络合作博弈及模糊平均单调博弈均满足标准化原则中的集体理性及个体理性。

9. 分配过程强调应用现代系统分析原则

企业知识联盟是一个开放的复杂系统,受合作风险、技术风险、市场风险、文化融合风险及业务能力冲突风险等诸多不确定因素的影响。知识联盟成员的异质性及合作环境的复杂性,必然导致了其利益分配过程的复杂性。利益分配是一个动态的全过程的问题,因为不仅在知识联盟形成初期会面临利益分配问题,在联盟结束时也会面临利益分配问题,利益分配会贯穿于知识联盟的整个生命周期中,如图 4.2 所示。

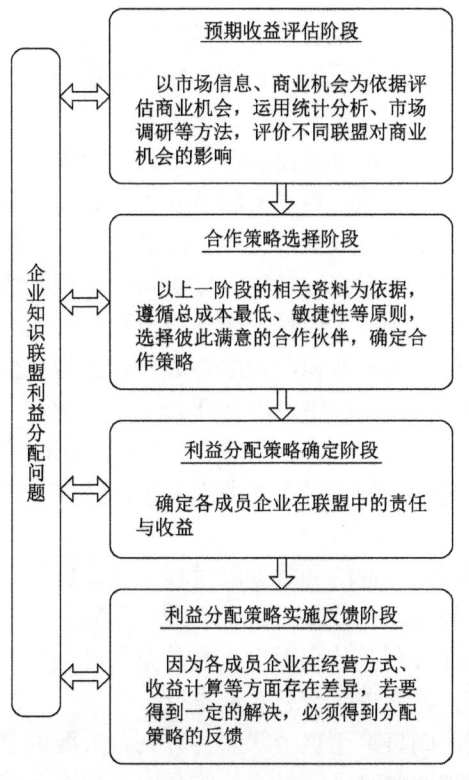

图 4.2　知识联盟利益分配的生命周期

首先,在企业知识联盟运行初期,各成员企业在利益分配原则下在协商的基础上会确定一个事先的分配方案,并预期和确定各成员企业的相关事项。然后,构建相应的利益分配模型,在构建的利益分配模型中,将试图得到联盟各成员的最佳投资水平及其联盟的最大收益,各成员企业在共同遵守投资决策的基础上,可根据各自的参与度,参与到知识联盟中,进而实现个体利益的最大化。各成员企业在共同遵守投资决策中,可根据各自的参与程度,对知识联盟做出贡献,以便实现个体利益最大化。联盟基于各成员实际参与度及联盟实际收益,调整分配方案,对最终的利益分配方案加以确定,并对其进行实施与评价。

鉴于此,本书研究企业知识联盟合作格局构建即优化过程强调了应用现代系统分析的原则,分析并提炼了企业知识联盟成员合作中的模糊特性,然后关注企业知识联盟合作利益的影响因素,再研究谈判均衡,以及两种不同模糊合作博弈格局下的利益分配研究,最后提出扩展的广义分配模型,从利益分配视角下开展企业知识联盟可持续发展的优化对策研究。

10. 分配方案强调合理性及求得最佳效果原则

利益分配是否合理与知识联盟运行及其稳定程度具有紧密的相关性，因为利益分配是重要的矛盾冲突点，所以，在知识联盟利益分配时，必须解决由此导致的各种矛盾，兼顾多方收益，提高成员企业组建知识联盟的积极性，进而增强联盟的稳定性。需要综合考虑影响联盟利益分配的多个因素，建立知识联盟利益分配模型，知识联盟成员要想获得更多的利益收入，必须根据自己的优势制定知识生产策略，使其与知识联盟各成员的实际状况更加接近，使按实际贡献分配的原则得到更好的体现，使其可操作性及现实性更强。知识联盟总体利益的决定权不依赖于联盟中某一个成员企业，而是依赖于成员企业协同合作创造的价值（赵炎和郭霞婉，2013）。虽然说在知识联盟中各成员企业的地位是平等的，然而，并不表明在知识联盟整体利益分配中过度强调公平，因为过度强调公平一定程度上会影响知识联盟中贡献或参与度较高、资源投入较多的成员企业的积极性。因此，知识联盟总体利益的分配，必须要考虑公平，还要兼顾效率，以求在两者之间达到均衡状态。

同时，知识联盟成员企业的利益分配过程，也即成员企业之间的协商谈判过程。在分配知识联盟利益时，往往会由于契约的不完善，出现协议或契约中规定不明确的收益，对这部分利益分配而言，成员企业必须共同谈判，得到各成员企业都认可的分配方案，才能进一步有效地执行。

总之，利益分配原则贯穿于整个联盟各方利益分配的全过程，要求在研究和解决知识联盟稳定推进问题时必须具有整体观点、层级观点、反馈信息观点、开放性观点、等效观点等有关现代系统的基本观点。

本书在遵循以上企业知识联盟利益分配的基本原则的基础上，将对知识联盟成员企业纳什谈判的公理化进行系统研究。

4.2　纳什谈判的公理化

本书认为纳什谈判是知识联盟成员合作博弈的基本问题，成员企业之间的合作将会带来合作剩余，围绕合作剩余的分配问题，各成员企业将进行谈判磋商。知识联盟成员企业纳什谈判博弈的实质是各成员企业间对特定利益的分割分配（胡石清，2018）。

本书以两企业纳什谈判问题为例，形式化表述为 $B(s,d,u)$，各变量含义叙述如下。

s：表示可行分配协议集，用 (s_1,s_2) 描述其元素形式，分别代表两成员企业的分配,即备选方案。

d:谈判破裂点,$d=(d_1,d_2)$,分别表示两成员企业的谈判底线,也是一个可行的备选方案,也即成员企业加入联盟的最低收益点。

u:效用对集合,$u=\{(u_1(s_1),u_2(s_2))|(s_1,s_2)\in S\}$,至少存在一个结果给所有成员企业带来的效用要大于谈判破裂的效用。

也就是说,知识联盟成员企业纳什谈判博弈主要包括以下基本要素。

(1)分配协议,即知识联盟成员企业纳什谈判博弈的核心要素,用二元组$s=(s_1,s_2)$描述,表示每个成员企业所获得的利益。例如,现有两个成员企业分配100万元,重点不在于各成员企业想得到多少,而在于如(60,40),(50,50),(40,60)等分配协议。分配协议取决于问题条件和基本理性的要求,其可行分配协议如下:各方利益不可能低于0,双方利益之和不超过100。那么,可行分配协议集,即由所有可行分配协议所构成的集合,如$s=\{(s_1,s_2)|\ s_1+s_2\leqslant 100;s_1,s_2\geqslant 0\}$。

(2)效用对,即用二元组$u=(u_1,u_2)$表示,就博弈双方对分配协议的主观效用评价进行描述,其中,u_i表示成员企业i的期望效用,为可行分配协议集S到实数集的实值函数,表示为$u_i:S\to R$。因为博弈的各成员企业会对分配存在各自的主观评价,当主观评价出现差异时,就会对各成员企业的谈判态度和结果带来一定的影响,当只考虑各成员企业的效用为自身利益时,其函数为$u_i=u_i(s_i)$,若考虑成员企业的公平关切倾向,则他方利益也会影响己方效用,此时$u_1=u_1(s_1,s_2)$。效用对集合为所有可能的效用配置的集合,记为$u=\{(u_1(s_1),u_2(s_2))|(s_1,s_2)\in S\}$。

(3)谈判破裂点,用二元组$d=(d_1,d_2)$表示,其中,d_i描述了当谈判破裂时成员企业i能获得的利益,其实任何谈判均存在破裂的可能,而谈判破裂点即意味着未达成协议,也是可行分配方案之一,所以$d\in S$。例如,两家企业就某项目合作展开谈判,合作预期利益为100万元,如果企业A单独做此项目能获利20万元,而企业B没有单独开发此项目的能力,则若谈判破裂,企业A仍可获利20万元,而企业B一无所获,则此博弈的谈判破裂点就是(20,0)。

可见,谈判破裂点对成员企业谈判的态度和结果均会产生重要影响,谈判破裂点刻画了博弈双方可能接受的利益底线,各成员企业方均不会接受低于谈判破裂点利益的分配协议,也就是说,有意义的谈判博弈至少有一个比谈判破裂点有效的可行分配协议,否则就不可能同时引起双方兴趣,谈判必定破裂,即$\exists (s_1,s_2)\in s$,使得$s_1>d_1,s_2>d_2$。

若谈判的成员企业在效用函数、立场地位、破裂点等方面均无差异,也就是满足完全对等关系，则认为其纳什谈判博弈是对称的，如图4.3所示。

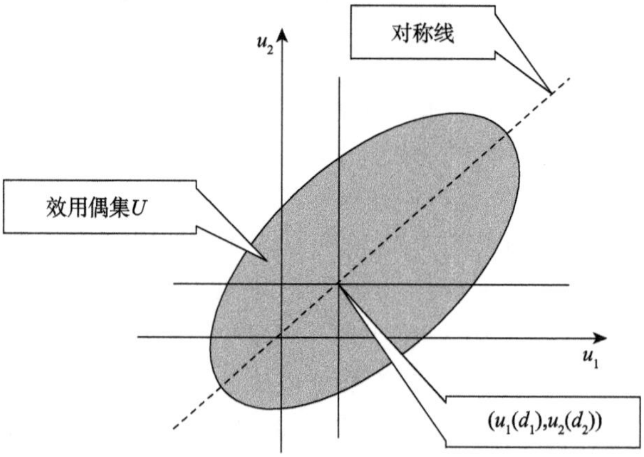

图 4.3 谈判博弈的对称性

本书得出：知识联盟成员企业谈判博弈的对称性与其效用对集合和谈判破裂点的对称性等价，也就是说，若成员企业的谈判博弈是对称的，则：①效用函数一致并且针对任意 $(u_1, u_2) \in u$，有 $(u_2, u_1) \in u$ 成立；②谈判破裂点相同，$d_1 = d_2$ 等价于 $u_1(d_1) = u_2(d_2)$。

上述两企业谈判博弈最终会达成稳定的分配协议 $s^* = (s_1^*, s_2^*)$，即纳什分配。本书认为纳什分配有多种等价定义，以下将对其公理化定义进行叙述。

4.2.1 帕累托效率公理

若 (s_1, s_2) 和 (s_1', s_2') 均是两企业谈判问题的可行分配协议，并满足 $u_1(s_1) > u_1(s_1')$，$u_2(s_2) > u_2(s_2')$，则 (s_1', s_2') 肯定不是谈判博弈的结果，也就是说，(s_1', s_2') 不是博弈的纳什解。两成员企业在协商的基础上，不会将双赢的分配方案放弃掉，然而纳什分配不会被任何其他分配协议优超，所以成员企业在合作的基础上能达到最优效率，不存在未分配的合作剩余，由于：

$$u_1(s_1) > u_1(s_1') \Leftrightarrow s_1 > s_1'$$
$$u_2(s_2) > u_2(s_2') \Leftrightarrow s_2 > s_2'$$

基于帕累托效率公理，针对成员企业纳什谈判的效用对必落在帕累托边界上，即图中的椭圆形边界上加粗线条，该区域该加粗线条就是帕累托边界，如图4.4所示。

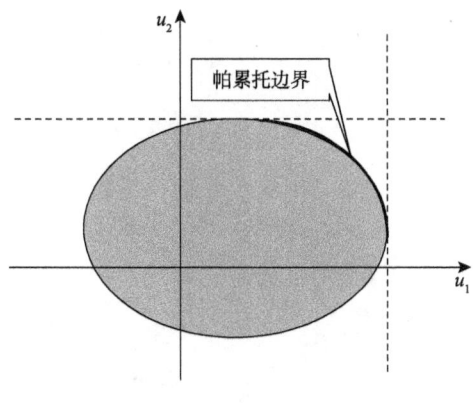

图 4.4 帕累托边界

帕累托效率公理表明：成员企业分配协议的效率性可通过帕累托边界上的成员企业效用对体现，但公平性不能得到反映，而谈判的成员企业必然会在追求效率的同时也要追求公平。

4.2.2 对称性公理

公平原则体现如下：如果知识联盟成员企业实力相当，地位对等，那么成员企业应得到同样待遇，如果两企业谈判博弈 $B(S,d,u)$ 对称，那么，基于纳什谈判分配下的效用对 $u^* = (u_1^*, u_2^*)$ 必然会使得 $u_1^* = u_2^*$。

关于对称谈判博弈的纳什解所对应的成员企业效用对，必将落在成员企业效用对集合的对称线 $u_1 = u_2$ 上，在帕累托效率公理的基础上，帕累托边界与对称线的交点就是对称谈判博弈的纳什解所对应的成员企业效用对，如图 4.5 及图 4.6 所示。

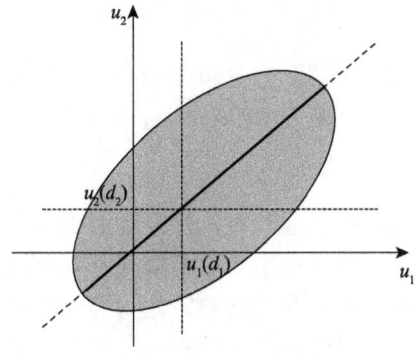

图 4.5 纳什解的对称线

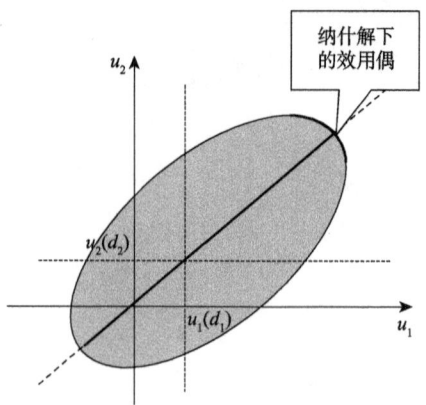

图 4.6 纳什解下的效用偶

例如,现有两家成员企业谈判分配 100 万元的资金,双方的谈判破裂点均是 0,各成员企业对资金的态度一致,也就是说,针对任一部分资金 s,两成员企业的效用相同,则直接通过资金数 s 度量其效用值,即 $u_1(s_1)=u_2(s_2)=s$。因此,该博弈的成员企业效用对集合就是其可行分配协议的集合,即图 4.7 中的阴影部分。

$$u=\{(u_1(s_1),u_2(s_2))|\ s_1+s_2\leqslant 100;s_1,s_2\geqslant 0\}$$

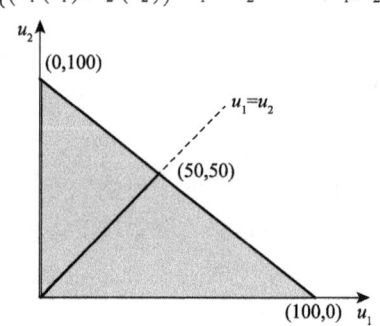

图 4.7 可行分配协议集

由此可知该博弈是对称的,其帕累托边界为 $u_1+u_2=100$,对称线为 $u_1=u_2$,所以纳什解对应的效用对为 $u^*=(u_1^*,u_2^*)=(50,50)$,纳什解为 $s^*=(s_1^*,s_2^*)=(50,50)$。

然而,在借助帕累托效率公理和对称性公理解决对称谈判问题中,发现很多两企业谈判问题并不对称,也就是说,这种情况下对称性公理不再适用,所以,需要寻求合适的方法将不对称的谈判问题转化为等价的对称谈判问题,以进行求解。例如,由谈判破裂点不同带来的不对称性,可通过考虑相对于谈判破裂点的成员企业净效用增量来将其转化为对称问题,如图 4.8 所示。

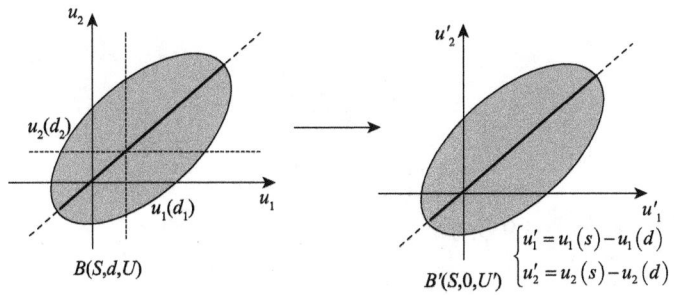

图 4.8　不对称转化

此外，效用函数的差异也会导致不对称性，成员企业谈判博弈自身因素导致的成员企业效用函数差异，实际上是对成员企业效用函数的仿射变换，即"线性变换+平移"。

$$\begin{cases} u'_1 = a_1 + b_1 u_1 \\ u'_2 = a_2 + b_2 u_2 \end{cases}, \quad b_1, b_2 > 0$$

本书得出：该仿射变换具有保序性，也就是说，不会对知识联盟各成员企业的偏好结构带来影响。

4.2.3　线性变换不变性公理

如果分配协议 (s_1^*, s_2^*) 是一个成员企业谈判博弈的分配解，则当成员企业效用变换为 $u'_i = a_i + b_i u_i (b_i > 0)$ 时，(s_1^*, s_2^*) 仍是新谈判博弈的解。也就是说，博弈自身因素导致的效用函数差异不应影响谈判结果，否则是不公平的，即成员企业效用的仿射变换会导致纳什分配解所对应的成员企业效用对值发生改变，而该点在成员企业效用对集合 u 中的相对位置保持不变，因此，成员企业效用函数的具体形式不会对纳什谈判解造成影响。

本书中的线性变换不变性公理可将许多非对称的谈判问题通过仿射变换转化为对称问题，从而通过帕累托效率公理和对称性公理进行求解，然后再对原问题的纳什分配进行反推。

例如，成员企业 1 和成员企业 2 两家分 100 单位资源，成员企业 1 和成员企业 2 的利润分别为 800 万元/单位和 500 万元/单位，各成员企业谈判破裂均无利可图，所以，博弈的可行分配协议集为

$$S = \{(s_1, s_2) \mid s_1 + s_2 \leqslant 100; s_1, s_2 \geqslant 0\}$$

成员企业效用对集合为

$$u = \{(u_1, u_2) \mid u_1 = 800 s_1, u_2 = 500 s_2, (s_1, s_2) \in s\}$$

由此可知，此博弈不是对称的，可对其效用函数作如下变换，转化成对

称问题：

$$\begin{cases} u_1' = \dfrac{u_1}{800} = s_1 \\ u_2' = \dfrac{u_2}{500} = s_2 \end{cases}$$

效用函数变换如图 4.9 所示。

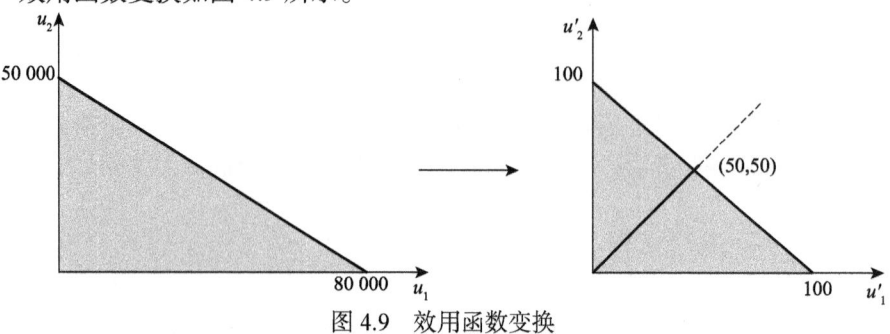

图 4.9　效用函数变换

新博弈在纳什解下的效用对为 $\left(u_1'^*, u_2'^*\right)=(50,50)$，所以，新博弈的纳什解为 $\left(s_1^*, s_2^*\right)=(50,50)$，由线性变换不变性公理可知，新博弈和原博弈的纳什解相同，因此，各成员企业均分得 50 单位资源，将其代入原博弈，得效用对解为 $\left(u_1^*, u_2^*\right)=(40\,000, 25\,000)$。

借助仿射变换，一些谈判博弈的不对称性可以得到解决，然而在成员企业效用对集合形状不规则的情况下，其仿射变换便无能为力了。本书对其进行了扩展，如图 4.10 中引入一个正方形，使其对称于 $u_1 = u_2$ 且倾斜 45°，确保该正方形的右上边相切于成员企业原效用对集合，那么，此正方形即成员企业原效用对集合的一种扩展，并且扩展后所对应的新博弈也是对称的。

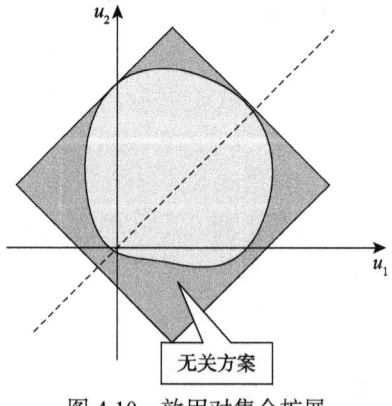

图 4.10　效用对集合扩展

本书基于对称性公理及帕累托效率公理，对上述扩展后的新谈判博弈的成员企业效用求解为 (u_1^*, u_2^*)，由图 4.10 可知，(u_1^*, u_2^*) 刚好在原问题的效用对集合中，所以增加的成员企业效用对其实都是不会被选择的无关方案，对博弈的解并不会带来影响。如果针对具有更多选择的问题，其最优解落在某一较小范围内，则较小范围的最优解也是较大范围的最优解。

4.2.4 无关方案独立性公理

本书通过无关方案独立性公理解决非对称谈判问题的关键在于：使扩展博弈的成员企业效用对落在原问题的成员企业效用对集合内，即扩展问题与原问题的帕累托边界在点 (s_1^*, s_2^*) 处相切。针对两企业谈判博弈 $B(S, d, u)$ 和 $B(S', d, u)$，若 $S' \subset S$，则 $B(S, d, u)$ 的纳什解 (s_1^*, s_2^*) 落在 S' 中，则 (s_1^*, s_2^*) 也一定是 $B(S', d, u)$ 的纳什解。

但是很多谈判博弈达不到上述要求，也就是说，扩展后的成员企业效用对的解并不在原问题的帕累托边界上，如图 4.11 所示。

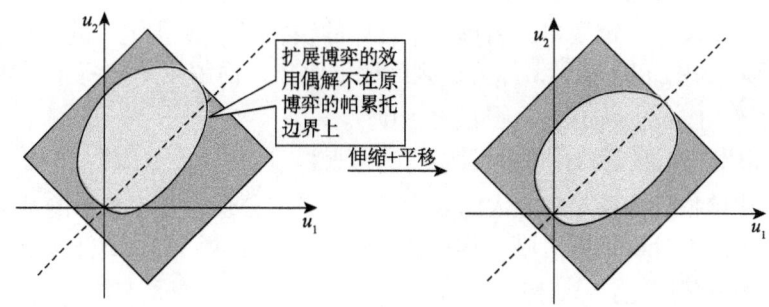

图 4.11 扩展问题的效用解

由图 4.11 可知，只要将无关方案独立性公理和仿射变换相结合，即可解决此类问题，其主要步骤如下。

步骤 1：在仿射变换的基础上，原问题的成员企业效用对集合相切于扩展问题的帕累托边界解处，以便求解新问题的成员企业效用对。

步骤 2：通过逆仿射变换得到原问题的成员企业效用对解，从而得到其纳什解。

步骤 3：通过相关处理方法，解决所有两成员企业谈判问题。

本书通过以上四条公理诠释了纳什解的通用求解方法，而不必关心效用对集合是否规则、博弈是否对称。如果满足以上四条公理，则两企业谈判博弈的分配解是唯一的，且为如下规划问题的最优解：

$$\max_{s \in S} \left[(u_1(s) - u_1(d))(u_2(s) - u_2(d)) \right]$$

$$\text{s.t. } s_1 \geqslant d_1, s_2 \geqslant d_2; \quad s \equiv (s_1, s_2), d \equiv (d_1, d_2)$$

此解即谈判问题的纳什解，以上就是本书针对企业知识联盟的两成员企业谈判博弈解的公理化定义（Yang et al., 2011）。

4.3 成员企业纳什谈判模型及其均衡

4.3.1 两企业纳什谈判均衡

本章 4.2 节描述了知识联盟成员企业谈判博弈的基本要素，并以两企业谈判问题分析了两企业纳什谈判破裂点。结盟后的成员企业收益至少要不小于结盟前的收益，因此，知识联盟的谈判点也称为谈判破裂点，也即成员企业加入联盟的最低收益点，或最低预期效用。

谈判解即按照一定规律，给每一个具体的谈判问题 B 指定它的可行结果集 s 的某个子集，用 $\delta(B)$ 表示，称为谈判问题的解集，而解集中的每个元素称为谈判问题的解（Bandyopadhyay et al., 2010）。

本节得出知识联盟纳什谈判解满足个体理性，即 $u_i(s) > u_i(d)$，$i = 1, 2, \cdots, n$，表明合作比单独行动要带来更大的效用，在 4.2 节公理化基本要求的基础上，企业知识联盟利益分配恰好有唯一理性解，针对两企业谈判问题 $B(S, d; u_1, u_2)$，其利益分配的解集满足：

$$\delta(B) \in \arg\max_{s \in S} \left[u_1(s) - u_1(d) \right]\left[u_2(s) - u_2(d) \right] \tag{4.1}$$

可记为

$$x_1 = u_1(s), x_2 = u_2(s), v_1 = u_1(d), v_2 = u_2(d)$$

简化可得

$$\delta(B) \in \arg\max_{s \in S} (x_1 - v_1)(x_2 - v_2)$$

满足上式的解为纳什谈判均衡解。

本书的两企业纳什谈判模型关注的是成员企业在谈判问题中效用的增加，而非成员企业各自具体的收获，纳什谈判解实质上是使两企业谈判带来的效用增加值之乘积最大。

求一阶导数，有 $x_1 + x_2 = u$，求解得

$$\begin{cases} x_1 = \frac{1}{2}(u + v_1 - v_2) \\ x_2 = \frac{1}{2}(u + v_2 - v_1) \end{cases}$$

也就是基于纳什谈判解的利益分配方案。

4.3.2 多企业纳什谈判均衡

本节将两企业谈判问题推广到多企业谈判问题，因为在知识联盟实践中，既有两个成员企业的联盟，也有多个成员企业的联盟，将两个企业之间的利益分配模型拓展到多企业，可得到基于纳什谈判解的多企业利益分配谈判模型。

令组成知识联盟的 n 个成员企业集为 $N = \{1, 2, \cdots, n\}$，成员企业 i 的策略集为 p_i，则所有企业的策略空间为笛卡尔积：$p = p_1 \times p_2 \times \cdots p_n$。令在策略组合 $p = p_1 \times p_2 \times \cdots p_n$ 下，成员企业 i 的收益可以量化。又令成员企业 i 单独行动时的收益为 v_i，则联盟前的收益向量即知识联盟的谈判点，描述为

$$v = \{v_1, v_2, \cdots, v_n\}$$

现令联盟后的总体效用为 u，则 $u > \sum_{i=1}^{n} v_i$。联盟后的可行支付向量集为 x，可行支付向量为 $x = \{x_1, x_2, \cdots, x_n\}$，其满足：$\sum_{i=1}^{n} x_i = u$。

本书在个体理性、帕累托最优性、对称性、线性变换无关性及无关方案独立性的基础上，将多企业谈判问题的求解函数描述为

$$\delta(B) \in \arg\max_{x \in u, x \geqslant v} \prod_{i=1}^{n} (x_i - v_i) \tag{4.2}$$

满足式（4.2）的解即多企业纳什谈判均衡解。

在实际应用中求解 $\delta(B) \in \arg\max_{x \in u, x \geqslant v} \prod_{i=1}^{n} (x_i - v_i)$ 的解比较复杂，可用非线性规划求解，也可用如下近似解求解，以增强纳什谈判解的适用性。

如果 n 个企业联盟后的总效用为 $u(N) = \sum_{i=1}^{n} x_i > \sum_{i=1}^{n} v_i$，求关于 x_i 的一阶导数，得

$$(x_n - v_n) \prod_{j=1, j \neq i}^{n-1} (x_j - v_j) - (x_i - v_i) \prod_{j=1}^{n-1} (x_j - v_j) = 0$$

如果各成员企业对联盟的贡献相同，则 $x_n - v_n = x_i - v_i$，又由 n 的任意性，得

$$x_j - v_j = x_i - v_i$$

$$\sum_j x_j - \sum_j v_j = n(x_i - v_i)$$

$$u - \sum_{j \neq i} x_j - x_i = (n-1)(x_i - v_i)$$

$$nx_i = (n-1)v_i - \sum_{j \neq i} x_j + u$$

$$x_i = \frac{1}{n}\left[u + (n-1)v_i - \sum_{j \neq i} v_j\right], \quad i = 1, 2, \cdots, n \quad (4.3)$$

满足式（4.3）的解即多企业谈判问题的近似解，也就是多企业结盟后的利益分配方案。

本书得出谈判问题的解法并不是唯一的，求解的关键在于所构造的利益分配的目标函数，可用 Shapley 值法确定知识联盟成员的利益分配，当然，现实应用中，可根据实际情况将利益分配的目标函数构造成其他形式，进而得到其他不同解法。本章接下来将提出模糊谈判集的方法。

4.4　模糊谈判集概念的提出

许多博弈论研究者致力于在传统博弈下对多种谈判集的概念进行系统研究，但考虑到知识联盟中成员企业将分别以不同的参与度与多个知识联盟进行合作的情况，于是对现有谈判集的概念提出了更多新的要求，鉴于此，本书提出模糊谈判集的概念，为寻找企业知识联盟最优利益分配方案提供技术支持。

现有企业知识联盟 s 模糊合作博弈下的收益分配向量 x，则 s 关于 x 的超量描述为

$$e(s,x) = v(s) - \sum_{j \in \mathrm{car}(s)} s_j \cdot x_j, \quad \forall s \leqslant e^N \quad (4.4)\text{-}1$$

令 $t \leqslant e^N$ 为最大超量的最大知识联盟，则满足：

$$e(t,x) = v(t) - \sum_{j \in \mathrm{car}(t)} t_j \cdot x_j \geqslant v(s) - \sum_{j \in \mathrm{car}(s)} s_j \cdot x_j = e(s,x), \forall s \leqslant e^N \quad (4.4)\text{-}2$$

$$e(t,x) > e(x,t), \forall t < s \quad (4.4)\text{-}3$$

以上最大超量的概念作为本书模糊谈判集概念的基础。

4.4.1 模糊 Mas-Colell 谈判集

在模糊合作博弈格局 v 下,企业知识联盟的一个收益分配向量设为 x,也就是收益分配方案,现假设有两个成员企业,企业 k 和企业 l 对此分配方案存在异议:成员企业 k 可能质疑成员企业 l 比自己获得的利益多。于是成员企业试图寻找到一个知识联盟 s,能够满足 $s \in F^N, s_k > 0, s_l = 0$,且针对知识联盟 s 而言,其各成员企业的收益分配向量 y 的分量是 $\mathrm{car}(s)$ 中的成员,使得

$$s_i \bullet y_i \geqslant s_i \bullet x_i, \quad \forall i \in \mathrm{car}(s) \tag{4.5)-1}$$

$$\sum_{i \in \mathrm{car}(s)} s_i \bullet y_i = v(s) \tag{4.5)-2}$$

其中,式(4.5)-1 中至少有一个严格大于不等号,即 $s_i \bullet y_i > s_i \bullet x_i$ 成立,那么,该二元偶 (y,s) 表示成员企业 k 针对成员企业 l 关于收益分配 x 的弱异议。

这时,成员企业 l 针对成员企业 k 的弱异议 (y,s),也许会采取一定的策略进行抵制,也就是说,成员企业 l 也可以组织一个没有 k 参与的知识联盟 t,从而寻求收益分配向量 $t \in F^N, t_l > 0, t_k = 0$,使其满足,在知识联盟 t 中各成员企业收益分配向量 z 的分量是 $\mathrm{car}(t)$ 中的成员:

$$t_i \bullet z_i \geqslant t_i \bullet x_i, \quad \forall i \in \mathrm{car}(t) \setminus \mathrm{car}(s) \tag{4.6)-1}$$

$$t_i \bullet (z_i - x_i) \geqslant t_i \bullet (y_i - x_i), \quad \forall i \in \mathrm{car}(t) \cap \mathrm{car}(s) \tag{4.6)-2}$$

$$\sum_{i \in \mathrm{car}(t)} t_i \bullet z_i = v(t) \tag{4.6)-3}$$

显而易见,在知识联盟 t 中各成员企业的收益不低于它们参与知识联盟 s 所获得的收益,且针对那些同时又在知识联盟 s 中的成员企业而言,其收益不低于单独在知识联盟 s 中所获得的收益。那么,这样的二元偶 (t,z) 称为成员企业 l 针对成员企业 k 的弱异议 (y,s) 的强反异议。

鉴于此,本书将 Mas-Colell 模糊谈判集 $\mathrm{MC}_F(v)$ 描述为以下集合:将企业知识联盟模糊合作博弈格局 v 下的一收益分配向量 x 作为谈判点,若对于每一对成员企业 k 和成员企业 l 来说,成员企业 k 针对成员企业 l 关于收益分配向量 x 的任何弱异议 (y,s),均会遭到成员企业 l 针对 k 的强反异议 (t,z),则企业知识联盟模糊合作博弈格局 v 下的谈判点的全体即 Mas-Colell 模糊谈判集,即

$$\mathrm{MC}_F(v) = \{x \in I^*(v) | x \text{ 的每个弱异议都存在强反异议}\} \tag{4.7}$$

本书所提出 Mas-Colell 模糊谈判集的经济意义:对于模糊合作博弈格局下企业知识联盟,即使其核心为空集,也就是说,基于核心解找不到最优分配方案的情况下,模糊谈判集也含有核心之外的收益分配向量 $x(v)$,也就是说,谈判集的非空性说明了企业知识联盟最优利益分配方案的存在性,也就是说,模糊

Mas-Colell 谈判集弥补了核心有时是空集的缺陷。

4.4.2 模糊 semireactive 谈判集

类似地，本书提出模糊 semireactive 谈判集概念。

企业知识联盟模糊合作博弈记为 (N,v)，$x\in R^N$ 为 (N,v) 的收益分配方案，$k,l\in N$ 为联盟中不同的成员企业，包含成员企业 k 但不包含成员企业 l 的知识联盟的集合 $\Gamma_{kl}(N)$ 描述为 $\Gamma_{kl}=\Gamma_{kl}(N)=\left\{\operatorname{car}(S)\subseteq\operatorname{car}(e^{N\setminus\{l\}})|\ k\in\operatorname{car}(s)\right\}$。

针对成员企业 k 关于 l 在谈判点 x 的异议为二元偶 (y,p)，且 $\operatorname{car}(p)\in\Gamma_{kl}$，$y\in R^{\operatorname{car}(p)}$，同时满足：

$$\sum_{i\in\operatorname{car}(p)}p_i\cdot y_i=v(p) \qquad (4.8)\text{-}1$$

$$p_i\cdot y_i\geqslant p_i\cdot x_i,\forall i\in\operatorname{car}(p) \qquad (4.8)\text{-}2$$

若二元偶 (y,p) 具有这些性质，表明成员企业 k 能够通过知识联盟 p 反驳成员企业 l。注意当且仅当超量 $e(s,x)=v(s)-\sum_{i\in\operatorname{car}(s)}s_i\cdot x_i$ 严格为正时，成员企业 k 能够通过 $\operatorname{car}(s)\in\Gamma_{kl}$ 反驳成员企业 l。

对成员企业 k 针对 l 关于收益分配 x 的异议 (y,p) 的反异议即一个二元偶 (z,q)，$\operatorname{car}(q)\in\Gamma_{kl}, y\in R^{\operatorname{car}(q)}$，同时满足：

$$\sum_{i\in\operatorname{car}(q)}q_i\cdot z_i=v(q) \qquad (4.9)\text{-}1$$

$$z_{\operatorname{car}(q)}\geqslant x_{\operatorname{car}(q)}$$
$$z_{\operatorname{car}(p)\cap\operatorname{car}(q)}\geqslant y_{\operatorname{car}(p)\cap\operatorname{car}(q)} \qquad (4.9)\text{-}2$$

如果 (z,q) 具有这些性质，则称成员企业 l 能够通过知识联盟 q 对 (y,p) 进行反驳。注意当且仅当 $e(q,x)\geqslant\sum_{i\in\operatorname{car}(p)\cap\operatorname{car}(q)}(p\wedge q)_i\cdot y_i-\sum_{i\in\operatorname{car}(p)\cap\operatorname{car}(q)}(p\wedge q)_i\cdot x_i$ 时，成员企业 l 能够通过 $\operatorname{car}(q)\in\Gamma_{kl}$ 对 (y,p) 进行反驳。

企业知识联盟模糊合作博弈 (N,v) 的模糊 semireactive 预谈判集 $M_F^{sr*}(v)$ 就是所有预分配 $x\in I^*(v)$ 的集合，并且针对 $\operatorname{car}(q)\in\Gamma_{kl}$ 中的任意不同成员企业 $(k,l)\in N\times N$ 而言，如果满足：存在 $\operatorname{car}(q)\in\Gamma_{kl}$ 使得成员企业 k 针对成员企业 l 通过知识联盟 p 的异议，那么，成员企业 l 能通过知识联盟 q 加以反驳。

企业知识联盟模糊合作博弈格局 (N,v) 下的模糊 semireactive 谈判集 $M_F^{sr}(v)$，可通过模糊 semireactive 预谈判集的个体理性元素集进行描述：

$$M_F^{sr}(v) = M_F^{sr^*}(v) \cap I(v) \qquad (4.10)$$

4.4.3 模糊 reactive 谈判集

令 x 为模糊合作博弈下企业知识联盟的分配方案，则成员企业 k 针对成员企业 l 关于分配方案 x 的模糊异议表示为二元偶 (y,p)，其中，$q \in F_N, q_k > 0$，$q_l = 0$，且分配向量 y 的分量是 $\text{car}(q)$ 中的成员，并满足：

$$q_i \cdot y_i \geq q_i \cdot x_i, \forall i \in \text{car}(p) \qquad (4.11)\text{-}1$$

$$\sum_{i \in \text{car}(q)} q_i \cdot y_i = v(q) \qquad (4.11)\text{-}2$$

其中，对所有的 $\text{car}(s) \subseteq N$ 和 $u \in R^N$，$u(s) = \sum_{j \in \text{car}(s)} s_j \cdot u_j$。

如果 $\text{car}(s)$ 的每一个子集包含成员企业 l 而不包含成员企业 k，则成员企业 k 针对成员企业 l 关于分配方案 x 有一个合理的模糊异议，并且 x 使得分配向量 z 的分量不是 $\text{car}(s)$ 中的成员，并满足：

$$s_i \cdot z_i \geq s_i \cdot x_i, \ \forall i \in \text{car}(s) \cap \text{car}(q) \qquad (4.12)\text{-}1$$

$$s_i \cdot z_i \geq s_i \cdot x_i, \ \forall i \in \text{car}(s) \setminus \text{car}(q) \qquad (4.12)\text{-}2$$

$$\sum_{i \in \text{car}(s)} s_i \cdot z_i = v(s) \qquad (4.12)\text{-}3$$

本书构建的知识联盟的 reactive 模糊谈判集由以下集合 $M_F^r(v)$ 给定：

$$M_F^r(v) = \{x \in I(v) | \text{对有序二元偶}(k,l), \text{成员企业} k \text{针对} l \text{不存在合理异议}\}$$

$$(4.12)\text{-}4$$

reactive 模糊谈判集的主要思想体现为，成员企业反对方在被反对方宣布其抵制联盟前，允许保持其模糊异议的特性，以便能够对竞争对手做出反应，也就是说，提出合理的模糊异议。很显然，如果成员企业 i 能够证明为了保持当前的模糊分配 x_j，成员企业 j 不赞同任何包含成员企业 j 而不包含 i 的知识联盟，则成员企业 i 针对成员企业 j 关于分配方案 x 就存在一个合理的模糊异议。反过来，如果成员企业 j 保持它当前的收益分配，能支持一个包含 j 但不包含 i 的知识联盟，也就是说，不管怎样，成员企业 i 形成它的知识联盟 $q \in F^N$，并对联盟产生的收益进行分配，则成员企业 i 针对成员企业 j 关于分配方案 x 就没有合理的模糊异议，针对后者，成员企业 j 用来保护它当前收益的联盟称为它的保护联盟。

此外，本书针对以上提出的几种模糊谈判集分配方案，现给出其包含关系。

推论 4.1 在企业知识联盟成员合作的模糊博弈 v 中，有

$$C(v) \subseteq M_F^r(v) \subseteq M_F^{sr}(v) \subseteq \text{MC}_F(v)$$

推论 4.1 表明：若某分配方案 M 与企业知识联盟模糊合作博弈 v 中的任一谈判集分配方案相等，那么，通过任意的系数 $a > 0$ 和 $b \in R^N$，变换后的分配方案 $aM + b$ 与博弈 $av + b$ 的谈判集分配方案具有等价关系。

4.4.4 模糊谈判集的应用实例

企业知识联盟的利益分配问题可借助本节的模糊谈判集模型加以解决，现考虑在由某信息化平台产品提供商所组建的知识联盟中，为实现整体经济利益的最大化，每个成员企业充分利用自身的核心能力并对其进行优化整合，其是知识联盟成员企业的优化组合过程也就是 n 人模糊合作博弈的过程，因此，成员企业的收益分配问题也就是 n 人模糊合作博弈的求解问题。一般地，各信息化平台产品提供商的知识联盟组建本身就是一个谈判过程，各成员企业主要围绕收益分配问题进行谈判，即将收益分配问题视为谈判内容。可借助本节的模糊谈判集为提供商知识联盟的谈判提供合理化的方案，进而使谈判的各成员企业将注意力集中到核心问题上，以便提高谈判的效率，最终实现双赢。

现用 b_1、b_2、b_3、b_4、b_5、b_6 表示考虑合作的 6 家企业，各企业针对某新型信息化综合集成项目进行合作研发，为成功完成该项目，有 24 项关键技术亟待研发，其关键技术主要涉及云服务产品全生命周期协同研制、统一模型产品数字化、飞航武器系统数字样机成熟度、三维装配工艺集成、安全管理系统等技术领域。对成本、时间、技术互补和核心设备等因素加以考虑，要确保这 24 项关键技术在合同期内顺利完成，需要这 6 家企业共同开展研发及攻关工作。此外，各家组建联盟进行研发的情况为，任意 3 家企业组建知识联盟进行合作可确保 12 项关键技术的攻关能力，任意 2 家企业组建知识联盟也能确保其中 12 项关键技术的攻关能力，而其他任意企业组建的知识联盟都因技术协作等问题使得其贡献为 0。基于以上成员企业组建知识联盟的过程，描述为如下模糊合作博弈模型。

用 $N = \{b_1, b_2, b_3, b_4, b_5, b_6\}$ 表示成员企业的集合，通过特征函数描述对关键技术项目的攻关能力，针对此博弈的特征函数描述为

$$v\left(e^{\{b_1,b_2,b_3,b_4,b_5,b_6\}}\right) = 24$$

$$v\left(e^{\{b_1,b_3\}}\right) = v\left(e^{\{b_4,b_6\}}\right) = 12$$

$$v\left(e^{\{b_1,b_2,b_3\}}\right) = v\left(e^{\{b_1,b_2,b_5\}}\right) = 12$$

$$v\left(e^{\{b_2,b_4,b_6\}}\right) = v\left(e^{\{b_4,b_5,b_6\}}\right) = 12$$

其余知识联盟特征函数值均为 0。

根据核心的定义，可得

$$C(v) = \{(x_1', x_2', x_3', x_4', x_5', x_6') |\ x_i' \geq 0, x_1' + x_3' + x_4' + x_6' = 24, x_2' = x_5' = 0\}$$

对于核心中的分配,任何成员企业都无力提出弱异议,所以模糊谈判集分配方案包含核心分配方案,即 $C(v) \subseteq \mathrm{MC}_F(v)$,此外,分配向量 $x = (4,4,4,4,4,4) \in \mathrm{MC}_F(v)$,因为针对此分配方案,只有知识联盟 $e^{\{b_1,b_3\}}$ 和 $e^{\{b_4,b_6\}}$ 可以组成弱异议,然而,针对知识联盟 $e^{\{b_1,b_3\}}$ 的弱异议会遭到知识联盟 $e^{\{b_2,b_4,b_6\}}$ 和 $e^{\{b_4,b_5,b_6\}}$ 的强反异议,同时知识联盟 $e^{\{b_4,b_6\}}$ 的异议也会遭遇到知识联盟 $e^{\{b_1,b_2,b_3\}}$ 和 $e^{\{b_1,b_2,b_5\}}$ 的强反异议。

通过以上分析可知,成员企业的谈判建议和方案可用两部分加以描述:①在核心的分配模式的基础上,组建两个知识联盟 $e^{\{b_1,b_2,b_3\}}$ 和 $e^{\{b_4,b_6\}}$ 进行谈判;②依据 x 的分配模式,组建为最大知识联盟 $e^{\{b_1,b_2,b_3,b_4,b_5,b_6\}}$ 进行谈判。当各成员企业组成最大知识联盟 $e^{\{b_1,b_2,b_3,b_4,b_5,b_6\}}$ 进行谈判时,则 $\mathrm{MC}_F(v)$ 谈判集可能包含了许多其他的收益分配方案。例如,当成员企业 b_3 通过知识联盟 $e^{\{b_1,b_2,b_3\}}$ 针对成员企业 b_5 提出一个弱异议时,尽管成员企业 b_5 自己没有提出强反异议,但它可以依靠成员企业 b_4 或成员企业 b_6 提出相应的反异议。虽然成员企业 b_5 似乎对各种知识联盟形成的贡献最小,但由于 $v(e^{\{b_1,b_3\}}) = v(e^{\{b_4,b_6\}}) = 12$,$v(e^{\{b_1,b_2,b_3\}}) = v(e^{\{b_1,b_2,b_5\}}) = 12$,而剩余的知识联盟的合作贡献为 0,所以,参与谈判的成员企业可通过组建最大知识联盟结构来完成既定的研发目标,而其中的成员企业 b_5 往往能够利用这一特殊性获得相对较高的收益。

4.5 本章小结

本章在成员企业模糊合作博弈格局下,对企业知识联盟利益分配的谈判均衡进行了详细研究,主要包括利益分配基本原则及纳什谈判的公理化,成员企业纳什谈判模型及其均衡解,模糊谈判集概念的提出等三方面内容:①指出了企业知识联盟利益分配所遵循的基本原则,概括总结了纳什谈判的公理化,诠释了企业知识联盟利益谈判问题的最优解;②通过成员合作谈判博弈要素的描述,分别分析了两企业及多企业纳什谈判模型及其均衡状态;③提出了模糊谈判集的概念,以保证企业知识联盟成员模糊合作博弈格局下存在最优利益分配的谈判均衡。

第 5 章　企业知识联盟模糊网络博弈格局及利益分配研究

现代成员企业组建知识联盟过程中形成的合作博弈格局越来越多，然而，并不是每种合作博弈格局下均存在最优利益分配方案，尤其在当前的模糊合作模式下，各成员企业合作中呈现的网络特性及博弈过程越来越复杂，不考虑合作的模糊特性及新的模糊合作博弈格局难以获得知识联盟整体最优分配方案。因此，首先，针对传统网络博弈模型，通过模糊合作模式中参与度的引入，将其改进为模糊网络合作博弈模型；其次，通过企业知识联盟成员合作的网络效应，进行网络合作博弈下企业知识联盟的利益分析，并刻画企业知识联盟成员合作的网络拓扑结构；最后，对模糊网络博弈下企业知识联盟利益分配的均衡结果进行论证分析，表明最优利益分配方案的存在性。

5.1　模糊网络合作博弈的提出

企业之间的竞争合作具有明显的博弈特征，体现如下：一个成员企业的收益同时取决于它自己和竞争对手的策略及行为，因此，成员企业之间的竞争合作关系具有明显的网络特征，于是以企业竞合关系为前提的博弈自然也具有明显的网络特征。国内外很多学者运用网络博弈的方法来研究企业的合作与竞争行为，将企业组织的博弈模型拓展到网络上。例如，Carayol 和 Roux（2007）对圆圈空间上的企业创新合作网络生成博弈进行了研究，并发现了企业创新合作网络小世界特性的成因。黄玮强和庄新田（2012）提出了企业创新合作网络，对企业创新合作网络之间自由组织的演化稳定状态进行研究。李翠和薛昱（2014）提出了模糊网络博弈模型的特征函数，试图对企业知识联盟的利益谈判开展研究。本章通过网络合作博弈，将知识联盟成员企业之间的合作视为内嵌在关系网络中的多人合作博弈，并开展网络合作博弈格局下利益分配的相关研究。

5.1.1 基本假设

本章鉴于成员企业在组建知识联盟的过程中，常常面临许多直接或间接的竞争对手，很难全面而又准确地分析其他成员企业的策略选择，所以，在求解模糊网络博弈格局下企业知识联盟最优利益分配方案及其等价性质前，首先定义如下前提。

（1）博弈嵌入在企业-联盟二分网络中。

（2）各成员企业无法准确预测其他成员企业的决策，但对其他成员企业的策略选择可能具有某种预期。

（3）成员均不了解没有与其组建知识联盟的企业的情况。

（4）在给定某种预期的情况下，各企业能够根据所掌握的信息，对各种策略选择所带来的期望收益进行计算，并依此进行最优决策。

（5）如果针对所有 i 有 $x'_i > x_i$ 成立，则收益分配 $\{x',s\}$ 优超于 $\{x,t\}$。

（6）即使收益分配 $\{x,s\}$ 无法优超于其他任何分配模式，仍认为收益分配 $\{x,s\}$ 是有效的。

5.1.2 模糊网络合作博弈模型

本书第 2 章 2.4.2 节提出的知识联盟及成员企业的参与度概念，以及知识联盟在传统博弈与模糊博弈下的对应关系，第 3 章 3.4 节企业知识联盟合作利益的模糊分配模型，以及第 4 章 4.4 节的模糊谈判集等基本概念及符号表示，对本章模糊网络博弈依然成立。因为模糊博弈的研究热点是构建某类模糊子博弈或提出某种博弈解的概念，以应用于利益分配领域，本节将在以上研究基础上，构建模糊网络博弈模型用以描述知识联盟成员企业间的合作格局，然后通过其博弈解开展企业知识联盟利益分配研究。现基于经典网络博弈的定义（Zhou，2013），给出模糊网络博弈格局。

现用网络中的节点表示成员企业，V 为节点的集合，弧描述成员企业之间的关系，A 表示弧的集合，则有向模糊网络就表示为 $G_F^u(V,A;s\bullet u)$，以相应参与度 s_a 通过弧 a 从单位流中所获得的实际收益描述为 $s_a\bullet u_a, a\in A, s\in F^A, 0\leqslant s_a\leqslant 1$。令 $s',t'\in V$ 分别为 G_F^u 的单源点与汇点，且假设每条弧都拥有一个单位的流容量，如果 $f_j=1$，关于每一条弧 $j\in A$，同时被知识联盟的所有成员企业以相应参与度拥有，则称组成的模糊网络 G_F^u 是简单的。其中，$s_a\bullet u_a$ 可能是正的，此时它代表相应的收益，也可能是负的，此时代表流的成本，则该网络 G_F^u 为简单模糊网络。

如果成员企业以不同的参与度拥有模糊网络 G_F^u 中的每条弧，那么，中心问题为怎样对成员企业通过最优流所获得的收益进行分配。

令 $G_F^u(V,A;s \bullet u)$ 为简单模糊网络，$\text{car}(s) \subseteq \text{car}(e^A), s, e^A \in F^A$，即 $[0,1]^A$，由 $\text{car}(s)$ 中的弧所构成的子网络用 G_S^u 来表示，从 s' 到 t' 最优流的最优收益，即关于目标值向量 $[s_a \bullet u_a; a \in \text{car}(s)]$ 的最大值用 $v(s)$ 来表示。很明显，关于 $\text{car}(e^A)$ 的模糊合作博弈即可用集函数 v 和向量 e^A 加以描述，用 $\Gamma(G_F^u) = (e^A; v)$ 进行标记，也即关于简单模糊网络 G_F^u 的博弈模型，就是简单模糊网络博弈。

5.1.3 模糊网络合作博弈特征函数的性质

本节首先针对模糊网络博弈 G_F^u 用 $u-x$ 代替 $u, \forall x \in R^A$，得到了模糊网络 G_F^{u-x}，则 G_F^{u-x} 也是简单模糊网络，接下来将论证在模糊网络博弈 $\Gamma(G_F^u) = (e^A; v)$ 中，关于模糊核心 $C(\Gamma(G_F^u))$ 中的分配向量 x 以下命题是成立的。

命题 5.1 企业知识联盟模糊简单网络博弈 $\Gamma(G_F^u) = (e^A; v)$ 中的模糊分配向量 $x \in R_+^A$ 满足 $\sum_{i \in \text{car}(e^A)} x_i = v(e^A)$，则 x 在模糊核心 $C(\Gamma(G_F^u))$ 中，也就是说，$x \in C(\Gamma(G_F^u))$，当且仅当模糊网络博弈 G_F^u 的任意值为 0 的最优流 f 在模糊网络 G_F^{u-x} 中也是最优的。

证明： 首先变换目标函数 f，变换的新目标函数的值为

$$f(u-x) = \sum_{j \in \text{car}(e^A)} f_j \bullet (u_j - x_j) \bullet x_j$$

$$= \sum_{j \in \text{car}(e^A)} f_j \bullet u_j - \sum_{j \in \text{car}(e^A)} f_j \bullet x_j$$

$$= v(e^A) - \sum_{j \in \text{car}(e^A)} f_j$$

假设 $x \in C(\Gamma(G_F^u))$，则由条件 $x_j \geq 0, f_j = 1$，得

$$\sum_{j \in \text{car}(e^A)} f_j \bullet x_j = \sum_{j \in \text{car}(e^A)} x_j = v(e^A)$$

如果关于模糊网络 G_F^{u-x} 的流 f 值为零，则 f 在这个网络中为最优的当且仅当

每一个知识联盟 s，$s \in F^A$，满足 $\sum_{j \in \text{car}(e^A)}^{s_j} x_j \cdot (u_j - x_j) \leq 0$，即 $\sum_{j \in \text{car}(s)} s_j \cdot x_j \geq \sum_{j \in \text{car}(s)} s_j \cdot u_j = v(s), \forall s \in F^A$。

因为 f 对 G_F^{u-x} 来说是最优的，$f_j = 1$，则有
$$\sum_{j \in \text{car}(s)} f_j \cdot s_j \cdot u_j = \sum_{j \in \text{car}(s)} s_j \cdot u_j = v(s)$$

通过命题，可知最后一个条件满足当且仅当 $x \in C\big(\Gamma\big(G_F^u\big)\big)$。

引理 5.1 在企业知识联盟简单模糊网络博弈 G_F^u 格局下，用 $u-x$ 代替 u，$\forall x \in R^A$，即得到简单模糊网络 G_F^{u-x}，对应的模糊网络博弈记为 $\Gamma\big(G_F^{u-x}\big)$，其特征函数 v^* 满足：

$$\max_{s \leq t}\left\{v(s) - \sum_{j \in \text{car}(s)} s_j \cdot x_j\right\} = v^*(t), \forall t \leq e^A, t \in F^A \tag{5.1}$$

证明：如果式（5.1）左边成立，设 $s = r$，由于 $x \geq 0$，每条弧都有单位容量，在 $\text{car}(r)$ 中所有弧为 r 构成的子图中，其最优流都有单位流，所以：

$$\max_{s \leq t}\left\{v(s) - \sum_{j \in \text{car}(s)} s_j \cdot x_j\right\} = v(r) - \sum_{j \in \text{car}(r)} r_j \cdot x_j$$
$$= \sum_{j \in \text{car}(r)} r_j \cdot u_j - \sum_{j \in \text{car}(r)} r_j \cdot x_j$$
$$= \sum_{j \in \text{car}(r)} r_j \cdot (u_j - x_j)$$
$$\leq v^*(t)$$

为证明不等式的另一侧，令 f 为 G_F^{u-x} 中的最优流，令 r 为拥有 f 单位流的弧所组成的知识联盟，那么：

$$v^*(t) = \sum_{j \in \text{car}(r)} r_j \cdot u_j - \sum_{j \in \text{car}(r)} r_j \cdot x_j$$
$$\leq v(r) - \sum_{j \in \text{car}(r)} r_j \cdot x_j$$
$$\leq \max_{s \leq t}\left(v(s) - \sum_{j \in \text{car}(s)} s_j \cdot x_j\right)$$

因此，$\max_{s \leq t}\left(v(s) - \sum_{j \in \text{car}(s)} s_j \cdot x_j\right) = v^*(t)$ 成立。

接下来本书将借助所构建的模糊网络博弈及其特征函数的性质，探讨企业知

识联盟成员合作的网络效应及其利益分析。

5.2 网络合作博弈下成员合作的网络效应及其利益分析

5.2.1 企业知识联盟成员合作的网络效应

本节在上节理论模型的基础上,按照网络博弈的建模思路,将成员企业视为网络中的节点,成员企业间的博弈关系用连边加以描述,则具有连边的任何两个成员企业都进行一个二人博弈。将网络博弈模型应用到企业知识联盟利益分配问题上,企业用网络的节点进行表示,任何存在竞合关系的两个企业之间都存在连边,它们为分享联盟收益而展开一个二人博弈,也就是说,可以建立基于竞合关系网络的企业知识联盟成员合作的网络博弈模型。图 5.1 为两个企业及多个企业的网络分析框架。

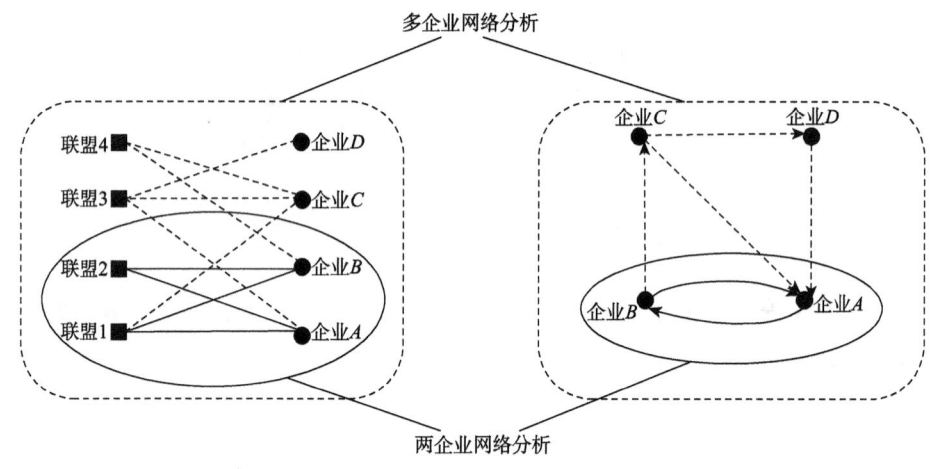

图 5.1 企业知识联盟网络分析框架

图 5.1 刻画了知识联盟成员企业的合作情况,以及联盟企业之间的互动情况,多个企业的网络分析框架将体现互动扩散引发的网络效应。

图 5.2 为基于企业-联盟二分的网络模型,其中一个联盟对应一个博弈,共 4 个博弈。图 5.3 为基于联盟企业竞合关系的网络模型,其中,一个连边对应于一个博弈,共 7 个博弈。

第 5 章　企业知识联盟模糊网络博弈格局及利益分配研究

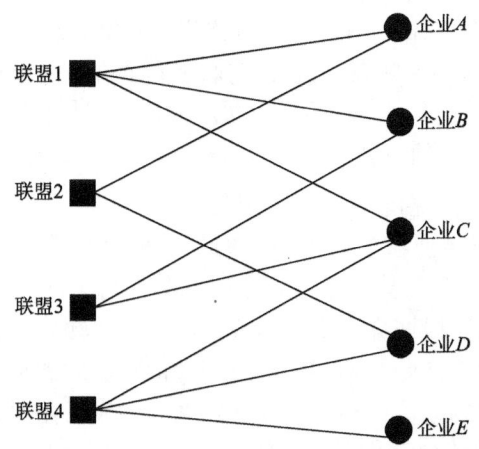

图 5.2　企业-联盟二分网络模型

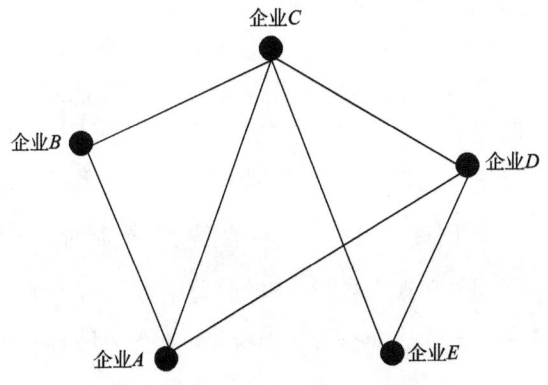

图 5.3　企业竞合关系网络模型

由图 5.2 和图 5.3 可知，在基于企业-联盟的网络模型中，一个联盟对应一个博弈，共有 4 个博弈，如联盟 1 对应的博弈是企业 A、B 和 C 在联盟 1 上进行利益分配。在基于联盟企业竞合关系的网络模型中，一条连边对应一个博弈，则共有 7 个博弈，如成员企业 B 和成员企业 C 的连边代表成员企业 B 和成员企业 C 在联盟 1 和联盟 3 上展开竞争。所以，本书将知识联盟成员企业间的合作关系视为以上网络模型，接下来将开展网络博弈下企业知识联盟合作利益分析。

5.2.2　企业知识联盟合作利益分析

本章假设有 n 家企业和 m 个知识联盟，企业的集合用 $F = \{1, 2, \cdots, n\}$ 表示，知识联盟的集合用 $M = \{1, 2, \cdots, m\}$ 表示，则这些知识联盟及成员企业组成一个成员企业-知识联盟的二分网络，网络中的两类节点分别表示成员企业和知识联盟，若一个成员企业 i 参与某个知识联盟 j，它们之间就拥有一条连边。对所有的企业 $i=1,2,\cdots,n$，M_i 表示企业 i 参与的知识联盟集合，即与企业节点 i 相连的知识联盟节点集合。针对所有的联盟 $j=1,2,\cdots,m$，F_j 表示参与知识联盟 j 的企业集合，即与知识联盟节点 j 相连的企业节点集合。

现假定所有成员企业都生存无限个时期，时期的次序用 $t=0,1,2,\cdots$ 进行标记，成员企业-知识联盟二分网络在每个时期都保持不变，成员企业在这个不变的网络上开展相同的阶段博弈，也就是说，对每一个知识联盟而言，假设各个时期的联盟需求和企业生产函数相同，且各个知识联盟的需求是互相独立的，成员企业在各个知识联盟的运营行动也是相互独立的。成员企业在每个时期的利润用现金流进行表示，成员企业利润的折现因子用 $\delta\in(0,1)$ 进行描述，每个成员企业的目标都是最大化所有时期的利润现值之和。

在给定的无限重复网络博弈的阶段博弈中，对任意的知识联盟 $j(j=1,2,\cdots,m)$ 而言，假设该知识联盟中的每一个成员企业都有两个策略可以选择，其一是参与知识联盟，用 a 表示，其二是保持抵制，用 r 表示，即在该知识联盟中每个成员企业的策略集合都是 $S=\{a,r\}$。成员企业在知识联盟 j 中的策略组合用 $S^j=\{s_i^j\in S; i\in F_j\}$ 表示。当所有的企业都组建知识联盟时，就记企业的策略组合为 $A=\{s_i^j=a; i\in F_j\}$。同理，当所有的企业都保持抵制时，记企业的策略组合为 $R=\{s_i^j=r; i\in F_j\}$。企业 i 在知识联盟 j 中的收益用 $\pi_i^j(s^j)$ 表示，是企业 i 在知识联盟 j 中一个时期的支付。一个企业参与知识联盟，对所有的 $i\in F_j$，有

$$\pi_k^j(a,s_{-i}^j)<\pi_k^j(r,s_{-i}^j), \forall k\in F_j\setminus\{i\} \quad (5.2)$$

其中，a 和 r 表示企业 i 在知识联盟 j 中的策略，s_{-i}^j 表示除企业 i 以外的其他企业在知识联盟 j 中的策略组合，主要表达：在保持其他成员企业策略不变的前提下，成员企业 i 针对知识联盟 j 所采取的对抗行动会对知识联盟 j 中其他成员企业的收益产生损害作用，因为成员企业发动对抗行动往往需要付出成本，所以，成员企业 i 与知识联盟合作时的收益 $\pi_i^j(a,s_{-i}^j)$ 可能大于也可能小于其抵制知识联盟时所获收益 (r,s_{-1}^j)。

如果将成员企业在 m 个知识联盟中的策略组合 $s^1,s^2,\cdots,s^m$ 进行结合，则构成了成员企业在阶段网络博弈中的策略组合 $s=(s^1,s^2,\cdots,s^m)$。成员企业在阶段网络博弈中的收益将通过它在各个知识联盟中所获收益之和加以描述，即

$$\pi_i(s)=\sum_{j\in M_i}\pi_i^j(s^j),\ i=1,2,\cdots,n \quad (5.3)$$

图 5.4 为阶段网络博弈的策略组合示例。

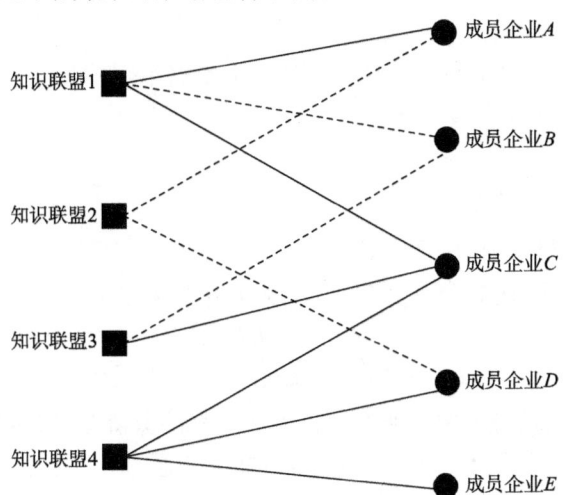

图 5.4　阶段网络博弈的策略组合示例
实线表示参与，虚线表示抵制

如图 5.4 所示，企业 A 在知识联盟 1 上采取参与的策略，在知识联盟 2 上采取抵制的策略，企业 B 在知识联盟 1 和知识联盟 3 上都采取抵制的策略，企业 C 在知识联盟 1、知识联盟 3 和知识联盟 4 上都采取参与策略，企业 D 在知识联盟 2 采取抵制策略，在知识联盟 4 上采取参与策略，企业 E 在知识联盟 4 上采取参与策略。在此策略组合下，各企业的收益分别为

$$\pi_1 = \pi_1^1(a,r,a) + \pi_1^2(r,r)$$
$$\pi_2 = \pi_2^1(a,r,a) + \pi_2^3(r,a)$$
$$\pi_3 = \pi_3^1(a,r,a) + \pi_3^3(r,a) + \pi_3^4(a,a,a)$$
$$\pi_4 = \pi_4^2(r,r) + \pi_4^4(a,a,a)$$
$$\pi_5 = \pi_5^4(a,a,a)$$

针对每个时期 $t(t=0,1,2,\cdots)$，在知识联盟 j 中的企业策略组合用 $s^j(t) = \{s_i^j(t); i \in F_j\}$ 表示，其中，$s_i^j(t)$ 为企业 i 的策略，假设以现金流的形式描述成员企业的收益，那么成员企业 i 在知识联盟 j 上所有时期的收益现值将描述为

$$\prod_i^j = \sum_{t=0}^{\infty} \delta^t \pi_i^j \left(s^j(t) \right), \quad i \in F_j \tag{5.4}$$

在企业知识联盟成员合作的无限重复网络博弈格局中，针对成员企业 i 的收益将用它在各个知识联盟上的收益现值之和进行描述，表示为

$$\prod_i = \sum_{j \in M_i} \prod_i^j, \quad i = 1, 2, \cdots \tag{5.5}$$

如果在知识联盟 j 上每个时期成员企业的策略组合 s^j 均保持不变，那么，成员企业 i 从知识联盟 j 所有时期的所获收益现值描述为

$$\prod_i^j (s^j) = \sum_{t=0}^{\infty} \delta^t \pi_i^j (s^j) = \frac{\pi_i^j (s^j)}{1-\delta}, \quad i \in F_j \tag{5.6}$$

如果在知识联盟 j 中的所有成员企业都一直保持抵制状态，即成员企业的策略组合一直是 R，则成员企业 i 从知识联盟 j 中所有时期的所获收益现值将为

$$\prod_i^j (R) = \frac{\pi_i^j (R)}{1-\delta}, \quad i \in F_j \tag{5.7}$$

反之，若知识联盟 j 中的所有成员企业一直都保持参与联盟的策略，即成员企业策略组合一直都是 A，则成员企业 i 从知识联盟 j 中所有时期所获收益现值表示为

$$\prod_i^j (A) = \frac{\pi_i^j (A)}{1-\delta}, \quad i \in F_j \tag{5.8}$$

在无限重复网络博弈中，若企业一直坚持采取策略组合 $s = (s^1, s^2, \cdots, s^m)$，则企业 i 的收益为

$$\prod_i (s) = \sum_{j \in M_i} \prod_i^j (s^j), \quad i = 1, 2, \cdots, n$$

若所有企业都坚持参与行动，则企业 i 的收益为

$$\prod_i (A) = \sum_{j \in M_i} \prod_i^j (A), \quad i = 1, 2, \cdots, n$$

若所有企业都一直保持抵制，则企业 i 的收益为

$$\prod_i (R) = \sum_{j \in M_i} \prod_i^j (R), \quad i = 1, 2, \cdots, n$$

本节网络合作博弈的解应用于企业知识联盟中的关注点主要是如何将企业知识联盟收益分配给网络合作格局下的每个成员企业。企业知识联盟网络合作博弈的解即一个映射函数，也即由多个实数组成的支付向量集，每个支付向量集表示企业知识联盟中的每个成员企业的一种分配结果。一种研究及应用最为广泛的解概念即谈判集。知识联盟成员企业合作博弈其实就是一个相互谈判的过程，是各成员企业经过谈判后达成一致意见而形成联盟的过程，所以，谈判集作为一种博弈解集的概念，就是根据成员企业之间可能出现的谈判关键议题而提出的合作博弈解。

5.3 企业知识联盟成员合作的利益谈判与网络博弈的核心结构

5.3.1 利益谈判

本节借助图 5.5 对谈判解进行图形解释。在图 5.5 中,阴影部分为谈判博弈成员企业 i 和 j 的效用可行集,其中 G 为谈判初始点,$BMGNT$ 是将原点移到 G 点之后的坐标轴,M、N 分别是新坐标与可行集的交点,ME_oN 即谈判解。若知识联盟成员企业 j 的收益增加,而成员企业 i 的收益减少,则其博弈体现出一定的对抗特性,如果成员企业 i 的谈判实力提高,则其均衡点将向成员企业 i 偏移,成员企业 i 的最终效用将增加,而成员企业 j 的收益将会减少。

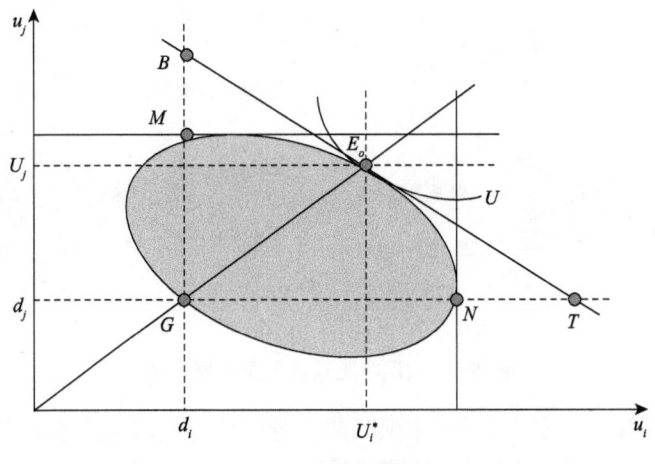

图 5.5 谈判解的图形解释

针对企业知识联盟利益分配研究,从某种意义上讲,知识联盟各成员企业及其资源以及各自追求的目标即冲突和统一的综合体,各成员企业相互合作才能对剩余利益进行创造,然而在其利益分配中又存在着矛盾,各成员企业通过谈判,完成合作利益的最终分配,各成员企业的谈判程度决定了相应的分配份额,而谈判破裂的担心程度又与谈判程度存在密切的相关性,若参与谈判的某一成员企业对谈判破裂表示担心,即在一定程度上,对既有谈判成果的担心将会损害其谈判程度。本章将对知识联盟成员企业的谈判程度,通过不同合作博弈格局下的特征函数加以表述。

5.3.2　网络博弈的核心结构

综上所述，成员企业合作的网络博弈是基于成员企业-知识联盟二分网络上的无限重复博弈，所以，成员企业-知识联盟二分网络的拓扑结构会对成员企业谈判中的策略选择带来一定的影响，进而对成员企业谈判过程及结果产生一定的影响。在图 5.6 中：成员企业 A 针对知识联盟 1 首先提出异议（标注为①），随后，成员企业 B 针对知识联盟 1 提出反异议（标注为②），然后引发成员企业 C 在知识联盟 1 和知识联盟 4 上同时提出异议（标注为③），接下来，成员企业 D 将知识联盟 4 的竞争转移到知识联盟 2 中（标注为④），促使成员企业 A 对知识联盟 2 也提出异议（标注为⑤），若成员企业 C 没有与知识联盟 1 合作，将成员企业 C 与知识联盟 1 之间的连边进行删除，则这次成员提出的异议将被锁定在知识联盟 1 中，而不会被扩散至知识联盟 2 和知识联盟 4，此示例表明，成员企业-知识联盟二分网络的拓扑结构将对成员企业谈判起到非常重要的作用。

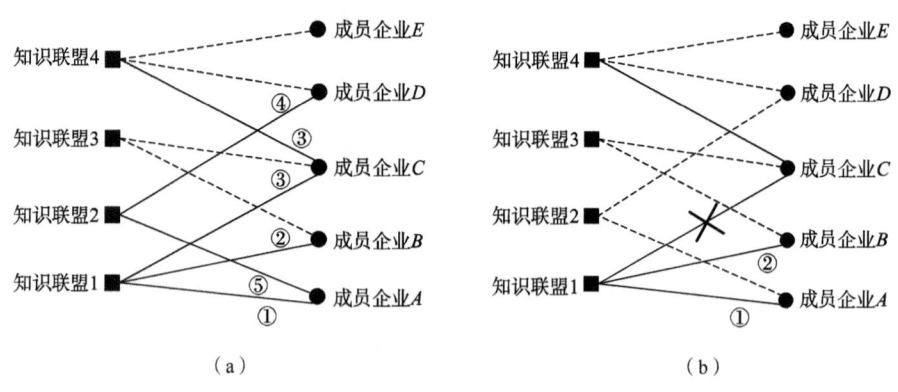

图 5.6　知识联盟成员企业谈判示例

在实际应用中，成员企业-知识联盟二分网络是比较复杂且规模庞大的，复杂网络理论中提供了很多用来衡量类似网络拓扑结构及其节点拓扑位置的指标与方法，主要如下：社团结构分析、网络聚集系数、网络平均最短路径及其直径、网络节点度的分布及其积累节点度分布等。关于网络节点拓扑位置的主要衡量指标体现如下：网络节点紧密度、网络节点度、网络节点聚集系数等。本章关注的主要问题如下：在企业知识联盟成员合作网络拓扑特征的基础上，分析成员企业谈判及其成员企业-知识联盟二分网络的拓扑结构之间存在什么关系；基于成员合作网络中的节点拓扑指标，研究成员企业节点的拓扑位置与其合作行为及其利益分配策略是否存在关系。本章借助最大流问题研究模糊网络博弈的核心结构，其目标就是检验并分析由最大流所生成的博弈总收益的最优分配方案。

假定知识联盟成员企业合作形成的简单无向网络 $F = (V, E)$ 中，从成员企业 s

到 t 的最大流等于 k，则借助最大流问题的约束矩阵的幺模性，每一个基本最优流的解为一个非负整数向量，而且因为 F 中所有边的容量为 1，每一个最优流的解对应一个 s 与 t 间 k 条互不相交边的简单路径的集合，它提供了从 s 到 t 的最大流量。令 P 表示这样一个集合，与 P 相关联的最大流解为向量 $y = (y(e)), e \in E$，使得

$$\begin{cases} y(e) = 1, & \text{如果边} e \text{是} P \text{中的某路径} \\ y(e) = 0, & \text{其他} \end{cases}$$

本书把 F 中 s 和 t 之间的简单路径 p 称为 s-t 成员企业关系路径，且把 P 作为对应 F 中最大流解的互不相交的 t-s 路径的边集，也代表成员企业间的关系集。图 5.7 为成员企业合作生成的知识联盟简单网络。

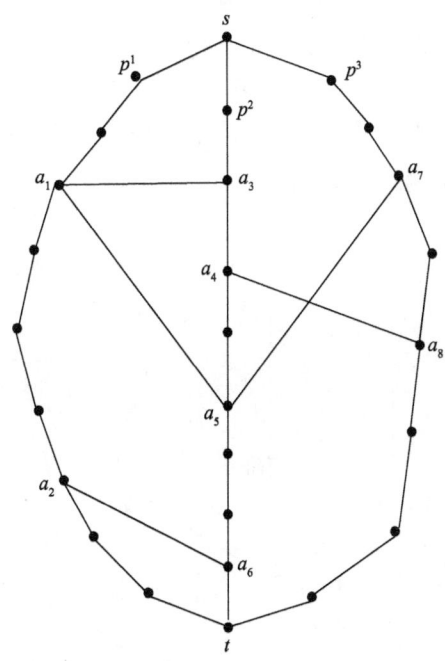

图 5.7 企业知识联盟简单网络示例（最大流为 3）

在图 5.7 中，最大流为 3，$P = \{p^1, p^2, p^3\}, F^* = (V^*, E^*)$ 有两个连通分量，T_1 和 T_2，其成员企业节点集分别为 $V_1 = \{a_1, a_3, a_5, a_7\}, V_2 = \{a_2, a_4, a_6, a_8\}$。$a_4$ 在 a_3 到 a_5 之间的路径 p^2 的子路径上。因此，T_1 和 T_2 可以相交，由 $C[(F; E; v)]$ 中向量的非负性，图 5.7 中所对应的网络博弈的核心 $C[(F; E; v)]$ 描述为

$$x(E(p^1)) = x(E(p^2)) = x(E(p^3)) = 1$$
$$x(E(p^1;s,a_1)) = x(E(p^2,s,a_3)) = x(E(p^3;s,a_7)) = \alpha$$
$$x(E(p^1;a_1,a_2)) = 0$$
$$x(E(p^2;a_3,a_6)) = 0$$
$$x(E(p^3;a_7,a_8)) = 0, 0 \leqslant \alpha \leqslant 1$$

其实也可以用更少的参数来描述网络博弈的核心 $C[(F;E;v)]$，不难看出，对任何两个成员企业节点，$i_1,i_2 \in V(P)$，使得 $i_1 \in V(p^1), i_2 \in V(p^2), p^{j_1}, p^{j_2} \in P$，$x(E(p^1;s,i_1)) = x(E(p^2;s,i_2))$，$\forall x \in C[(F;E;v)]$，当且仅当 i_1 和 i_2 之间存在一条简单路径，其中包括在任何核心分配中获得零收益的边（即在 F 的最大流中至少有一个零流量）。所以，本书描述 $E(P)$ 中的这些边在任何核心分配中获得零收益，即可用更少的参数来描述 $C[(F;E;v)]$。图 5.8 为减少核心描述参数的企业知识联盟成员合作的简单网络 $F=(V,E)$。

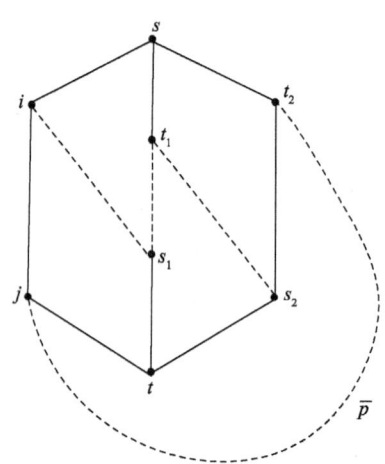

图 5.8　企业知识联盟简单网络 $F=(V,E)$（减少核心描述参数）

对应图 5.8 最大流的 s 与 t 间简单路径集合为 $P = \{p^1, p^2, p^3\}$，其中，p^j 在图 5.8 中满足 $\{i,j\} \subset V(p^1), \{t_1,s_1\} \subset V(p^2)$ 及 $\{t_2,s_2\} \subset V(p^3)$。现因 F 中 i 与 j 之间的简单路径 $\overline{p}$，使得任意核心内的分配向量 x 满足：

$$x(E(p^1;i,j)) = x(E(p^2;t_1,s_1)) = x(E(p^3;t_2,s_2)) = 0$$

因此，图 5.7 中的简单网络流博弈的核心可由以下公式给出：

$$C\bigl[(F;E;v)\bigr]=\bigl\{x:x(E)=3,x\geqslant 0,x\bigl(E\bigl(p^1;s,i\bigr)\bigr)=x\bigl(E\bigl(p^2;s,t_1\bigr)\bigr)=x\bigl(E\bigl(p^3;s,t_2\bigr)\bigr)$$
$$=a;x\bigl(E\bigl(p^1;s_1,t\bigr)\bigr)=x\bigl(E\bigl(p^3;s_2,t\bigr)\bigr)=1-a;0\leqslant a\leqslant 1\bigr\}$$

如图 5.9 所示，成员企业合作网络 $F=(V,E)$，其最大流等于 2。

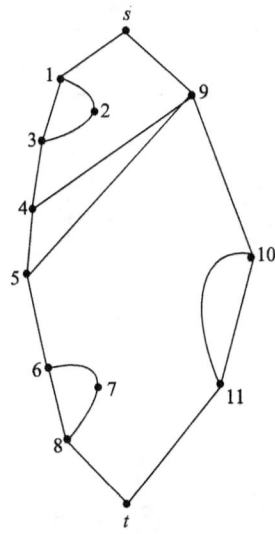

图 5.9 成员企业合作网络 $F=(V,E)$（最大流为 2）

在图 5.9 中，$P=\{p^1,p^2\}$，有 $V(p^1)=\{s,1,3,4,5,6,8,t\}$ 和 $V(p^2)=\{s,9,10,11,t\}$。进而：
$$B(p^1)=\{B_1(p^1),B_2(p^2)\}$$
其中，
$$B_1(p^1)=\{(s,1),(3,4)\},\ B_2(p^1)=\{(5,6),(8,t)\},\ B(p^2)=\{B_1(p^2),B_2(p^2)\}$$
其中，
$$B_1(p^2)=\{(s,9)\},\ B_2(p^2)=\{(9,10),(11,t)\}$$

图 5.9 说明：所有其他成员企业在任何核心向量均未获得收益分配。

对每一条路径 p，$p\in P$，令 $Z(p)$ 表示 $E(p)$ 中在每个核心分配中获得零收益的边集，则，对每一个 $p\in P$，把 $\hat{E}(p)\equiv E(p)\backslash Z(p)$ 划分为等价类，$B(p)=\{B_1(p),\cdots,B_k(p)\}$。也就是说，在 $B_j(p)$ 中的任何两条边 a 和 b，在 F 中是不可分离的，$\forall j\in\{1,2,\cdots,k\}$，任何满足 $a\in B_i(p)$ 和 $b\in B_j(p),i\neq j$ 的两条边 a 和 b，在 F 中是可分离的。任何 $B_j(p)$ 集不一定是连通的，但是，如果某些 $B_j(p)$ 为非连通的，则 $E(p)$ 中在 $B_j(p)$ 边内的所有边，在任何核心分配中得到

零收益。图 5.10 为划分等价类后的成员企业合作的简单网络 $F=(V,E)$。

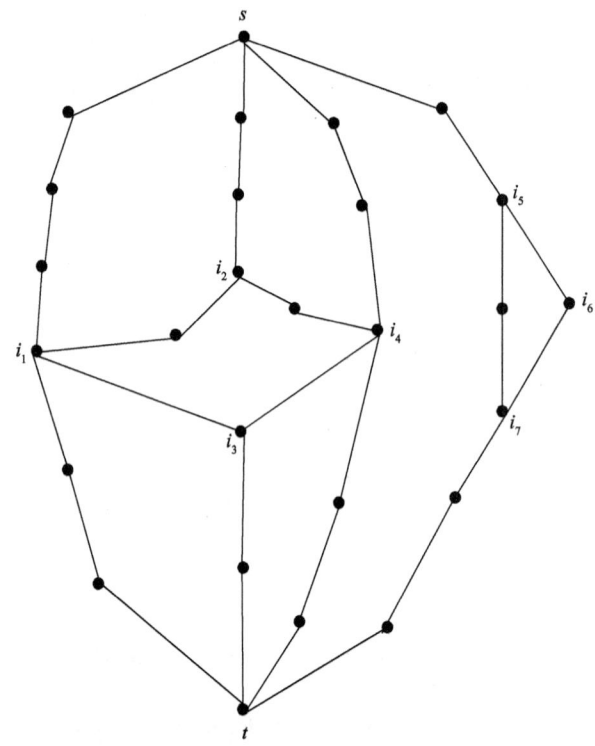

图 5.10 简单网络 $F=(V,E)$（等价类划分）

如图 5.10 所示，在 F 中对应于最大流的不相交 $s-t$ 路径的边集 P 记为 $P=\{p^1,p^2,p^3,p^4\}$，其中，

$$\{i_1\}\subset V(p^1), \{i_2,i_1,i_3\}\subset V(p^2), \{i_4\}\subset V(p^3)$$
$$\{i_5,i_6,i_7\}\subset V(p^4)$$

则：

$$B(p^1)=\{\{E(p^1;s,i_1)\},\{E(p^1;i_1,t)\}\}, \ Z(p^1)=\varnothing$$
$$B(p^2)=\{\{E(p^2;s,i_2)\},\{E(p^2;i_3,t)\}\}, \ Z(p^2)=E(p^2;i_2,i_3)$$
$$B(p^3)=\{\{E(p^3;s,i_4)\},\{E(p^3;i_4,t)\}\}, \ Z(p^3)=\varnothing$$
$$B(p^4)=\{\{E(p^4;s,i_5)\},\{E(p^4;i_7,t)\}\}, \ Z(p^4)=E(p^4;i_5,i_7)$$

进而，

$$C\left[(F;E;v^*)\right] = \{x : x \geqslant 0, x(E(p^1)) = x(E(p^2)) = x(E(p^3)) = x(E(p^4)) = 1,$$
$$x(E(p^1;s,i_1)) = x(E(p^2;s,i_2)) = x(E(p^3;s,i_4)) = \alpha,$$
$$x(E(p^1;i_1,t)) = x(E(p^2;i_3,t)) = x(E(p^3;i_4,t)) = 1-\alpha,$$
$$x(E(p^4;s,i_1)) + x(E(p^4;i_7,t)) = 1, 0 \leqslant \alpha \leqslant 1\}$$

以上分别刻画了企业知识联盟网络合作博弈下的利益谈判及核心结构，接下来将从理论上对模糊网络博弈下企业知识联盟利益分配的均衡进行论证分析，以确保知识联盟成员合作的网络博弈核心的非空性，进而表明企业知识联盟网络合作博弈格局下存在最优分配方案。

5.4 模糊网络博弈下企业知识联盟利益分配的均衡结果分析

本书通过如图5.11所示的技术路线分析模糊网络博弈下企业知识联盟利益分配的均衡结果。

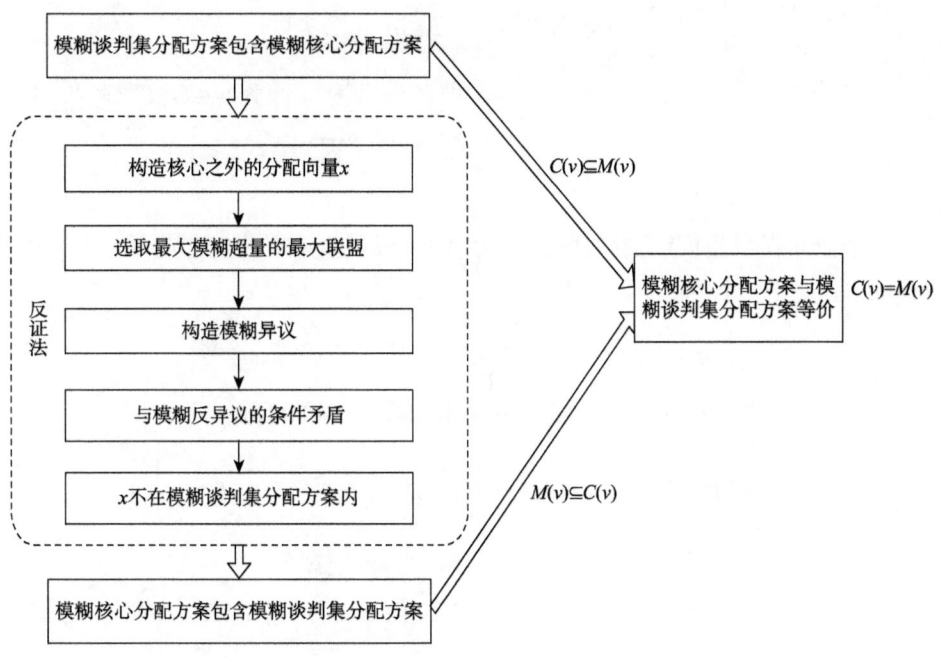

图 5.11 模糊网络博弈下企业知识联盟利益分配均衡分析

本书第 4 章提出的模糊谈判集概念弥补了核心作为博弈解可能存在空集的缺陷，因为要想保证最大知识联盟的稳定性，必须满足核心是非空的，对常规模糊合作博弈而言，即便其核心为空集，其模糊谈判集也会包含其核心之外的收益分配向量，也即模糊谈判集的非空性确保了知识联盟利益分配方案的存在性。本节将证明对于模糊网络博弈，其模糊核心与模糊谈判集相等，即表明模糊网络博弈是均衡的，存在全局最优的分配方案。

定理 5.1 企业知识联盟简单模糊网络合作博弈 $\Gamma(G_F^u)$ 的模糊谈判集 $\mathrm{MC}_F(\Gamma(G_F^u))$ 分配方案等价于核心 $C(\Gamma(G_F^u))$ 分配方案。

证明： 因为模糊谈判集含有核心之外的分配向量，即 $C(\Gamma(G_F^u)) \subseteq \mathrm{MC}_F(\Gamma(G_F^u))$，所以，只需证明 $\mathrm{MC}_F(\Gamma(G_F^u)) \subseteq C(\Gamma(G_F^u))$，现用反证法，假设存在 $x \in \mathrm{MC}_F(\Gamma(G_F^u))$ 满足 $x \notin C(\Gamma(G_F^u))$，则从命题 5.1 可知，$v^*(e^A) > 0$，从引理 5.1 又知：

$$v^*(e^A) = \max_{s \leqslant e^A}\left(v(s) - \sum_{j \in \mathrm{car}(s)} s_j \bullet x_j\right) > 0$$

令 $w \in C(\Gamma(G_F^{u-x}))$，因为 $v^*(e^A) > 0$，存在弧 $i \in \mathrm{car}(e^A)$ 满足 $w_i > 0$，有

$$v^*(e^A) = w(e^A) = \sum_{i \in A} w_i = \sum_{j \in A \setminus \{i\}} w_j + w_i \geqslant \sum_{j \in \mathrm{car}(s), s \leqslant e^{A \setminus \{i\}}} w_j + w_i$$

$$\geqslant v^*(e^{A \setminus \{i\}}) + w_i \quad（因为 w \in C(\Gamma(G_F^{u-x}))）$$

$$> v^*(e^{A \setminus \{i\}}) \quad（因为 0 \leqslant s_j \leqslant 1）$$

(5.9)

在企业知识联盟模糊网络博弈 $\Gamma(G_F^u)$ 中，成员企业 i 被包含在每一个知识联盟载体 $\mathrm{car}(s)$ 中，有

$$e(s,x) = v(s) - \sum_{j \in \mathrm{car}(s)} s_j \bullet x_j = v^*(e^A)$$

实际上，如果 $i \notin \mathrm{car}(s)$，则由引理 6.1 和式（6.9）可知：

$$e(s,x) \leqslant \max_{s \leqslant e^{A \setminus \{i\}}} e(r,x) = \max_{s \leqslant e^{A \setminus \{i\}}}\left(v(r) - \sum_{j \in \mathrm{car}(s)} r_j \bullet x_j\right)$$

$$= v^*(e^{A \setminus \{i\}}) < v^*(e^A)$$

现令 s^* 为最大知识联盟，$e(s^*,x) = v(s^*) - \sum_{i \in \mathrm{car}(s^*)} s_i^* \bullet x_i = v^*(e^A)$。显然，

$i \in \mathrm{car}(s^*)$，同时由于 $v(e^A) - \sum_{i \in A} x_i = 0, s^* \neq e^A$，令 $j \in \mathrm{car}(e^A \setminus s^*)$，则在 $\Gamma(G_F^u)$ 中关于 x 通过知识联盟 s^*，成员企业 i 反对成员企业 j 有一个异议，因为 $x \in \mathrm{MC}_F(\Gamma(G_F^u))$，成员企业 j 应有一个知识联盟，记为 q，满足 $j \in \mathrm{car}(q), i \notin \mathrm{car}(q)$，这样对任一成员企业 i 反对 j 的异议 (y,s)，在 q 上都存在分配向量 z，满足第 4 章 4.4.1 节式（4.6）。

现声明 $\mathrm{car}(s^*) \cap \mathrm{car}(q) \neq \varnothing$，实际上，如果 $\mathrm{car}(s^*) \cap \mathrm{car}(q) = \varnothing$，则：

$$e(s^* \vee q, x) = v(s^* \vee q) - \sum_{j \in \mathrm{car}(s^*) \cup \mathrm{car}(q)} (s^* \vee q)_j \cdot x_j$$

$$\geq v(s^*) + v(q) - \sum_{j \in \mathrm{car}(s^*)} s_j^* x_j - \sum_{j \in \mathrm{car}(q)} q_j \cdot x_j$$

$$= e(s^*, x) + e(q, x)$$

$$\geq e(s^*, x)$$

因为 $x \notin C(\Gamma(G_F^u))$，$e(q, x) = v(q) - \sum_{j \in \mathrm{car}(q)} q_j \cdot x_j \geq 0$，这和 s^* 为最大知识联盟矛盾，因此：

$$\begin{aligned} \mathrm{car}(s^*) \cap \mathrm{car}(q) &\neq \varnothing \\ e(s^*, x) &> e(q, x) \geq 0 \end{aligned} \quad (5.10)$$

其中，严格大于不等式可从 $i \notin \mathrm{car}(q)$ 中得出。

令 $m^1 = |\mathrm{car}(s) \cap \mathrm{car}(q)|$，构造分配向量 y，其中：

$$s_k^* \cdot y_k = \begin{cases} s_k^* \cdot x_k + \dfrac{1}{m^1} \cdot e(s^*, x), & k \in \mathrm{car}(s^*) \cap \mathrm{car}(q) \\ s_k^* \cdot x_k, & k \in \mathrm{car}(s^*) \setminus \mathrm{car}(q) \end{cases}$$

注意：

$$\sum_{j \in \mathrm{car}(s^*)} s_j^* \cdot y_j = \sum_{j \in \mathrm{car}(s^*) \cup \mathrm{car}(q)} s_j^* \cdot x_j + \frac{|\mathrm{car}(s^*) \cap \mathrm{car}(q)|}{m^1} \cdot e(s^*, x) + \sum_{j \in \mathrm{car}(s^*) \setminus \mathrm{car}(q)} s^* \cdot x_j$$

$$= \sum_{j \in \mathrm{car}(s^*)} s_j^* \cdot x_j + e(s^*, x)$$

$$= \sum_{j \in \mathrm{car}(s^*)} s_j^* \cdot x_j + v(s^*) - \sum_{j \in \mathrm{car}(s^*)} s_j^* \cdot x_j$$

$$= v(s^*)$$

显然，(y, s^*) 为成员企业 i 反对 j 的异议。现因 q 为 j 反对 i 的知识联盟，在

q 上存在分配向量 z，这样第 4 章 4.4.1 节式（4.6）成立，因此：

$$\begin{aligned}
\sum_{j\in\operatorname{car}(q)} q_j \cdot z_j &= \sum_{j\in\operatorname{car}(s^*)\cup\operatorname{car}(q)} q_j \cdot z_j + \sum_{j\in\operatorname{car}(s^*)\backslash\operatorname{car}(q)} q_j \cdot z_j \\
&\geqslant \sum_{j\in\operatorname{car}(s^*)\cup\operatorname{car}(q)} q_j \cdot z_j + \sum_{j\in\operatorname{car}(s^*)\backslash\operatorname{car}(q)} q_j \cdot x_j \quad (\text{根据式}(4.5)) \\
&= \sum_{j\in\operatorname{car}(s^*)\cup\operatorname{car}(q)} q_j \cdot (z_j - x_j) + \sum_{j\in\operatorname{car}(q)} q_j \cdot x_j \\
&\geqslant \sum_{j\in\operatorname{car}(s^*)\cup\operatorname{car}(q)} s^* \cdot (y_j - x_j) + \sum_{j\in\operatorname{car}(q)} q_j \cdot x_j \quad (\text{根据式}(4.6)) \\
&= e(s^*, x) + \sum_{j\in\operatorname{car}(a)} q_j \cdot x_j \quad (\text{根据分配向量 } y) \\
&> e(q, x) + \sum_{j\in\operatorname{car}(q)} q_j \cdot x_j \quad (\text{根据式}(5.10)) \\
&= v(q) - \sum_{j\in\operatorname{car}(q)} q_j \cdot x_j + \sum_{j\in\operatorname{car}(q)} q_j \cdot x_j \quad (\text{根据 } e(q,x) \text{ 的定义}) \\
&= v(q)
\end{aligned}$$

由此可知反证法成立，因为 $\sum_{j\in\operatorname{car}(q)} q_j \cdot z_j > v(q)$ 矛盾于分配向量 z 是知识联盟 q 可行分配方案的必要条件，也就是 $\sum_{j\in\operatorname{car}(q)} q_j \cdot z_j > v(q)$ 与式（4.6）模糊谈判集中的第三个等式（4.6）-3 矛盾。

定理 5.1 表明，企业知识联盟模糊网络博弈格局下的模糊谈判集分配方案等价于模糊核心分配方案，即对企业知识联盟的模糊网络博弈格局而言，其模糊谈判集解与核心解所对应的收益分配方案相等。由于模糊谈判集是一个非空集合，由等价性表明企业知识联盟模糊网络博弈的核心是非空的，也就是说，企业联盟在模糊网络博弈格局下存在最优利益分配方案，成员合作的模糊网络博弈是均衡的。

5.5 数值模拟

如图 5.12 和图 5.13 所示，现由 5 家企业组建为知识联盟网络 G_2，其中每一条弧标记了知识联盟成员企业的名称及流容量，如果每一条弧由不同的成员企业占有，则网络为简单的，通过这个网络上的最大流问题即可定义其网络博弈 G_F^u，可发现其核心 $C(v)$ 中的唯一分配与 G_1 唯一的最小割相对应，

$x_a = x_b = x_c = 0, x_d = x_e = 1$。

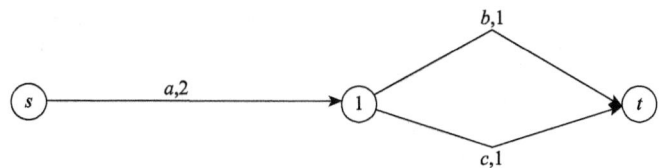

图 5.12　知识联盟网络 G_1

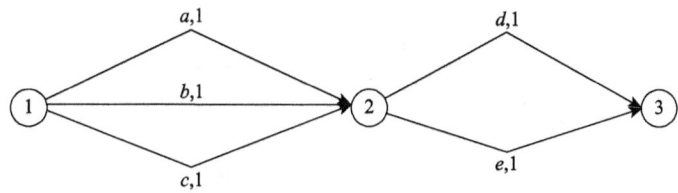

图 5.13　知识联盟网络 G_2

为了表明当网络为非简单网络时所产生的难度，考虑组建如图 5.14 所示的知识联盟网络 G_3。

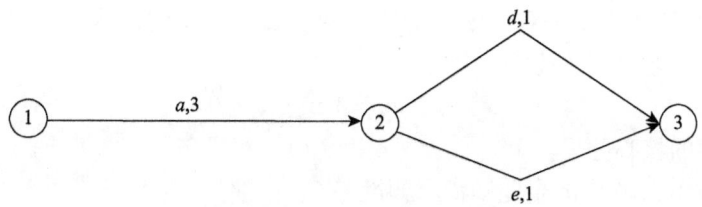

图 5.14　企业知识联盟网络 G_3

图 5.14 中 G_3 是通过让成员企业 a 控制网络 G_2 中的成员企业 a、b、c 所拥有的 3 条弧（或者等价地说，由容量为 3 的一条弧代替 G_2 中的 3 条弧），现检验 G_3 中的最大流问题，G_3 中唯一的最小割与前面的一致，获得其核心分配为

$$x_a = 0, x_d = x_e = 1$$

3 个另外的核心极值点为

$$x_a = 2, x_d = x_e = 0$$
$$x_a = 1, x_d = 1, x_e = 0$$
$$x_a = 1, x_d = 0, x_e = 1$$

企业知识联盟网络博弈的核心表明了关于博弈数据的非单调性，图 5.15 和图 5.16 显示了这种状态。

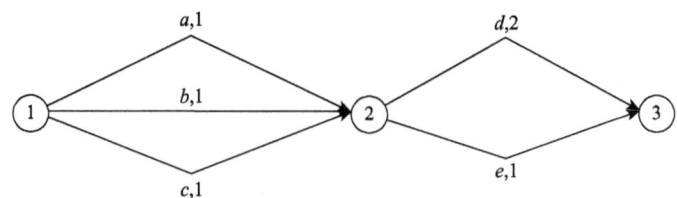

图 5.15　企业知识联盟网络 G_4

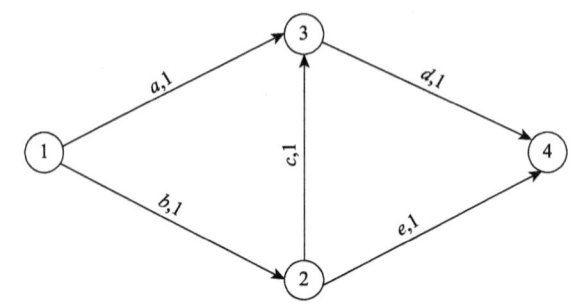

图 5.16　企业知识联盟网络 G_5

图 5.15 中的 G_4 是将 G_2 中弧 d 的容量增为 2 而获得的，然而，这种增加可能并不是成员企业 d 所关注的，分配如下：

$$x_a = x_b = x_c = 1, x_d = x_e = 0$$

属于新博弈的核心分配。

现考虑图 5.16 中的企业知识联盟网络 G_5。

让所有的每单位成本的弧为 0，除了 c_a 和 c_e 设置为 2，如果从成员企业源点到汇点的每一单位流的值为一个单位，考虑从这个知识联盟网络中获得的博弈（也就是说，通过设置 $c_a = -2, c_b = 0, c_c = 0, c_d = 1, c_e = 1 - 2 = -1$ 可以实现），成员企业合作网络中的最优流通过路径 b、c、d 并产生一个值为 1 的目标函数。

核心 $C(v)$ 中的分配为

$$x_b = 1, x_j = 0, j \neq b$$
$$x_c = 1, x_j = 0, j \neq c$$
$$x_d = 1, x_j = 0, j \neq d$$

将从成员企业源点到汇点的单位流的值增加到 4，新的最优解利用路径 $a-d$ 和 $b-c$，核心中的唯一分配点为 $x_b = x_d = 2, x_j = 0, j \neq b, d$。

因此，从成员企业 c 的角度看，每单位收益的增加对自己并不是有利的。

5.6 本章小结

（1）本章首先针对传统网络博弈未考虑企业知识联盟成员合作的模糊特性的缺陷，研究并建立了模糊网络合作博弈模型，用于分析成员企业组建联盟的模糊合作模式，同时在模糊网络博弈特征函数的基础上，研究了知识联盟核心分配向量及目标函数的相关性质。

（2）针对企业知识联盟成员合作的网络效应，本章构建了两企业及多企业网络分析框架，并分析了企业知识联盟网络模型中成员合作的博弈情况，对无限重复网络博弈下企业知识联盟不同时期的收益进行了描述。

（3）研究了企业知识联盟成员合作的网络拓扑结构，不同的拓扑结构影响成员企业谈判策略的选择，进而对成员企业谈判过程和结果产生一定的影响，图示刻画了企业知识联盟利益谈判中谈判初始点到均衡点的移动过程。

（4）对企业知识联盟模糊网络合作博弈格局的均衡结果进行论证分析，证明其模糊核心分配方案与模糊谈判集分配方案的等价性，并通过数值模拟结果呈现了网络合作博弈的核心结构，表明了企业知识联盟模糊网络合作博弈格局最优利益分配方案的存在性。

第6章　企业知识联盟模糊平均单调博弈格局及利益分配研究

企业知识联盟成员合作博弈格局中可转移效用的特征函数 $v:2^N \to R$，刻画了无论其他成员企业采取何种行动，当合作联盟组建时每个成员企业子集能获得的最大收益或最小成本。平均单调博弈作为一种可转移效用合作博弈，覆盖了大多数能获得递增平均收益的经济情况（Izquierdo and Rafels，2001）。也就是说，如果存在一个非负非零向量 $\alpha \in R_+^n \setminus \{0\}$，则博弈特征函数表明关于 α 的递增平均值。

本章通过引入参与度参数，将传统平均单调博弈延拓为模糊平均单调博弈，研究当企业知识联盟成员合作形成模糊平均单调博弈格局时，成员伙伴的平均贡献值将随联盟的增大而提高的相关性质，并对企业知识联盟平均单调博弈格局下最优利益分配方案的存在性及等价性进行证明。

6.1　模糊平均单调合作博弈的延拓

6.1.1　模糊平均单调博弈模型

具有非空 Aubin 核心的模糊合作博弈被称为均衡的，对任意的 $s, s' \in F^N$，有 $s \leq s', v(s) \leq v(s')$，则该模糊合作博弈 v 为单调的。

企业知识联盟成员合作的模糊博弈 v 为平均单调的，当且仅当：

$$v(s) \geq 0, \forall s \leq e^N \quad (6.1)\text{-}1$$

且存在向量 $\alpha \in R_+^n \setminus \{0\}$，使得对所有的 $s \leq t \leq e^N$ 有

$$\alpha(t) \cdot v(s) \leq \alpha(s) \cdot v(t) \quad (6.1)\text{-}2$$

其中，$\alpha(s)=\sum_{i\in N}s_i\cdot\alpha_i=\sum_{i\in \text{car}(s)}s_i\cdot\alpha_i, \alpha(t)=\sum_{i\in N}t_i\cdot\alpha_i=\sum_{i\in \text{car}(t)}t_i\cdot\alpha_i$。如果企业知识联盟合作博弈$v$满足式（6.1）-1和式（6.1）-2，则称其为关于向量α的模糊平均单调博弈。

对所有的满足$s\le t$的知识联盟s,t，有$0\le\alpha(s)\le\alpha(t)$，$\alpha(e^N)\ge 0$。若$\alpha_i\ge 0$，$\forall i\in N$，则可将式（6.1）-2写为

$$\frac{v(s)}{\alpha(s)}\le\frac{v(t)}{\alpha(t)}, \quad \forall e^\varnothing\ne s\le t\le e^N \qquad (6.1)\text{-}3$$

其中，$\alpha=(\alpha_i)_{i\in N}$表示企业知识联盟合作博弈中合作伙伴的相对贡献，对企业知识联盟合作博弈本身而言为外生的，且企业知识联盟伙伴的平均贡献值将随着联盟的增大而提高，式（6.1）-3描述了这个变化过程，因此如何确定企业知识联盟伙伴的相对贡献值向量α，即本章所构建的模糊平均单调博弈应用于企业知识联盟利益分配的主要关键点（Izquierdo and Rafels，2001）。

6.1.2 模糊平均单调博弈的性质

本章将以下性质作为判定企业知识联盟模糊合作博弈是否为关于某贡献值向量的模糊平均单调博弈的必要条件。

命题 6.1 企业知识联盟关于贡献值向量α的模糊平均单调博弈v具有以下性质。

（1）如果企业知识联盟s所获收益$v(s)>0$，$\forall s\le e^N$，则其贡献值向量$\alpha(s)>0$。

（2）如果企业知识联盟s的贡献值向量$\alpha(s)=0$，$\forall s\le e^N$，则其联盟s的收益$v(s)=0$。

（3）如果两企业知识联盟s,t的收益满足$v(s)=v(t)$且$s\le t\le e^N$，则两联盟的贡献值向量的关系为$\alpha(t)=\alpha(s)$。

（4）企业知识联盟模糊平均单调博弈v是单调的。

（5）企业知识联盟模糊平均单调博弈v是超可加的。

证明：可直接通过企业知识联盟的模糊平均单调博弈的定义证明这个命题，在式（6.1）-1~式（6.1）-3中：

$$\alpha(t)\cdot v(s)\le\alpha(s)\cdot v(t), \quad \forall s\le t\le e^N$$

（1）取企业知识联盟t为最大知识联盟$t=e^N$，则$\alpha(e^N)\cdot v(s)\le\alpha(s)\cdot v(e^N)$。现$v(s)>0, v(e^N)>0$，且由于$\alpha(e^N)>0$，因此，贡献值向量$\alpha(s)>0$。

（2）取企业知识联盟 t 为最大知识联盟 $t = e^N$，则 $\alpha(e^N) \cdot v(s) \leq \alpha(s) \cdot v(e^N)$，由于最大知识联盟的贡献值向量 $v(e^N) > 0$。现知识联盟 s 的贡献值向量 $\alpha(s) = 0$，所以，$v(s) \leq 0$，且通过平均单调定义式（6.1）-1~式（6.1）-3，$v(s) \geq 0$。因此，知识联盟 s 所获收益 $v(s) = 0$。

（3）因为两企业知识联盟 s,t 的收益 $v(s) = v(t) > 0$，有 $\alpha(t) \leq \alpha(s)$，$\alpha(t) - \alpha(s) \leq 0$，且由于 $0 \leq \alpha(s) \leq \alpha(t)$，可得 $\alpha(t) - \alpha(s) = 0$，所以，两企业知识联盟 s,t 的贡献值向量相等，即 $\alpha(t) = \alpha(s)$。

（4）由命题 6.1 的性质（1）知，如果知识联盟 s 所获得收益 $v(s) > 0$，则 $\alpha(s) > 0$，所以 $v(t) \geq \dfrac{v(s)}{\alpha(s)} \cdot \alpha(t) \geq \dfrac{v(s)}{\alpha(s)} \cdot \alpha(s) = v(s)$（因为 $0 \leq \alpha(s) \leq \alpha(t)$，$\forall s \leq t$），所以说，知识联盟模糊平均单调博弈 v 是单调的。

（5）由命题 6.1 的性质（1）知，如果知识联盟 s 所获收益 $v(s) > 0$，则 $\alpha(s) > 0$。令 $q \in F^N$，$\text{car}(q) \subseteq N \setminus \text{car}(s), s \leq e^N$，所以 $\text{car}(s) \cap \text{car}(q) = \varnothing$。同时
$$0 < \alpha(s) < \alpha(s \vee q)$$
则
$$v(s) \leq \dfrac{v(s \vee q)}{\alpha(s \vee q)} \cdot \alpha(s)$$
类似地，
$$v(q) \leq \dfrac{v(s \vee q)}{\alpha(s \vee q)} \cdot \alpha(q)$$
所以，
$$v(s) + v(q) \leq \dfrac{v(s \vee q)}{\alpha(s \vee q)} \cdot \{\alpha(s) + \alpha(q)\}$$
$$= \dfrac{v(s \vee q)}{\sum_{i \in \text{car}(s) \cup \text{car}'(q)} (s \vee q)_i \cdot \alpha_i} \cdot \left\{ \sum_{i \in \text{car}(s)} s_i \cdot \alpha_i + \sum_{i \in \text{car}(q)} q_i \cdot \alpha_i \right\}$$
$$= \dfrac{v(s \vee q)}{\sum_{i \in \text{car}(s) \cup \text{car}(q)} (s \vee q)_i \cdot \alpha_i} \cdot \sum_{i \in \text{car}(s) \cup \text{car}(q)} (s \vee q)_i \cdot \alpha_i$$
$$= v(s \vee q)$$

成立。即企业知识联盟的模糊平均单调博弈 v 是超可加的。以上性质表明：企业知识联盟模糊平均单调博弈体现了关于贡献值向量 α 的联盟收益平均值随联盟扩大而提高的思想，若知识联盟伙伴依据权值 α_i 有比例地共享利益值，则联

盟中合作伙伴数量越多给每个合作伙伴带来的回报也越大。

6.2 企业知识联盟的模糊比例分配及模糊简化博弈模型构建

6.2.1 企业知识联盟的模糊比例分配及其性质

针对企业知识联盟关于贡献值向量 α 的模糊平均单调博弈 v，其模糊比例分配模型 $p(v;\alpha)=\left(p_i(v;\alpha)\right)_{i=1,2,\cdots,n}$ 描述为

$$p(v;\alpha)=\alpha_i \cdot \frac{v(e^N)}{\alpha(e^N)}, \quad i=1,2,\cdots,n \qquad (6.2)$$

以上模糊比例分配模型表明：企业知识联盟的模糊比例分配不仅是企业知识联盟伙伴模糊博弈中 Aubin 核心分配元素，也描述了联盟伙伴在更大知识联盟中比在任何子联盟中能够获得更高的收益。同时，企业知识联盟模糊平均单调博弈核心分配方案的存在性也可通过以上模糊比例进行证明。

定理 6.1 针对企业知识联盟关于贡献值向量 α 的模糊平均单调博弈 v，有以下声明：

（1）企业知识联盟模糊平均单调博弈下的模糊核心分配包含模糊比例分配。

（2）企业知识联盟模糊平均单调博弈是完全均衡的。

证明：（1）如果企业知识联盟 s 的收益 $v(s)=0$，显然存在：
① $\sum\limits_{i \in N} p_i(v;\alpha) = \sum\limits_{i \in N} \alpha_i \cdot \frac{v(e^N)}{\alpha(e^N)} = v(e^N)$；② 因为 $v(s)=0$，所以 $\sum\limits_{i \in N} s_i \cdot p_i(v;\alpha) \geqslant 0 = v(s)$。

（2）如果企业知识联盟 s 的收益值 $v(s)>0$，通过命题 6.1 的性质（1），其贡献值向量 $\alpha(s)>0$，且① $\sum\limits_{i \in N} p_i(v;\alpha) = \sum\limits_{i \in N} \alpha_i \cdot \frac{v(e^N)}{\alpha(e^N)} = v(e^N)$；② $\sum\limits_{i \in N} s_i \cdot p_i(v;\alpha) = \sum\limits_{i \in N} s_i \cdot \alpha_i \cdot \frac{v(e^N)}{\alpha(e^N)} \geqslant \sum\limits_{i \in N} s_i \cdot \alpha_i \cdot \frac{v(s)}{\alpha(s)} = \sum\limits_{i \in N} s_i \cdot \alpha_i \cdot \frac{v(s)}{\sum\limits_{i \in \text{car}(s)} s_i \cdot \alpha_i} = v(s)$（因为知识联盟博弈 v 是模糊平均单调的，且 $\sum\limits_{i \in N} s_i \cdot \alpha_i = \sum\limits_{i \in \text{car}(s)} s_i \cdot \alpha_i$），因此，满足 Aubin 核心分配的条

件，即定理 6.1 的声明（1）成立。

关于企业知识联盟模糊平均单调博弈的任何子博弈 $v_{|\text{car}(t)}$，要么为关于 $\alpha_{|\text{car}(t)}$ 的企业知识联盟模糊平均单调博弈，要么为空模糊博弈，如果非空，则显然为关于 $r \in R_+^{\text{car}(t)} \setminus \{0\}$ 包括 $\alpha_{|\text{car}(t)}$ 在内的模糊平均单调博弈，即在任何情况下，其子博弈都有一个非空模糊核心分配向量，所以企业知识联盟模糊平均单调博弈为完全均衡的。

本章以上定理可作为证明企业知识联盟模糊平均单调博弈的核心分配向量与模糊谈判集分配向量相等的基础。

6.2.2 企业知识联盟成员合作的模糊简化博弈模型

在企业知识联盟模糊博弈 v 下，现有特定的企业知识联盟 $t < e^N$，分配向量 $x \in R^N$，则针对联盟 t 关于分配向量 x 的模糊简化博弈描述为

$$v_x^t(e^\varnothing) = 0 \qquad (6.3)\text{-}1$$

$$v_x^t(s) = \max_{\varnothing \subseteq \text{car}(q) \subseteq N \setminus \text{car}(t)} \left\{ v(s \vee q) - \sum_{j \in \text{car}(q)} q_j \cdot x_j \right\} \qquad (6.3)\text{-}2$$

其中，知识联盟 s,t 非空，$\forall e^\varnothing \neq s \leqslant t$。

企业知识联盟模糊简化博弈主要表达了如何寻找最好合作伙伴的思想，其具体过程描述如下：针对模糊博弈 v 及 N 中联盟合作伙伴的分配向量 x，用 $\text{car}(t) \subseteq N$ 表示企业知识联盟的非空联盟子集，联盟 $t = e^{\text{car}(t)}$ 将用 $t = e^N$ 对"自己的博弈" $(\text{car}(t), v_x^t)$ 进行检验，则对于知识联盟 $s \leqslant t$ 将试图寻找与其他伙伴进行合作的可能性。例如，知识联盟 s 尝试以一定的参与度与 $\text{car}(t)^c = N \setminus \text{car}(t)$ 中的联盟 q，$\text{car}(q) \subseteq N \setminus \text{car}(t)$ 进行合作，其合作将产生利益 $v(s \vee q)$，再去除与其进行合作的支付 $x(q) = \sum_{i \in \text{car}(q)} q_i \cdot x_i$ 后，如果能得到更大的收益差值，则知识联盟 s 将视此寻找合作伙伴的方法为可行的。因此，可通过 $v_x^t(s)$ 求解最大的差值，进而使得知识联盟 s 寻求到最好的联盟伙伴与之合作。

企业知识联盟模糊简化博弈具有两个重要的特征：①如果原模糊博弈收益值 $v \geqslant 0$，则其模糊简化博弈值 $v_x^t(s) \geqslant 0, \forall s \leqslant t$。②企业知识联盟模糊简化博弈最大联盟的值为 $\max_{\varnothing \subseteq \text{car}(q) \subseteq N \setminus \text{car}(t)} \left\{ v(t \vee q) - \sum_{j \in \text{car}(q)} q_j \cdot x_j \right\}$。

现用 $\alpha_{|\text{car}(s)}$ 代表贡献值向量 α 限定在伙伴集合 $\text{car}(s) \subseteq N$ 上，用 (s_i) 代表 F^N

中的非零模糊联盟,即非空知识联盟,其第 i 个分量 $s_i>0$ 且所有其他分量为零,对任意 $\mathrm{car}(d)\subseteq N$,$v'_{x|\mathrm{car}(d)}$ 表示 v'_x 限定在 $\mathrm{car}(d)$ 上,即

$$v^t_{x|\mathrm{car}(d)}(s) = \max_{\varnothing\subseteq\mathrm{car}(q)\subseteq\mathrm{car}(d)\backslash\mathrm{car}(t)}\left\{v(s\vee q)-\sum_{j\in\mathrm{car}(q)}q_j\bullet x_j\right\},\ \forall e^\varnothing\neq s\leqslant t$$

引理 6.1 令 v 为企业知识联盟模糊简化博弈且 $r\in R^n$ 为分配向量,对任意包含至少两个成员企业的知识联盟 $s=e^{\mathrm{car}(s)}\in F^N$,$|\mathrm{car}(s)|\geqslant 2$,$i\in\mathrm{car}(s)$,有如下收益值换算等式:

$$\left[v^s_x\right]^{s-(s_i)}_{x|\mathrm{car}(s)}(r) = v^{s-(s_i)}_x(r)$$

证明:由企业知识联盟模糊简化博弈的定义可知,对任何关于 $e^\varnothing\neq r\leqslant (s\backslash s_i)$ 的知识联盟 $r\in F^N$ 有其收益换算过程:

$$\left[v^s_x\right]^{s-(s_i)}_{x|\mathrm{car}(s)}(r)=\max_{\varnothing\subseteq\mathrm{car}(q')\subseteq\mathrm{car}(s-(s_i))}\left\{v^s_x(r\vee q')-\sum_{j\in\mathrm{car}(q')}q'_j\bullet x_j\right\}\ (根据模糊简化博弈定义,在 \mathrm{car}(s) 上对 x 进行换算)$$

$$=\max\left\{v^s_x(r),v^s_x(r\vee q_i)-q_i\bullet x_i\right\}\ (q 分别取 e^\varnothing 和 q_i)$$

$$=\max_{0\leqslant q_i\leqslant 1}\left\{v^s_x(r\vee q_i)-q_i\bullet x_i\right\}$$

$$=\max_{0\leqslant a_i\leqslant 1}\left\{\begin{array}{l}\max_{\varnothing\subseteq\mathrm{car}(q)\subseteq\{N\backslash\mathrm{car}(s)\}}\left\{v(r\vee q)-\sum_{j\in\mathrm{car}(q)}q_j\bullet x_j\right\},\\ \max_{\varnothing\subseteq\mathrm{car}(q')\subseteq N\backslash\mathrm{car}(s)}\left\{v(r\vee q'\vee(q_i))-\sum_{j\in\mathrm{car}(q')}q'_j\bullet x_j\right\}-q_j\bullet x_j\end{array}\right\}$$

$$=\max_{\varnothing\subseteq\mathrm{car}(q)\subseteq\{N\backslash\mathrm{car}(s-(s_i))\}}\left\{v(r\vee q)-\sum_{j\in\mathrm{car}(q)\cup\{i\}}q_j\bullet x_j\right\}$$

$$=v^{s-(s_i)}_x(r)$$

本书将通过以下命题进行声明:如果企业知识联盟的一个伙伴以一定的参与度进行合作获得的利益比其模糊比例分配多,则企业知识联盟收益分配的模糊简化博弈转化为平均单调博弈。

6.2.3 模糊简化博弈与模糊平均单调博弈之间的转换

命题 6.2 v 代表企业知识联盟关于贡献值向量 α 的模糊平均单调博弈,令

$x \in R^N$，$i \in N$ 表示分配向量，如果 $q_i \cdot x_i \geq \alpha_i \cdot \dfrac{v(e^N)}{\alpha(e^N)}$，$\forall q \in F^N$，$e^\varnothing < q < e^i$，则：

（1）若向量 α 限定在 $N \setminus \{i\}$ 上的贡献值为零，表示为 $\alpha_{|N \setminus \{i\}} = 0$，则企业知识联盟模糊简化博弈值为零，即 $v_x^{e^N} - e^i(s) = 0$。

（2）若向量 α 限定在 $N \setminus \{i\}$ 上的贡献值不为零，即 $\alpha_{|N \setminus \{i\}} \neq 0$，则企业知识联盟模糊简化博弈 $v_x^{e^N} - e^i(s)$ 为关于 $\alpha_{|N \setminus \{i\}}$ 的模糊平均单调博弈。

证明：（1）因为 $\alpha_{|N \setminus \{i\}} = (\alpha_j)_{j \in N \setminus \{i\}} = 0$，则 $\alpha(s) = 0$，所以，对所有的 $\operatorname{car}(s) \subseteq N \setminus \{i\}$，有 $v(s) = 0$ [由命题 6.1（2）]。

因此，对所有的 $\operatorname{car}(s) \subseteq N \setminus \{i\}$，有

$$q_i \cdot x_i \geq \alpha_i \cdot \frac{v(e^N)}{\alpha(e^N)} = (\alpha(s) + \alpha_i) \cdot \frac{v(e^N)}{\alpha(e^N)} = \alpha(s \vee e^i) \cdot \frac{v(e^N)}{\alpha(e^N)}$$

$$\geq \alpha(s \vee e^i) \cdot \frac{v(s \vee e^i)}{\alpha(s \vee e^i)} = v(s \vee e^i)$$

由于企业知识联盟模糊博弈 v 是平均单调的，同时 $\alpha(s) + \alpha_i = \sum_{j \in \operatorname{car}(s) \cup \{i\}} (s \vee e^i)_j \cdot \alpha_j = \alpha(s \vee e^i)$，则最后两个不等式成立，又有 $v(s \vee e^i) - q_i \cdot x_i \leq 0$，且 $v(s \vee q_i) \leq v(s \vee e^i)$，$q \leq e^i$，$v(s \vee q_i) - q_i \cdot x_i \leq 0$，所以：

$$v_x^{e^N \setminus e^i}(s) = \max_{\varnothing \subseteq \operatorname{car}(q) \subseteq \{i\}} \left\{ v(s \vee q) - \sum_{j \in \operatorname{car}(q)} q_j \cdot x_j \right\}$$

$$= \max \{v(s), v(s \vee e^i) - q_i \cdot x_i\} = v(s) = 0$$

（2）我们需要证明，对任何 $e^\varnothing \leq s^1 \leq s^2 \leq (e^N \setminus e^i)$，以下不等式成立：

$$\alpha(s^2) \cdot v_x^{e^N \setminus e^i}(s^1) \leq \alpha(s^1) \cdot v_x^{e^N \setminus e^i}(s^2)$$

如果 $\alpha(s^1) = 0$，同（1），可得 $v_x^{e^N \setminus e^i}(s^1) = 0$，所以不等式成立。

如果 $\alpha(s^1) \neq 0$，则需证明：$\dfrac{v_x^{e^N \setminus e^i}(s^1)}{\alpha(s^1)} \leq \dfrac{v_x^{e^N \setminus e^i}(s^2)}{\alpha(s^2)}$。

其实，已经知道 $\dfrac{v(s^1)}{\alpha(s^1)} \leq \dfrac{v(s^2)}{\alpha(s^2)}$，又因为 v 是模糊平均单调的，且

$$v_x^{e^N \setminus e^i}(s^1) = \max_{\varnothing \subseteq \operatorname{car}(q) \subseteq \{i\}} \left\{ v(s^1 \vee q) - \sum_{j \in \operatorname{car}(q)} q_j \cdot x_j \right\} = \max \{v(s^1), v(s^1 \vee q_i) - q_i \cdot x_i\}$$

$$v_x^{e^N \setminus e^i}(s^2) = \max_{\varnothing \subseteq \mathrm{car}(q) \subseteq \{i\}} \left\{ v(s^2 \vee q) - \sum_{j \in \mathrm{car}(q)} q_j \bullet x_j \right\} = \max\{v(s^2), v(s^2 \vee q_i) - q_i \bullet x_i\}$$

我们只需证明：

$$\frac{v(s^1 \vee q_i) - q_i \bullet x_i}{\alpha(s^1)} \leqslant \frac{v(s^2 \vee q_i) - q_i \bullet x_i}{\alpha(s^2)}$$

因为 v 是模糊平均单调的，则发现：

$$\frac{v(s^1 \vee q_i) - q_i \bullet x_i}{\alpha(s^1)} = \frac{\dfrac{v(s^1 \vee q_i)}{\alpha(s^1 \vee q_i)} \cdot \alpha(s^1 \vee q_i) - q_i \bullet x_i}{\alpha(s^1)}$$

$$= \frac{\dfrac{v(s^1 \vee q_i)}{\alpha(s^1 \vee q_i)} \bullet \alpha(s^1) + \dfrac{v(s^1 \vee q_i)}{\alpha(s^1 \vee q_i)} \bullet \alpha(q_i) - q_i \bullet x_i}{\alpha(s^1)}$$

$$= \frac{v(s^1 \vee q_i)}{\alpha(s^1 \vee q_i)} + \frac{\dfrac{v(s^1 \vee q_i)}{\alpha(s^1 \vee q_i)} \bullet \alpha(q_i) - q_i \bullet x_i}{\alpha(s^1)}$$

$$\leqslant \frac{v(s^2 \vee q_i)}{\alpha(s^2 \vee q_i)} + \frac{\dfrac{v(s^2 \vee q_i)}{\alpha(s^2 \vee q_i)} \bullet \alpha(q_i) - q_i \bullet x_i}{\alpha(s^1)}$$

由此可以判定：$\dfrac{v(s^2 \vee q_i)}{\alpha(s^2 \vee q_i)} \bullet \alpha(q_i) - q_i \bullet x_i \leqslant 0$。

又因为：

$$q_i \bullet x_i \geqslant \alpha_i \bullet \frac{v(e^N)}{\alpha(e^N)} \geqslant \alpha_i \bullet \frac{v(s^2 \vee q_i)}{\alpha(s^2 \vee q_i)}$$

$$\geqslant q_i \bullet \alpha_i \bullet \frac{v(s^2 \vee q_i)}{\alpha(s^2 \vee q_i)} \quad (因为 q_i \in (0,1])$$

$$= \alpha(q_i) \bullet \frac{v(s^2 \vee q_i)}{\alpha(s^2 \vee q_i)} \quad \left(因为 \alpha(q_i) = \sum_{j \in \mathrm{car}(q_i)} q_j \bullet x_j = q_i \bullet \alpha_i \right)$$

也就是说，$\dfrac{v(s^2 \vee q_i)}{\alpha(s^2 \vee q_i)} \bullet \alpha(q_i) - q_i \bullet x_i \leqslant 0$。

由企业知识联盟模糊平均单调博弈定义，有 $0 \leqslant \alpha(s^1) \leqslant \alpha(s^2)$，$s^1 \leqslant s^2$，现 $\alpha(s^1) \neq 0$，所以 $0 \leqslant \dfrac{1}{\alpha(s^2)} \leqslant \dfrac{1}{\alpha(s^1)}$。

因此，

$$\dfrac{v(s^2 \vee q_i)}{\alpha(s^2 \vee q_i)} + \dfrac{\dfrac{v(s^2 \vee q_i)}{\alpha(s^2 \vee q_i)} \cdot \alpha(q_i) - q_i \cdot x_i}{\alpha(s^1)} \leqslant \dfrac{v(s^2 \vee q_i)}{\alpha(s^2 \vee q_i)} + \dfrac{\dfrac{v(s^2 \vee q_i)}{\alpha(s^2 \vee q_i)} \cdot \alpha(q_i) - q_i \cdot x_i}{\alpha(s^2)}$$

$$= \dfrac{\dfrac{v(s^2 \vee q_i)}{\alpha(s^2 \vee q_i)} \cdot (\alpha(s^2) + \alpha(q_i)) - q_i \cdot x_i}{\alpha(s^2)}$$

$$= \dfrac{v(s^2 \vee q_i) - q_i \cdot x_i}{\alpha(s^2)}$$

因为 $\alpha(s^2) + \alpha(q_i) = \sum\limits_{j \in \mathrm{car}(s^2)} (s^2)_j \cdot \alpha_j + \sum\limits_{j \in \mathrm{car}(q_i)} q_j \cdot \alpha_j = \sum\limits_{j \in \mathrm{car}(s^2) \cup \mathrm{car}(q_i)} (s^2 \vee q_i)_j \cdot \alpha_j = \alpha(s^2 \vee q_i)$，

因此，下式成立：

$$\dfrac{v(s^1 \vee q_i) - q_i \cdot x_i}{\alpha(s^1)} \leqslant \dfrac{v(s^2 \vee q_i) - q_i \cdot x_i}{\alpha(s^2)}$$

本节利用最大超量的最大知识联盟构造关于 x 的模糊异议，并证明关于 t 针对 x 的企业知识联盟模糊简化博弈是关于贡献值向量 $\alpha_{|\mathrm{car}(t)}$ 的模糊平均单调博弈。

命题 6.3 v 为企业知识联盟关于 α 的模糊平均单调博弈，令 $x \in I^*(v) \backslash C(v)$，且令 t 为最大超量的知识联盟，则：

（1）如果贡献值向量是零向量，即 $\alpha_{|\mathrm{car}(t)} = 0$，则企业知识联盟模糊简化博弈值等于零，即 $v_x^t = 0$。

（2）如果贡献值向量不是零向量，即 $\alpha_{|\mathrm{car}(t)} \neq 0$，则企业知识联盟模糊简化博弈 v_x^t 是关于 $\alpha_{|\mathrm{car}(t)}$ 的模糊平均单调博弈。

证明：（1）由命题 6.1 性质（2）可知，如果 $\alpha_{|\mathrm{car}(t)} = (\alpha_i)_{i \in \mathrm{car}(t)} = 0$，则 $\alpha(s) = 0$，$\forall s \leqslant t$，所以 $v(s) = 0$，$\forall s \leqslant t$，因此，通过 v 的单调性可得，对任意的 $\varnothing \neq \mathrm{car}(q) \subseteq N \backslash \mathrm{car}(t)$，所有的 $e^{\varnothing} \neq s \leqslant t$，有

$$v(s \vee q) - \sum\limits_{j \in \mathrm{car}(q)} q_j \cdot x_j \leqslant v(t \vee q) - \sum\limits_{j \in \mathrm{car}(q)} q_j \cdot x_j$$

第 6 章　企业知识联盟模糊平均单调博弈格局及利益分配研究

由于 t 为最大超量的最大知识联盟，有 $v(t \vee q) - \sum_{j \in \text{car}(q) \cup \text{car}(t)} (t \vee q)_j \cdot x_j < v(t) - \sum_{j \in \text{car}(t)} t_j \cdot x_j$，不等式两边同时添加 $\sum_{j \in \text{car}(t)} t_j \cdot x_j$，得

$$v(t \vee q) - \sum_{j \in \text{car}(q) \cup \text{car}(t)} (t \vee q)_j \cdot x_j < v(t)$$

由命题 6.1 性质（2）可得

$$v(t \vee q) - \sum_{j \in \text{car}(q) \cup \text{car}(t)} (t \vee q)_j \cdot x_j \leqslant v(t) = 0$$

因此，得出结论：

$$v_x^t(s) = \max_{\varnothing \subseteq \text{car}(q) \subseteq N \setminus \text{car}(t)} \left\{ v(s \vee q) - \sum_{j \in \text{car}(q)} q_j \cdot x_j \right\}$$

$$= \max \left\{ v(s), v(s \vee q) - \sum_{j \in \text{car}^r(q)} q_j \cdot x_j \right\} = 0$$

（2）令 $x \in I^*(v) \setminus C(v)$，令 t 为最大超量的最大知识联盟，假设 $\alpha_{|\text{car}(t)} \neq 0$。为了证明 $v_x^t(s), \forall s \leqslant t$ 是关于 $\alpha_{|\text{car}(t)}$ 的企业知识联盟模糊平均单调博弈，我们必须证明，对任意知识联盟 $e^\varnothing \neq s^1 \leqslant s^2 \leqslant t$，$\alpha(s^2) \cdot v_x^t(s^1, r, c) \leqslant \alpha(s^1) \cdot v_x^t(s^2, r, c)$，现分两种情况讨论。

第 1 种情况：[贡献值向量 $\alpha(s^1) = 0$]。

这种情况下足以证明模糊简化博弈收益值 $v_x^t(s^1) = 0$。因为根据命题 6.1 性质（2），$\alpha(s^1) = 0$，则 $v(s^1) = 0$，这意味着模糊简化博弈收益值：

$$v_x^t(s^1) = \max_{\varnothing \neq \text{car}(q) \subseteq N \setminus \text{car}(t)} \left\{ v(s^1 \vee q) - \sum_{j \in \text{car}^2(q)} q_j \cdot x_j \right\}$$

$$= \max \left\{ v(s^1), v(s^1 \vee q) - \sum_{j \in \text{car}^r(q)} q_j \cdot x_j \right\}$$

$$= \max \left\{ 0, v(s^1 \vee q) - \sum_{j \in \text{car}^r(q)} q_j \cdot x_j \right\}$$

因此，我们只需证明对任意的 $v(s^1 \vee q) - \sum_{j \in \text{car}^2(q)} q_j \cdot x_j \leqslant 0$，$\varnothing \neq \text{car}(q) \subseteq N \setminus \text{car}(t)$。反证，也就是说，存在知识联盟 q^1，$\varnothing \neq \text{car}(q^1) \subseteq N \setminus \text{car}(t)$，使得

$$v(s^1 \vee q^1) - \sum_{j \in \text{car}^2(q^1)} (q^1)_j \cdot x_j > 0$$

首先注意 $\alpha(s^1 \vee q^1) \neq 0$，否则，如果 $\alpha(s^1 \vee q^1) = 0$，则 $v(s^1 \vee q^1) = 0$ [由命题 6.1 性质（2）]，同时因为 $v(s^1 \vee q^1) - \sum_{j \in \mathrm{car}^2(q^1)} (q^1)_j \cdot x_j > 0$（由模糊简化博弈的性质），$\varnothing \neq \mathrm{car}(q^1) \subseteq N \setminus \mathrm{car}(t)$。这意味着对某些不在联盟 t 中的成员企业 $i \in N \setminus \mathrm{car}(t)$，有 $(q^1)_i \cdot x_i < 0 \leq v((q^1)_i)$ 成立，但 $v(t) - \sum_{j \in \mathrm{car}(t)} t_j \cdot x_j < v(t) - \sum_{j \in \mathrm{car}(t)} t_j \cdot x_j + v((q^1)_i) - (q^1)_i \cdot x_i \leq v(t \vee (q^1)_i) - \sum_{j \in \mathrm{car}(t) \cup \{i\}} (t \vee (q^1)_i)_j \cdot x_j$，这与最大知识联盟 t 的定义相矛盾。

现通过企业知识联盟关于 α 的模糊单调博弈 v 的定义，$\alpha(t) \neq 0$，$\alpha(s^1) = 0, e^\varnothing \neq s^1 \leq t$，且 $\alpha(s^1 \vee q^1) \neq 0$，因为 v 是企业知识联盟模糊平均单调博弈，又因为：

$$\alpha(s^1) = 0$$

$$v(s^1 \vee q^1) - \sum_{j \in \mathrm{car}^2(q^1)} (q^1)_j \cdot x_j > 0$$

$$\alpha(s^1) + \alpha(t) = \sum_{j \in \mathrm{car}(t)} t_j \cdot x_j + \sum_{j \in \mathrm{car}(q^1)} (q^1)_j \cdot x_j = \sum_{j \in \mathrm{car}(q^1) \cup \mathrm{car}(t)} (t \vee (q^1)_i)_j \cdot x_j = \alpha(t \vee q^1)$$

可知：

$$v(t) - \sum_{j \in \mathrm{car}(t)} t_j \cdot x_j < v(t) - \sum_{j \in \mathrm{car}(t)} t_j \cdot x_j + v(s^1 \vee q^1) - \sum_{j \in \mathrm{car}(q^1)} (q^1)_j \cdot x_j$$

$$= \frac{v(t) \cdot \alpha(t)}{\alpha(t)} - \sum_{j \in \mathrm{car}(t)} t_j \cdot x_j + \frac{v(s^1 \vee q^1)}{\alpha(s^1 \vee q^1)} \cdot \alpha(s^1 \vee q^1) - \sum_{j \in \mathrm{car}(q^1)} (q^1)_j \cdot x_j$$

$$\leq \frac{v(t \vee q^1)}{\alpha(t \vee q^1)} \cdot \alpha(t) - \sum_{j \in \mathrm{car}(t)} t_j \cdot x_j + \frac{v(t \vee q^1)}{\alpha(t \vee q^1)} \cdot \alpha(s^1 \vee q^1) - \sum_{j \in \mathrm{car}(q^1)} (q^1)_j \cdot x_j$$

$$= \frac{v(t \vee q^1) \cdot \alpha(t)}{\alpha(t \vee q^1)} - \sum_{j \in \mathrm{car}(t)} t_j \cdot x_j + \frac{v(t \vee q^1) \cdot (\alpha(a^1) + \alpha(s^1))}{\alpha(t \vee q^1)} \sum_{j \in \mathrm{car}(q^1)} (q^1)_j \cdot x_j$$

$$= \frac{v(t \vee q^1) \cdot \alpha(t)}{\alpha(t \vee q^1)} - \sum_{j \in \mathrm{car}(t)} t_j \cdot x_j + \frac{v(t \vee q^1) \cdot \alpha(q^1)}{\alpha(t \vee q^1)} - \sum_{j \in \mathrm{car}(q^1)} (q^1)_j \cdot x_j$$

$$= \frac{v(t \vee q^1) \cdot (\alpha(q^1) + \alpha(t))}{\alpha(t \vee q^1)} - \sum_{j \in \mathrm{car}(q^1) \cup \mathrm{car}(t)} (t \vee q^1)_j \cdot x_j$$

第6章 企业知识联盟模糊平均单调博弈格局及利益分配研究

$$= v(t \vee q^1) - \sum_{j \in \text{car}(q^1) \cup \text{car}(t)} (t \vee q^1)_j \cdot x_j$$

即 $v(t) - \sum_{j \in \text{car}(t)} t_j \cdot x_j < v(t \vee q^1) - \sum_{j \in \text{car}(q^1) \cup \text{car}(t)} (t \vee q^1)_j \cdot x_j$，这与所选的最大知识联盟 t 的条件相矛盾。

第2种情况：[贡献值向量 $\alpha(s^1) \neq 0$]。

若 $\alpha(s^1) \neq 0$，我们将证明，对任意的 $e^\varnothing \neq s^1 \leqslant s^2 \leqslant t$ 及 $\text{car}(q) \subseteq N \setminus \text{car}(t)$ 有

$$\frac{v(s^1 \vee q) - \sum_{j \in \text{car}(q)} q_j \cdot x_j}{\alpha(s^1)} \leqslant \frac{v(s^2 \vee q) - \sum_{j \in \text{car}(q)} q_j \cdot x_j}{\alpha(s^2)}$$

首先关注，若联盟 $q = e^\varnothing$，这个不等式显然成立，因为 v 是企业知识联盟关于 α 的模糊平均单调博弈。现假设 $\varnothing \neq \text{car}(q) \subseteq N \setminus \text{car}(t)$，因此，

$$\frac{v(s^1 \vee q) - \sum_{j \in \text{car}(q)} q_j \cdot x_j}{\alpha(s^1)} = \frac{\frac{v(s^1 \vee q)}{\alpha(s^1 \vee q)} \cdot \alpha(s^1 \vee q) - \sum_{j \in \text{car}(q)} q_j \cdot x_j}{\alpha(s^1)}$$

$$= \frac{\frac{v(s^1 \vee q)}{\alpha(s^1 \vee q)} \cdot \alpha(s^1) + \frac{v(s^1 \vee q)}{\alpha(s^1 \vee q)} \cdot \alpha(q) - \sum_{j \in \text{car}(q)} q_j \cdot x_j}{\alpha(s^1)}$$

$$= \frac{v(s^1 \vee q)}{\alpha(s^1 \vee q)} + \frac{\frac{v(s^1 \vee q)}{\alpha(s^1 \vee q)} \cdot \alpha(q) - \sum_{j \in \text{car}(q)} q_j \cdot x_j}{\alpha(s^1)}$$

$$\leqslant \frac{v(s^2 \vee q)}{\alpha(s^2 \vee q)} + \frac{\frac{v(s^2 \vee q)}{\alpha(s^2 \vee q)} \cdot \alpha(q) - \sum_{j \in \text{car}^2(q)} q_j \cdot x_j}{\alpha(s^1)}$$

现证明 $\frac{v(s^2 \vee q)}{\alpha(s^2 \vee q)} \cdot \alpha(q) - \sum_{j \in \text{car}(q)} q_j \cdot x_j \leqslant 0$。否则，

$$\frac{v(s^2 \vee q)}{\alpha(s^2 \vee q)} \cdot \alpha(q) - \sum_{j \in \text{car}^2(q)} q_j \cdot x_j > 0$$

进而，$\frac{v(t \vee q)}{\alpha(t \vee q)} \cdot \alpha(q) - \sum_{j \in \text{car}(q)} q_j \cdot x_j > 0$。

因此，

$$v(t) - \sum_{j \in \text{car}^2(t)} t_j \cdot x_j < v(t) - \sum_{j \in \text{car}^r(t)} t_j \cdot x_j + \frac{v(t \vee q)}{\alpha(t \vee q)} \cdot \alpha(q) - \sum_{j \in \text{car}^r(q)} q_j \cdot x_j$$

$$\leqslant \frac{v(t \vee q)}{\alpha(t \vee q)} \cdot \alpha(t) - \sum_{j \in \text{car}(t)} t_j \cdot x_j + \frac{v(t \vee q)}{\alpha(t \vee q)} \cdot \alpha(q) - \sum_{j \in \text{car}^r(q)} q_j \cdot x_j$$

$$= \frac{v(t \vee q)}{\alpha(t \vee q)} \cdot (\alpha(t) + \alpha(q)) - \sum_{j \in \text{car}(t) \cup \text{car}(q)} (t \vee q)_j \cdot x_j$$

$$= v(t \vee q) - \sum_{j \in \text{car}(t) \cup \text{car}(q)} (t \vee q)_j \cdot x_j$$

因为 $\alpha(t) + \alpha(q) = \alpha(t \vee q)$，又 v 为平均单调博弈，这与最大知识联盟 t 的定义相矛盾。

由企业知识联盟模糊平均单调博弈的定义，有 $0 \leqslant \alpha(s^1) \leqslant \alpha(s^2)$，$s^1 \leqslant s^2$，现 $\alpha(s^1) \neq 0$，所以 $0 < \frac{1}{\alpha(s^2)} \leqslant \frac{1}{\alpha(s^1)}$。

因此，

$$\frac{v(s^2 \vee q)}{\alpha(s^2 \vee q)} + \frac{\frac{v(s^2 \vee q)}{\alpha(s^2 \vee q)} \cdot \alpha(q) - \sum_{j \in \text{car}(q)} q_j \cdot x_j}{\alpha(s^1)} \leqslant \frac{v(s^2 \vee q)}{\alpha(s^2 \vee q)} + \frac{\frac{v(s^2 \vee q)}{\alpha(s^2 \vee q)} \cdot \alpha(q) - \sum_{j \in \text{car}(q)} q_j \cdot x_j}{\alpha(s^2)}$$

$$= \frac{\frac{v(s^2 \vee q)}{\alpha(s^2 \vee q)} \cdot (\alpha(s^2) + \alpha(q)) - \sum_{j \in \text{car}(q)} q_j \cdot x_j}{\alpha(s^2)}$$

$$= \frac{v(s^2 \vee q) - \sum_{j \in \text{car}(q)} q_j x_j}{\alpha(s^2)}$$

$$\left(\text{因为} \alpha(s^2) + \alpha(q) = \alpha(s^2 \vee q) \right)$$

即 $\dfrac{v(s^1 \vee q) - \sum_{j \in \text{car}(q)} a_j x_j}{\alpha(s^1)} \leqslant \dfrac{v(s^2 \vee q) - \sum_{j \in \text{car}(q)} a_j x_j}{\alpha(s^2)}$ 成立。

以上表明：对任意的知识联盟 $e^\varnothing \neq s^1 \leqslant s^2 \leqslant t$，有 $\alpha(s^2) \cdot v'_x(s^1) \leqslant \alpha(s^1) \cdot v'_x(s^2)$ 成立。

6.3 模糊平均单调博弈下企业知识联盟利益分配的谈判均衡结果分析

谈判是通过分离筛选过程而进行选择的，自愿地相互让步在博弈过程中是自然的假设。在分离筛选过程中，谈判解是不会改变的，因为谈判的联盟伙伴达成合作时获得的收益不会少于不合作时的收益，即成员企业进行谈判且达成谈判的前提。对于成员企业达成合作的可能的结果一定是可行的，即对已有的合作既得利益进行分配，不可能使合作的利益增加或减少，且如果成员企业进行合作，则达成的利益分配协议应符合帕累托最优原则，如果成员企业在不损害他人利益的前提下还存在着可以使得自身效用提高的可能性，那么成员企业将继续分配，直到不存在改进任何成员企业的效用为止。如果原来的分配方式在谈判过程中未被选中，则被弃用的无关的分配方式不会影响最后的合作博弈的结果。所以本节将研究企业知识联盟成员合作的模糊平均单调博弈的谈判均衡。

定理 6.2 企业知识联盟的模糊平均单调博弈为 v，则其模糊谈判集分配 $\mathrm{MC}_F(v)$ 与模糊核心分配 $C(v)$ 相等。

证明： 因为任何模糊核心元素都不存在模糊异议，所以 $C(v) \subseteq \mathrm{MC}_F(v)$ 是显而易见的，为了检验另一个结论：$\mathrm{MC}_F(v) \subseteq C(v)$，现构造模糊核心分配之外的分配向量，$x \in I(v) \setminus C(v)$，并根据超量的定义〔式（5.4）〕选择一个最大超量的最大知识联盟，记为 t。

已知知识联盟 $t \neq e^N, |\mathrm{car}(t)| \geqslant 2$，对任意 $\mathrm{car}(r) \subseteq N \setminus \mathrm{car}(t)$，有 $\sum_{j \in \mathrm{car}(r)} r_j \cdot x_j \geqslant v(r)$，如果存在一个知识联盟 $\mathrm{car}(r) \subseteq N \setminus \mathrm{car}(t)$，使得 $\sum_{j \in \mathrm{car}(r)} r_j \cdot x_j < v(r)$，则：

$$v(t) - \sum_{j \in \mathrm{car}(t)} t_j \cdot x_j < v(t) - \sum_{j \in \mathrm{car}(t)} t_j \cdot x_j + v(r) - \sum_{j \in \mathrm{car}(r)} r_j \cdot x_j \leqslant v(t \vee r) - \sum_{j \in \mathrm{car}(t) \cup \mathrm{car}(r)} (t \vee r)_j \cdot x_j$$

这与 t 的定义相矛盾，且因为 $v(t) - \sum_{j \in \mathrm{car}(t)} t_j \cdot x_j > 0$，$x_j \geqslant v(e^j) \geqslant 0, \forall j \in N$，所以 $\alpha_{|\mathrm{car}(t)} \neq 0$〔因为 $x \in I(v) \setminus C(v)$〕。由命题 6.3，本节可以声明 v_x^t 是关于 $\alpha_{|\mathrm{car}(t)}$ 的企业知识联盟模糊平均单调博弈。因此，集合：

$$A_t = \left\{ s, t \in F^N, e^\varnothing \neq s \leq t \middle| \begin{array}{l} (1)\ v_x^s \text{ 是关于贡献值向量 } \alpha_{|\operatorname{car}(s)} \text{ 的企业}\\ \quad\ \text{知识联盟模糊平均单调博弈，且}\\ (2) \sum_{j\in\operatorname{car}(r)} r_j \bullet x_j \geq v(r), \forall \operatorname{car}(r) \subseteq N \setminus \operatorname{car}(t) \end{array} \right\}$$

是非空的。

令 $s^*, s^* \leq t$ 为在集合 A_t 中满足结论的最小知识联盟，由定义可知，$s^* \neq e^\varnothing$，且

$$v_x^{s^*}(s^*) = \max_{\varnothing \subseteq \operatorname{car}(q) \subseteq N\setminus\operatorname{car}(s^*)} \left\{ v(s^* \vee q) - \sum_{j\in\operatorname{car}(q)} q_j \bullet x_j \right\} = v(t) - \left(\sum_{j\in\operatorname{car}(t)} t_j \bullet x_j - \sum_{j\in\operatorname{car}(s^*)} (s^*)_j \bullet x_j \right)$$

以上等式可通过 t 的定义得到，即

$$\max_{\varnothing \subseteq \operatorname{car}(q) \subseteq N\setminus\operatorname{car}(s^*)} \left\{ v(s^* \vee q) - \sum_{j\in\operatorname{car}(s^*)\cup\operatorname{car}(q)} (s^* \vee q)_j \bullet x_j \right\} = v(t) - \sum_{j\in\operatorname{car}(t)} t_j \bullet x_j$$

所以，

$$v_x^{s^*}(s^*) = v(t) - \left(\sum_{j\in\operatorname{car}(t)} t_j \bullet x_j - \sum_{j\in\operatorname{car}(s^*)} (s^*)_j \bullet x_j \right) > 0$$

由于 $x \in I(v) \setminus C(v)$，得

$$v(t) \geq \sum_{j\in\operatorname{car}(t)} t_j \bullet x_j > \sum_{j\in\operatorname{car}(t)} t_j \bullet x_j - \sum_{j\in\operatorname{car}(s^*)} (s^*)_j \bullet x_j, s^* \neq e^\varnothing$$

$v_x^{s^*}(s^*) > 0$ 意味着 $\alpha(s^*) \neq 0$。因此，s^* 满足：

$$\frac{v(t) - \left(\sum_{j\in\operatorname{car}(t)} t_j \bullet x_j - \sum_{j\in\operatorname{car}(s^*)} (s^*)_j \bullet x_j \right)}{\alpha(s^*)} \bullet (s^*)_i \bullet \alpha_i > (s^*)_i \bullet x_i, \forall (s^*)_i \in s^* \quad (6.4)$$

为了证实这一点，假设存在 $(s^*)_{i_*} \in s^*$ 使得

$$\frac{v_x^{s^*}(s^*)}{\alpha(s^*)} \bullet (s^*)_{i_*} \bullet \alpha_{i_*} = \frac{v(t) - \left(\sum_{j\in\operatorname{car}(t)} t_j \bullet x_j - \sum_{j\in\operatorname{car}(s^*)} (s^*)_j \bullet x_j \right)}{\alpha(s^*)} \bullet (s^*)_{i_*} \bullet \alpha_{i_*} \leq (s^*)_{i_*} \bullet x_{i_*}$$

(6.5)

如果 $s^* = \{(s^*)_{i_*}\}$，则式（6.5）为

$$\frac{v_x^{s^*}(s^*)}{\alpha(s^*)}\cdot(s^*)_{i_*}\cdot\alpha_{i_*} = \frac{v_x^{s^*}(s^*)}{\sum_{j\in\mathrm{car}}\left((s^*)_{i_*}\right)(s^*)_j\cdot\alpha_j}\cdot(s^*)_{i_*}\cdot\alpha_{i_*}$$

$$=\frac{v_x^{s^*}(s^*)}{(s^*)_{i_*}\cdot\alpha_{i_*}}\cdot(s^*)_{i_*}\cdot\alpha_{i_*}=v_x^{s^*}(s^*)$$

$$=\max_{\varnothing\subseteq\mathrm{car}(q)\subseteq N\setminus\{i_*\}}\left\{v\left(q\vee(s^*)_{i_*}\right)-\sum_{j\in\mathrm{car}(q)}q_j\cdot x_j\right\}$$

$$\leqslant (s^*)_{i_*}\cdot x_{i_*}$$

即

$$(s^*)_{i_*}\cdot x_{i_*}\geqslant v_x^{s^*}(s^*,c)=\max_{\varnothing\subseteq\mathrm{car}(q)\subseteq N\setminus\{i_*\}}\left\{v\left(q\vee(s^*)_{i_*}\right)-\sum_{j\in\mathrm{car}(q)}q_j\cdot x_j\right\}$$

这意味着：

$$(s^*)_{i_*}\cdot x_{i_*}+\sum_{j\in\mathrm{car}(q)}q_j\cdot x_j\geqslant v\left(q\vee(s^*)_{i_*}\right)$$

即对任意的 $\mathrm{car}(q)\subseteq N\setminus\{i_*\}$，有

$$\sum_{j\in\mathrm{car}(q)\cup\{i_*\}}\left(q\vee(s^*)_{i_*}\right)_j\cdot x_j\geqslant v\left(q\vee(s^*)_{i_*}\right)$$

成立。

因为知识联盟 s^* 满足集合 A_i 定义中的条件（2），本节得出结论：分配 x 在核心分配 $C(v)$ 中，即 $x\in C(v)$，这与 $x\in I(v)\setminus C(v)$ 相矛盾。

如果知识联盟 s^* 中成员企业数量至少为 2，即 $|\mathrm{car}(s^*)|\geqslant 2$，本节接下来将要证明联盟 $s^*\setminus(s^*)_{i_*}$ 满足属于 A_i 的两个条件。

（1）若贡献值向量 $\alpha\left(s^*\setminus(s^*)_{i_*}\right)\neq 0$，根据命题 6.2 及引理 6.1，可直接得出结论：$v_x^{s^*\setminus(s^*)_{i_*}}$ 是关于 $\alpha_{|\mathrm{car}(s^*\setminus(s^*)_{i_*})}$ 的企业知识联盟的模糊平均单调博弈。为了核实 $\alpha\left(s^*\setminus(s^*)_{i_*}\right)\neq 0$，我们假设 $\alpha\left(s^*\setminus(s^*)_{i_*}\right)=0$，所以 $\alpha(s^*)-\alpha\left((s^*)_{i_*}\right)=0$，$\alpha(s^*)=\alpha\left((s^*)_{i_*}\right)>0$。由式（6.4），我们将得出：

$$(s^*)_{i_*}\cdot x_{i_*}\geqslant (s^*)_{i_*}\cdot\alpha_{i_*}\cdot\frac{v_x^{s^*}(s^*)}{\alpha(s^*)}=(s^*)_{i_*}\cdot\alpha_{i_*}\cdot\frac{v_x^{s^*}(s^*)}{\alpha\left((s^*)_{i_*}\right)}=v_x^{s^*}(s^*) \quad (6.6)$$

因为 $v_x^{s^*}$ 是企业知识联盟的模糊平均单调博弈，有 $v_x^{s^*}(s^*) = 0$，$\forall s < (s^*)_{i_*}$，根据式（6.6），有 $\sum_{j \in \mathrm{car}(s)} s_j \cdot x_j \geqslant v_x^{s^*}(s^*), \forall s \leqslant s^*$。通过企业知识联盟模糊简化博弈 $v_x^{s^*}$ 的定义，以及事实 $s^* \in A_t$，我们有结论 $\sum_{j \in \mathrm{car}(s)} s_j \cdot x_j \geqslant v(s), \forall s \leqslant e^N$，即分配向量 x 在企业知识联盟模糊博弈 v 的模糊核心分配中，但这与最初在模糊核心分配之外选择 x 相矛盾。

（2）针对第二个条件，因为 $v_x^{s^*}$ 是企业知识联盟关于贡献值向量 $\alpha_{|\mathrm{car}(s^*)}$ 的模糊平均单调博弈，且有式（6.4）成立，可得

$$(s^*)_{i_*} \cdot x_{i_*} \geqslant (s^*)_{i_*} \cdot \alpha_{i_*} \cdot \frac{v_x^{s^*}(s^*)}{\alpha(s^*)}$$

$$\geqslant (s^*)_{i_*} \cdot \alpha_{i_z} \cdot \frac{v_x^{s^*}(s^*)}{\alpha((s^*)_{i_*})}$$

$$= v_x^{s^*}((s^*)_{i_*})$$

这意味着，对任何 $\mathrm{car}(r) \subseteq N \setminus \mathrm{car}(s^*)$，由于：

$$(s^*)_{i_*} \cdot x_{i_*} \geqslant v_x^{s^*}((s^*)_{i_*}) = \max{}_{\varnothing \subseteq \mathrm{car}(r) \subseteq N \setminus \mathrm{car}(s^*)} \left\{ v(r \vee (s^*)_{i_*}) - \sum_{j \in \mathrm{car}(r)} r_j \cdot x_j \right\}$$

有

$$\sum_{j \in \mathrm{car}(r) \cup \mathrm{car}(s^*)_{i_*}} (r \vee (s^*)_{i_*})_j \cdot x_j \geqslant v(r \vee (s^*)_{i_*})$$

考虑到：

$$\sum_{j \in \mathrm{car}(r)} r_j \cdot x_j \geqslant v(r), \ \forall \mathrm{car}(r) \subseteq N \setminus \mathrm{car}(s^*)(s^* \in A_t)$$

可得

$$\sum_{j \in \mathrm{car}(r)} r_j \cdot x_j \geqslant v(r), \forall \mathrm{car}(r) \subseteq N \setminus \mathrm{car}(s^* \setminus (s^*)_{i_*})$$

所以，$(s^* \setminus (s^*)_{i_*}) \in A_t$ 与 s^* 是集合 A_t 中的最小知识联盟的假设相矛盾。故可以断定在 s^* 中的合作伙伴满足不等式（6.4），即

$$\frac{v(t)-\left(\sum_{j\in\text{car}(t)}t_j\bullet x_j-\sum_{j\in\text{car}(s^*)}(s^*)_j\bullet x_j\right)}{\alpha(s^*)}\bullet(s^*)_i\bullet\alpha_i>(s^*)_i\bullet x_i,\quad\forall(s^*)_i\in s^*$$

现定义分配 w，$\forall(s^*)_i\in s^*$ 为

$$(s^*)_i\bullet w_i=\frac{v(t)-\left(\sum_{j\in\text{car}(t)}t_j\bullet x_j-\sum_{j\in\text{car}(s^*)}(s^*)_j\bullet x_j\right)}{\alpha(s^*)}\bullet(s^*)_i\bullet\alpha_i>(s^*)_i\bullet x_i,\quad\forall(s^*)_i\in s^*$$

分配向量 $w=(w_i)_{i\in\text{car}(s^*)}$ 为知识联盟博弈 (s^*,g_{s^*}) 模糊核心分配中的元素，定义如下。

（1）$g_{s^*}(e^\varnothing)=0$。

（2）$g_{s^*}(s)=\max_{\varnothing\subseteq\text{car}(q)\subseteq N\setminus\text{car}(s^*)}\left\{v(s\vee q)-\sum_{j\in\text{car}(s)\cup\text{car}(q)}(s\vee q)_j\bullet x_j\right\},\forall e^\varnothing\ne s\leqslant s^*$。

这个结果可从

$$v_x^{s^*}(s^*)=\max_{\varnothing\subseteq\text{car}(q)\subseteq N\setminus\text{car}(s^*)}\left\{v(s\vee q)-\sum_{j\in\text{car}(s)\cup\text{car}(q)}(s\vee q)_j\bullet x_j\right\}=\sum_{j\in\text{car}(s)}s_j\bullet x_j+g_{s^*}(s)$$

以及关于 $\alpha_{|\text{car}(s^*)}$ 的企业知识联盟模糊比例分配是其博弈 $v_x^{s^*}$ 模糊核心分配中的元素这一事实中推断出。

现构造一个关于 $x\in I(v)\setminus C(v)$ 的合理的广义模糊异议 (t,y)，取 $t\leqslant e^N$ 为最大超量的最大知识联盟。令 $\hat{i}\in\text{car}(s^*)$ 中的任意合作伙伴，其中 s^* 为 A_t 中的最小知识联盟，且令 $\hat{j}$ 为 $\text{car}(t)$ 之外的任意成员企业，即 $\hat{j}\in N\setminus\text{car}(t)$。因此，可定义模糊异议中的收益向量 $y\in R^{\text{car}(t)}$ 为

$$t_k\bullet y_k=\begin{cases}(s^*)_i\bullet x_i+(s^*)_i\bullet w_i-\varepsilon, & k\in\text{car}((s^*)_{\hat{i}})\\ (s^*)_k\bullet x_k+(s^*)_k\bullet w_k+\dfrac{\varepsilon}{|\text{car}(t)|-1}, & k\in\text{car}(s^*\setminus(s^*)_{\hat{i}})\\ t_k\bullet x_k+\dfrac{\varepsilon}{|\text{car}(t)|-1}, & k\in\text{car}(t)\setminus\text{car}(s^*)\end{cases}$$

其中，$0<\varepsilon<w_{\hat{i}}$，注意：

$$\sum_{j\in car(t)} t_k \bullet y_k = (s^*)_i \bullet x_i + (s^*)_i \bullet w_i - \varepsilon + \sum_{j\in car(s^*\backslash(s^*)_i)} (s^*)_k \bullet x_k$$

$$+ \sum_{k\in car(s^*\backslash(s^*)_i)} (s^*)_k \bullet w_k + \frac{|car(s^*)|-1}{|car(t)|-1} \bullet \varepsilon + \sum_{k\in car(t)\backslash car(s^*)} t_k \bullet x_k$$

$$+ \frac{|car(t)|-|car(s^*)|}{|car(t)|-1} \bullet \varepsilon$$

$$= (s^*)_i \bullet x_i + \sum_{j\in car(s^*)} (s^*)_k \bullet x_k - (s^*)_i \bullet x_i + \sum_{k\in car(t)} t_k \bullet x_k - \sum_{j\in car(s^*)} (s^*)_k \bullet x_k + (s^*)_i \bullet w_i$$

$$+ \sum_{k\in car(s^*)} (s^*)_k \bullet w_k - (s^*)_i \bullet w_i + \frac{|car(t)|-1}{|car(t)|-1} \bullet \varepsilon - \varepsilon$$

$$= \sum_{k\in car(t)} t_k \bullet x_k + \sum_{j\in car(s^*)} (s^*)_k \bullet x_k$$

现由于

$$(s^*)_i \bullet w_i = \frac{v(t) - \left(\sum_{j\in car(t)} t_j \bullet x_j - \sum_{j\in car(s^*)} (s^*)_j \bullet x_j \right)}{\alpha(s^*)} \bullet (s^*)_i \bullet \alpha_i - (s^*)_i \bullet x_i$$

我们有

$$\sum_{i\in car(s^*)} (s^*)_i \bullet x_i = \sum_{i\in car(s^*)} \frac{v(t) - \left(\sum_{j\in car(t)} t_j \bullet x_j - \sum_{j\in car(s^*)} (s^*)_j \bullet x_j \right)}{\alpha(s^*)} \bullet (s^*)_i \bullet \alpha_i - \sum_{i\in car(s^*)} (s^*)_i \bullet x_i$$

$$= \sum_{i\in car(s^*)} (s^*)_i \bullet \alpha_i \bullet \frac{v(t) - \left(\sum_{j\in car(t)} t_j \bullet x_j - \sum_{j\in car(s^*)} (s^*)_j \bullet x_j \right)}{\alpha(s^*)} - \sum_{i\in car(s^*)} (s^*)_i \bullet x_i$$

$$= v(t) - \sum_{j\in car(t)} t_j \bullet x_j + \sum_{j\in car(s^*)} (s^*)_j \bullet x_j - \sum_{i\in car(s^*)} (s^*)_i \bullet x_i$$

$$= v(t) - \sum_{j\in car(t)} t_j \bullet x_j \left(因为 \sum_{i\in car(s^*)} (s^*)_i \bullet \alpha_i = \alpha(s^*) \right)$$

因此,

$$\sum_{j\in \text{car}(t)} t_k \bullet y_k = \sum_{k\in \text{car}(t)} t_k \bullet x_k + \sum_{k\in \text{car}(s^*)} (s^*)_k \bullet w_k$$

$$= \sum_{j\in \text{car}(t)} t_k \bullet x_k + v(t) - \sum_{k\in \text{car}(s^*)} (s^*)_k \bullet x_k$$

$$= v(t)$$

也就是说，本节指明了 (t,y) 满足合作伙伴 $\hat{i}$ 针对伙伴 $\hat{j}$ 关于 x 的模糊异议的条件：① $t_i \bullet y_i > t_i \bullet x_i, \forall i \in \text{car}(t)$；② $\sum_{j\in \cdot \text{car}(t)} t_k \bullet y_k = v(t)$。

本节将借助知识联盟 $m \in \Gamma_{\hat{j}\hat{i}}$ 来构建以上模糊异议的模糊反异议 (m,z)，形式如下：

$$\text{car}(m) = \text{car}(r^1) \cup \text{car}(r^2) \cup \text{car}(r^3) \cup \{\hat{j}\}$$

其中，$\hat{j} \notin \text{car}(r^3) \subseteq N \setminus \text{car}(t)$，$\text{ar}(r^2) \subseteq \text{car}(t) \setminus \text{car}(s^*)$，$\text{car}(r^1) \subseteq \text{car}(s^* \setminus (s^*)_i)$，$m \in \{R^{\text{car}(r^1) \cup \text{car}(r^2) \cup \text{car}(r^3) \cup \{\hat{j}\}} \mid m_i = (r^1 \vee r^2 \vee r^3 \vee e^{\hat{j}})_i = \max\{(r^1)_i, (r^2)_i, (r^3)_i, (e^{\hat{j}})_i\}, i \in \text{car}(r^1) \cup \text{car}(r^2) \cup \text{car}(r^3) \cup \{\hat{j}\}\}$。

接下来分三种情况。

第 1 种情况：$[r^1 = r^2 = e^{\varnothing}]$。在这种情况下，如果 $r^1 = r^2 = e^{\varnothing}$，则 $\text{car}(m) = \text{car}(r^3) \cup \{\hat{j}\} \subseteq N \setminus \text{car}(t)$，同时没有模糊反异议形成，因为 $v(m) < \sum_{j\in \text{car}(m)} m_j \bullet x_j$。如果 $\sum_{j\in \text{car}(m)} m_j \bullet x_j \leqslant v(m)$，则：

$$v(t) - \sum_{j\in \text{car}(t)} t_j \bullet x_j \leqslant v(t) - \sum_{j\in \text{car}(t)} t_j \bullet x_j + v(m) - \sum_{j\in \text{car}(m)} m_j \bullet x_j$$

$$\leqslant v(t \vee m) - \sum_{j\in \text{car}(t) \cup \text{car}(m)} (t \vee m)_j \bullet x_j$$

（由企业知识联盟模糊博弈 v 的超可加性）

这与 t 的定义（最大超量的最大知识联盟）相矛盾。

第 2 种情况：$[r^1 = e^{\varnothing}$ 且 $r^2 \neq e^{\varnothing}]$。在这种情况下，如果 $r^1 = e^{\varnothing}$ 及 $r^2 \neq e^{\varnothing}$，则 $\text{car}(s^*) = \{\hat{i}\}$，$\text{car}(r^2) \subseteq \text{car}(t) \setminus \{\hat{i}\}$，$\text{car}(m) = \text{car}(r^2) \cup \text{car}(r^3) \cup \{\hat{i}\} \subseteq N \setminus \text{car}(s^*)$，由集合 A_t 的条件（2）可知，$\sum_{j\in \text{car}(m)} m_j \bullet x_j \geqslant v(m)$。

现因为 $\text{car}(r^1) = \varnothing = \text{car}(s^*) \setminus \{\hat{i}\}$，$\text{car}(r^2) \subseteq \text{car}(t) \setminus \text{car}(s^*)$，$\hat{j} \notin \text{car}(r^3) \subseteq N \setminus \text{car}(t)$，$\text{car}(m) = \text{car}(r^2) \cup \text{car}(r^3) \cup \{\hat{j}\}$，$m_i = (r^1 \vee r^2 \vee r^3 \vee e^{\hat{j}})_i$，我们有 $\text{car}(m) \cap \text{car}(t) = \text{car}(r^2)$，$\text{car}(m) \setminus \text{car}(t) = \text{car}(r^3) \cup \{\hat{j}\}$。

因此，

$$\sum_{k \in \operatorname{car}(m)} m_k \cdot z_k = \sum_{k \in \operatorname{car}(r^2)} (r^2)_k \cdot z_k + \sum_{k \in \operatorname{car}(r^3) \cup \{\hat{\jmath}\}} (r^3 \vee e^{\hat{\jmath}})_k \cdot z_k$$

$$\geqslant \sum_{k \in \operatorname{car}(m) \cap \operatorname{car}(t)} m_k \cdot y_k + \sum_{k \in \operatorname{car}(m) \setminus \operatorname{car}(t)} m_k \cdot x_k$$

$$= \sum_{k \in \operatorname{car}(r^2)} m_k \cdot y_k + \sum_{k \in \operatorname{car}(r^3) \cup \{\hat{\jmath}\}} m_k \cdot x_k$$

$$\geqslant \sum_{k \in \operatorname{car}(r^2)} (r^2)_k \cdot y_k + \sum_{k \in \operatorname{car}(r^3) \cup \{\hat{\jmath}\}} (r^3 \vee e^{\hat{\jmath}})_k \cdot x_k$$

[因为 $m_k = (r^1 \vee r^2 \vee r^3 \vee e^{\hat{\jmath}})_k$，得 $m_k \geqslant (r^2)_k$ 及 $m_k \geqslant (r^3 \vee e^{\hat{\jmath}})_k$]

$$> \sum_{k \in \operatorname{car}(r^2)} (r^2)_k \cdot x_k + \sum_{k \in \operatorname{car}(r^3) \cup \{\hat{\jmath}\}} (r^3 \vee e^{\hat{\jmath}})_k \cdot x_k$$

[因为 $t_k \cdot y_k = t_k \cdot x_k + \dfrac{\varepsilon}{|\operatorname{car}(t)| - 1}$，$k \in \operatorname{car}(t) \setminus \operatorname{car}(s^*)$，且 $\operatorname{car}(r^2) \subseteq \operatorname{car}(t) \setminus \operatorname{car}(s^*)$，所以，$\sum_{k \in \operatorname{car}(r^2)} (r^2)_k \cdot y_k > \sum_{k \in \operatorname{car}(r^2)} (r^2)_k \cdot x_k$]

$$= \sum_{k \in \operatorname{car}(r^2) \cup \operatorname{car}(r^3) \cup \{\hat{\jmath}\}} (r^2 \vee r^3 \vee e^{\hat{\jmath}})_k \cdot x_k$$

$$= \sum_{k \in \operatorname{car}(m)} m_k \cdot x_k$$

$$\geqslant v(m)$$

也就是说，严格大于不等式 $\sum_{k \in \operatorname{car}(m)} m_k \cdot z_k > v(m)$ 与模糊反异议的条件相矛盾。

第3种情况：$[r^1 \neq e^{\varnothing}]$。在这种情况下，如果 $r^1 \neq e^{\varnothing}$，且

$$\operatorname{car}(r^1) \subseteq \operatorname{car}(s^* \setminus (s^*)\hat{\imath})$$
$$\operatorname{car}(r^2) \subseteq \operatorname{car}(t) \setminus \operatorname{car}(s^*)$$
$$\hat{\jmath} \notin \operatorname{car}(r^3) \subseteq N \setminus \operatorname{car}(t)$$

则：

$$\operatorname{car}(m) = \operatorname{car}(r^2) \cup \operatorname{car}(r^3) \cup \{\hat{\jmath}\}$$

且

$$\operatorname{car}(m) \cap \operatorname{car}(t) = \operatorname{car}(r^1) \cup \operatorname{car}(r^2)$$
$$\operatorname{car}(m) \setminus \operatorname{car}(t) = \operatorname{car}(r^3) \cup \{\hat{\jmath}\}$$

所以，

$$\sum_{k\in\operatorname{car}(m)} m_k \bullet z_k = \sum_{k\in\operatorname{car}(r^1)} (r^1)_k \bullet z_k + \sum_{k\in\operatorname{car}(r^2)} (r^2)_k \bullet z_k + \sum_{k\in\operatorname{car}(r^3)\cup\{\hat{j}\}} (r^3 \vee e^{\hat{j}})_k \bullet z_k$$

$$> \sum_{k\in\operatorname{car}(m)\cap\operatorname{car}(t)} \sum_k m_k \bullet x_k + \sum_{k\in\operatorname{car}(m)\backslash\operatorname{car}(t)} \sum_k m_k \bullet x_k$$

$$= \sum_{k\in\operatorname{car}(r^1)\cup\operatorname{car}(r^2)} m_k \bullet y_k + \sum_{k\in\operatorname{car}(r^3)\cup\{\hat{j}\}} m_k \cdot x_k$$

$$> \sum_{k\in\operatorname{car}(r^1)\cup\operatorname{car}(r^2)} (r^1 \vee r^2)_k \bullet y_k + \sum_{k\in\operatorname{car}(r^3)\cup\{\hat{j}\}} (r^3 \vee e^{\hat{j}})_k \bullet x_k$$

[因为 $m_k = (r^1 \vee r^2 \vee r^3 \vee e^{\hat{j}})_k$]

$$= \sum_{k\in\operatorname{car}(r^1)\cup\operatorname{car}(r^2)} (r^1 \vee r^2)_k \bullet x_k + \sum_{k\in\operatorname{car}(r^1)} (r^1)_k \bullet w_k$$

$$+ \frac{|\operatorname{car}(r^1)| + |\operatorname{car}(r^2)|}{|\operatorname{car}(t)|-1} \bullet \varepsilon + \sum_{k\in\operatorname{car}(r^3)\cup\{\hat{j}\}} (r^3 \vee e^{\hat{j}})_k \bullet x_k$$

[因为 $(r^1)_k \bullet y_k = (r^1)_k \bullet x_k + (r^1)_k \bullet w_k + \frac{\varepsilon}{|\operatorname{car}(t)|-1}$, $k \in \operatorname{car}(r^1) \subseteq \operatorname{car}(s^* \backslash (s^*)_i)$; $(r^2)_k \bullet y_k = (r^2)_k \bullet x_k + \frac{\varepsilon}{|\operatorname{car}(t)|-1}$, $k \in \operatorname{car}(r^2) \subseteq \operatorname{car}(t) \backslash \operatorname{car}(s^*)$]

$$= \sum_{k\in\operatorname{car}(m)} m_k \bullet x_k + \sum_{k\in\operatorname{car}(r^1)} (r^1)_k \bullet w_k + \frac{|\operatorname{car}(r^1)| + |\operatorname{car}(r^2)|}{|\operatorname{car}(t)|-1} \bullet \varepsilon$$

[因为 $\operatorname{car}(m) = \operatorname{car}(r^2) \cup \operatorname{car}(r^3) \cup \{\hat{j}\}$, $m_i = (r^1 \vee r^2 \vee r^3 \vee e^{\hat{j}})_i$]

$$> \sum_{k\in\operatorname{car}(m)} m_k \bullet x_k + \sum_{k\in\operatorname{car}(r^1)} (r^1)_k \bullet w_k$$

[因为 $\varepsilon > 0, |\operatorname{car}(t)| \geq 2$, 所以, $\frac{|\operatorname{car}(r^1)| + |\operatorname{car}(r^2)|}{|\operatorname{car}(t)|-1} \bullet \varepsilon > 0$]

$$\geq \sum_{k\in\operatorname{car}(m)} m_k \bullet x_k + g_{s^*}(r^1)$$

[因为 w 为 (s^*, g_{s^*}) 核心中的元素, 有 $\sum_{k\in\operatorname{car}(r^1)} (r^1)_k \bullet w_k \geq g_{s^*}(r^1) =$

$$\sum_{k\in\operatorname{car}(m)} m_k \bullet x_k + \max_{\varnothing \subseteq \operatorname{car}(q) \subseteq N\backslash\operatorname{car}(s^*)} \left\{ v(r^1 \vee q) - \sum_{j\in\operatorname{car}(r^1)\cup\operatorname{car}(q)} (r^1 \vee q)_j \bullet x_j \right\}]$$ （由定义 g_{s^*}）

$$> \sum_{k\in\operatorname{car}(m)} m_k \bullet x_k + v(m) - \sum_{j\in\operatorname{car}(m)} m_j \bullet x_j$$

[因为 $\operatorname{car}(r^1) \cup \operatorname{car}(r^2) \subset \operatorname{car}(m)$, 又根据最大超量的最大知识联盟

的定义]

也就是说，$\sum_{k \in \text{car}(m)} m_k \cdot z_k = v(m) > v(m)$。

所以，在第 2 种和第 3 种情况下本节证明了 $\sum_{k \in \text{car}(m)} m_k \cdot z_k > v(m)$，此结论与 (m,z) 为模糊反异议的条件相矛盾，此结论表明：在模糊核心分配之外的分配向量不在模糊谈判集中，即对于任何企业知识联盟成员合作的模糊平均单调博弈是均衡的，其模糊核心分配与模糊谈判集分配方案相等。

6.4　数值仿真分析

各企业充分利用各自资源组建知识联盟进行优化整合的过程，可被视为模糊平均单调博弈格局构建的过程，而联盟及其成员企业的利益分配问题即可视为博弈求解问题。同时各企业围绕利益分配问题组建知识联盟的过程又是一个谈判过程，通过本章的模糊平均单调博弈模型、模糊核心分配模型和模糊谈判集分配模型，为各企业带来的总收益比其不合作时带来的收益大得多，进而为联盟提供了合理化的分配方案，最终实现了企业知识联盟的稳定发展。

现假设有四家企业依托各自专有性知识资源组建知识联盟，用 $N=\{1,2,3,4\}$ 表示成员企业的集合，在合作中，两家或三家合作完成、四家企业单独行动，以及四家共同完成获得的收益，通过其合作博弈特征函数值加以描述，如下所示（单位：百万元）。

$v(e^{\{1\}})=v(e^{\{2\}})=v(e^{\{3\}})=v(e^{\{4\}})=0$，表示企业 1，2，3，4 单独行动时获得收益为 0。

$v(e^{\{1,2\}})=v(e^{\{3,4\}})=0$，表示企业 1 与企业 2 合作，企业 3 和企业 4 合作时合作收益为 0。

$v(e^{\{1,3\}})=6$，描述了企业 1 与企业 3 进行合作时可获得收益为 6。

$v(e^{\{1,4\}})=v(e^{\{2,3\}})=7.5$，代表企业 1 与企业 4 组建联盟，企业 2 与企业 3 组建联盟进行合作均可获取的收益为 7.5。

$v(e^{\{2,4\}})=v(e^{\{1,2,3\}})=9$，描述了企业 2 与企业 4 进行合作可获得的收益为 9，企业 1 与企业 2 以及企业 3 进行合作可获得的收益为 9。

$v(e^{\{1,2,4\}})=10.5$，表示企业 1、2、4 组建合作联盟时可获得收益为 10.5。

$v(e^{\{1,3,4\}})=12$，表示企业 1，3 和企业 4 合作可获得的收益为 12。

$v(e^{\{2,3,4\}})=13.5$，表示企业 2，企业 3 和企业 4 合作可获得的收益为 13.5。

$v(e^{\{1,2,3,4\}})=v(e^{\{N\}})=16.5$，代表企业 1、2、3、4 组建合作联盟时可获得的收益为 16.5。

基于以上特征函数的分析，四家企业组建任意知识联盟的收益都不低于每家企业单独行动时获得的收益和，即

$$\sum_{i\in N}x_i = x(N) = v(e^{\{N\}})$$

$$x_i \geqslant c_i \cdot v(\{i\}), \ i \in N$$

模型计算如表 6.1 所示。

表 6.1 超可加计算

对于企业 1	对于企业 2	对于企业 3	对于企业 4
$v(e^{\{1\}})=v(e^{\{2\}})=0$ $\leqslant v(e^{\{1,2\}})=0$	$v(e^{\{2\}})+v(e^{\{1\}})=0$ $\leqslant v(e^{\{2,1\}})=0$	$v(e^{\{3\}})+v(e^{\{1\}})=0$ $< v(e^{\{3,1\}})=6$	$v(e^{\{4\}})+v(e^{\{1\}})=0$ $< v(e^{\{4,1\}})=7.5$
$v(e^{\{1\}})=v(e^{\{3\}})=0$ $< v(e^{\{1,3\}})=6$	$v(e^{\{2\}})+v(e^{\{3\}})=0$ $< v(e^{\{2,1\}})=7.5$	$v(e^{\{3\}})+v(e^{\{2\}})=0$ $< v(e^{\{3,2\}})=7.5$	$v(e^{\{4\}})+v(e^{\{2\}})=0$ $< v(e^{\{4,2\}})=9$
$v(e^{\{1\}})=v(e^{\{4\}})=0$ $< v(e^{\{1,4\}})=7.5$	$v(e^{\{2\}})+v(e^{\{4\}})=0$ $< v(e^{\{2,4\}})=9$	$v(e^{\{3\}})+v(e^{\{4\}})=0$ $\leqslant v(e^{\{3,4\}})=0$	$v(e^{\{4\}})+v(e^{\{3\}})=0$ $\leqslant v(e^{\{4,3\}})=0$
$v(e^{\{1\}})=v(e^{\{2,3\}})=7.5$ $< v(e^{\{1,2,3\}})=9$	$v(e^{\{2\}})+v(e^{\{1,3\}})=6$ $< v(e^{\{1,2,3\}})=9$	$v(e^{\{3\}})+v(e^{\{1,2\}})=0$ $< v(e^{\{3,1,2\}})=9$	$v(e^{\{4\}})+v(e^{\{1,2\}})=0$ $< v(e^{\{4,1,2\}})=10.5$
$v(e^{\{1\}})=v(e^{\{2,4\}})=9$ $< v(e^{\{1,2,4\}})=10.5$	$v(e^{\{2\}})+v(e^{\{1,4\}})=7.5$ $< v(e^{\{2,1,4\}})=10.5$	$v(e^{\{3\}})+v(e^{\{1,4\}})=7.5$ $< v(e^{\{3,1,4\}})=12$	$v(e^{\{4\}})+v(e^{\{1,3\}})=6$ $< v(e^{\{4,1,3\}})=12$
$v(e^{\{1\}})=v(e^{\{3,4\}})=0$ $< v(e^{\{1,3,4\}})=12$	$v(e^{\{2\}})+v(e^{\{3,4\}})=0$ $< v(e^{\{2,3,4\}})=13.5$	$v(e^{\{3\}})+v(e^{\{2,4\}})=9$ $< v(e^{\{3,2,4\}})=13.5$	$v(e^{\{4\}})+v(e^{\{2,3\}})=7.5$ $< v(e^{\{4,2,3\}})=13.5$
$v(e^{\{1\}})=v(e^{\{2,3,4\}})=13.5$ $< v(e^{\{1,2,3,4\}})=16.5$	$v(e^{\{2\}})+v(e^{\{1,3,4\}})=2$ $< v(e^{\{2,1,3,4\}})=16.5$	$v(e^{\{3\}})+v(e^{\{1,2,4\}})=10.5$ $< v(e^{\{3,1,2,4\}})=16.5$	$v(e^{\{4\}})+v(e^{\{1,2,3\}})=9$ $< v(e^{\{4,1,2,3\}})=16.5$

表 6.1 表明企业形成的模糊合作博弈满足非负超可加性，如果按照联盟伙伴的相对贡献值向量为 $\alpha=(1,2,3,4)$，则对所有的知识联盟 $s\leqslant t\leqslant e^N$ 满足模糊平均单调博弈模型为 $\alpha(t)\cdot v(s)\leqslant \alpha(s)\cdot v(t)$，如表 6.2 所示，其中，$\alpha(s)=\sum_{i\in\operatorname{car}(s)}s_i\cdot\alpha_i=\sum_{i\in\operatorname{car}(s)}\alpha_i$，$\alpha(t)=\sum_{i\in\operatorname{car}(t)}t_i\cdot\alpha_i=\sum_{i\in\operatorname{car}(t)}\alpha_i$。

表 6.2　各企业知识联盟模糊平均单调博弈模型验证

联盟 s	$v(s)$	联盟 t	$v(t)$	贡献值向量 $\alpha(s)$	贡献值向量 $\alpha(t)$	模型验证 $\alpha(t) \cdot v(s) \leqslant \alpha(s) \cdot v(t)$
$e^{\{1\}}$	0	$e^{\{1,2\}}$	0	1	3	3·0 = 0 ≤ 1·0 = 0
$e^{\{1\}}$	0	$e^{\{1,3\}}$	6	1	4	4·0 = 0 < 1·6 = 6
$e^{\{1\}}$	0	$e^{\{1,4\}}$	7.5	1	5	5·0 = 0 < 1·7.5 = 7.5
$e^{\{1\}}$	0	$e^{\{1,2,3\}}$	9	1	6	6·0 = 0 < 1·9 = 9
$e^{\{1\}}$	0	$e^{\{1,2,4\}}$	10.5	1	7	7·0 = 0 < 1·10.5 = 10.5
$e^{\{1\}}$	0	$e^{\{1,3,4\}}$	12	1	8	8·0 = 0 < 1·12 = 12
$e^{\{1\}}$	0	$e^{\{1,2,3,4\}}$	16.5	1	10	10·0 = 0 < 1·16.5 = 16.5
$e^{\{1\}}$	0	$e^{\{2,3\}}$	7.5	2	5	5·0 = 0 < 2·7.5 = 15
$e^{\{2\}}$	0	$e^{\{2,4\}}$	9	2	6	6·0 = 0 < 2·9 = 18
$e^{\{2\}}$	0	$e^{\{2,3,4\}}$	13.5	2	9	9·0 = 0 < 2·13.5 = 27
$e^{\{2\}}$	0	$e^{\{2,3,4,1\}}$	16.5	2	10	10·0 = 0 < 2·16.5 = 33
$e^{\{2\}}$	0	$e^{\{3,2\}}$	7.5	3	5	5·0 = 0 < 3·7.5 = 22.5
$e^{\{3\}}$	0	$e^{\{3,4\}}$	0	3	7	7·0 = 0 ≤ 3·0 = 0
$e^{\{3\}}$	0	$e^{\{3,4,1\}}$	12	3	8	8·0 = 0 < 3·12 = 36
$e^{\{3\}}$	0	$e^{\{3,4,2\}}$	13.5	3	9	9·0 = 0 < 3·13.5 = 40.5
$e^{\{3\}}$	0	$e^{\{3,1,2\}}$	9	3	6	6·0 = 0 < 3·9 = 27
$e^{\{3\}}$	0	$e^{\{3,1,2,4\}}$	16.5	3	10	10·0 = 0 < 3·16.5 = 49.5
$e^{\{4\}}$	0	$e^{\{4,1\}}$	7.5	4	5	5·0 = 0 < 4·7.5 = 30
$e^{\{4\}}$	0	$e^{\{4,2\}}$	9	4	6	6·0 = 0 < 4·9 = 36
$e^{\{4\}}$	0	$e^{\{4,3\}}$	0	4	7	7·0 = 0 ≤ 4·0 = 0
$e^{\{4\}}$	0	$e^{\{4,1,2\}}$	10.5	4	7	7·0 = 0 < 4·10.5 = 42
$e^{\{4\}}$	0	$e^{\{4,1,3\}}$	12	4	8	8·0 = 0 < 4·12 = 48
$e^{\{4\}}$	0	$e^{\{4,2,3\}}$	13.5	4	9	9·0 = 0 < 4·13.5 = 54
$e^{\{4\}}$	0	$e^{\{4,1,2,3\}}$	16.5	4	10	10·0 = 0 < 4·16.5 = 66
$e^{\{1,2\}}$	0	$e^{\{1,2,3\}}$	9	3	6	6·0 = 0 < 3·9 = 27
$e^{\{1,2\}}$	0	$e^{\{1,2,4\}}$	10.5	3	7	7·0 = 0 < 3·10.5 = 31.5
$e^{\{1,2\}}$	0	$e^{\{1,2,3,4\}}$	16.5	3	10	10·0 = 0 < 3·16.5 = 49.5
$e^{\{1,3\}}$	6	$e^{\{1,3,4\}}$	12	4	8	8·6 = 48 ≤ 4·12 = 48
$e^{\{1,3\}}$	6	$e^{\{1,3,2\}}$	9	4	6	6·6 = 36 ≤ 4·9 = 36
$e^{\{1,3\}}$	6	$e^{\{1,3,2,4\}}$	16.5	4	10	10·6 = 60 < 4·16.5 = 66
$e^{\{1,4\}}$	7.5	$e^{\{1,4,2\}}$	10.5	5	7	7·7.5 = 52.5 < 5·10.5 = 52.5
$e^{\{1,4\}}$	7.5	$e^{\{1,4,3\}}$	12	5	8	8·7.5 = 60 ≤ 5·12 = 60
$e^{\{1,4\}}$	7.5	$e^{\{1,4,2,3\}}$	16.5	5	10	10·7.5 = 75 < 5·16.5 = 82.5
$e^{\{1,2,3\}}$	9	$e^{\{1,2,3,4\}}$	16.5	6	10	10·9 = 90 < 6·16.5 = 99

第 6 章　企业知识联盟模糊平均单调博弈格局及利益分配研究

续表

联盟 s	$v(s)$	联盟 t	$v(t)$	贡献值向量 $\alpha(s)$	贡献值向量 $\alpha(t)$	模型验证 $\alpha(t)\cdot v(s) \leqslant \alpha(s)\cdot v(t)$
$e^{\{1,2,4\}}$	10.5	$e^{\{1,2,4,3\}}$	16.5	7	10	$10\cdot 10.5 = 105 < 7\cdot 16.5 = 115.5$
$e^{\{1,3,4\}}$	12	$e^{\{1,3,4,2\}}$	16.5	8	10	$10\cdot 12 = 120 < 8\cdot 16.5 = 132$
$e^{\{2,3\}}$	7.5	$e^{\{2,3,1\}}$	9	5	6	$6\cdot 7.5 = 45 \leqslant 5\cdot 9 = 45$
$e^{\{2,3\}}$	7.5	$e^{\{2,3,4\}}$	13.5	5	9	$9\cdot 7.5 = 67.5 \leqslant 5\cdot 13.5 = 67.5$
$e^{\{2,3\}}$	7.5	$e^{\{2,3,4,1\}}$	16.5	5	10	$10\cdot 7.5 = 75 < 5\cdot 16.5 = 82.5$
$e^{\{2,4\}}$	9	$e^{\{2,4,1\}}$	10.5	6	7	$7\cdot 9 = 63 \leqslant 6\cdot 10.5 = 63$
$e^{\{2,4\}}$	9	$e^{\{2,4,3\}}$	13.5	6	9	$9\cdot 9 = 81 \leqslant 6\cdot 13.5 = 81$
$e^{\{2,4\}}$	9	$e^{\{2,4,1,3\}}$	16.5	6	10	$10\cdot 9 = 90 < 6\cdot 16.5 = 99$
$e^{\{2,3,4\}}$	13.5	$e^{\{2,3,4,1\}}$	16.5	9	10	$10\cdot 13.5 = 135 < 9\cdot 16.5 = 148.5$
$e^{\{3,4\}}$	0	$e^{\{3,4,1,2\}}$	16.5	7	10	$10\cdot 0 = 0 < 7\cdot 16.5 = 115.5$

表6.2表明，四家企业合作形成模糊平均单调博弈格局，因此，根据6.3节的证明结果得出模糊平均单调博弈是均衡的，也就是说，这四家成员企业组建的知识联盟在模糊平均单调博弈格局下存在模糊核心分配方案，其存在性保证了知识联盟的稳定性，且在模糊平均单调博弈格局下模糊核心分配方案具有唯一性且等价于模糊谈判集分配方案。仿真过程如下：首先，随机函数设置各成员企业的参与度；其次，设定各成员企业初始策略，根据仿真次数的设置进行多次计算；最后，输出每一成员企业在各参与度下的收益值，得出这四家成员企业组建的知识联盟在模糊平均单调博弈格局下的收益值形成了整个连续的空间体。

为了便于和Shapley值法分配方案进行对比分析，本节求解了成员企业 i 以参与度 $s_i = 1, i = 1,2,3,4$ 参与联盟时，得出的最终稳定的最大知识联盟时的均衡结果，如图6.1所示。

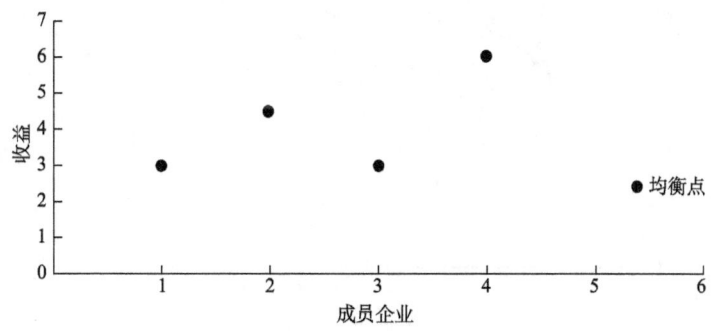

图 6.1　最大知识联盟的均衡点

由图 6.1 所示，仿真结果表明，四家成员企业所形成的最大知识联盟收益为

1.65 亿元时，各成员企业的利益分配在所有可能的子联盟组合中实现最优化，用 $x_i, i \in \{1,2,3,4\}$ 表示其最优收益分配，现将所得的收益全部分配给成员企业时，可求得其模糊核心及模糊谈判集分配相等：$x_1=3, x_2=4.5, x_3=3, x_4=6$。

利用 Shapley 值法 [本书 2.4.1 节式（2.21）] 求解以上各成员企业最大联盟状态下的利益分配，如表 6.3 所示。

表 6.3　联盟 $e^{\{1\}}$ 的收益值

$e^{\{1\}}$	$e^{\{1\}}$	$e^{\{1,2\}}$	$e^{\{1,3\}}$	$e^{\{1,4\}}$	$e^{\{1,2,3\}}$	$e^{\{1,2,4\}}$	$e^{\{1,3,4\}}$	$e^{\{1,2,3,4\}}$
$v(s)$	0	0	6	7.5	9	10.5	12	16.5
$v(s \setminus e^{\{1\}})$	0	0	0	0	7.5	9	0	13.5
$v(s)-v(s \setminus e^{\{1\}})$	0	0	6	7.5	1.5	1.5	12	3
$|car(s)|$	1	2	2	2	3	3	3	4
$w(|car(s)|)$	1/4	1/12	1/12	1/12	1/12	1/12	1/12	1/4
$w(|car(s)|)[v(s)-v(s \setminus e^{\{1\}})]$	0	0	6/12	7.5/12	1.5/12	1.5/12	12/12	3/4

由表 6.3 可得成员企业 1 在 Shapley 值法分配方案下的收益值 $x_1 = \frac{6}{12} + \frac{7.5}{12} + \frac{1.5}{12} + \frac{1.5}{12} + \frac{12}{12} + \frac{3}{4} = 3.125$，类似地，可计算求得成员企业 2 的收益值 $x_2 = 4.125$，成员企业 3 的收益值 $x_3 = 4.125$，成员企业 4 的收益值 $x_2 = 5.125$，各分配方案对比如图 6.2 所示。

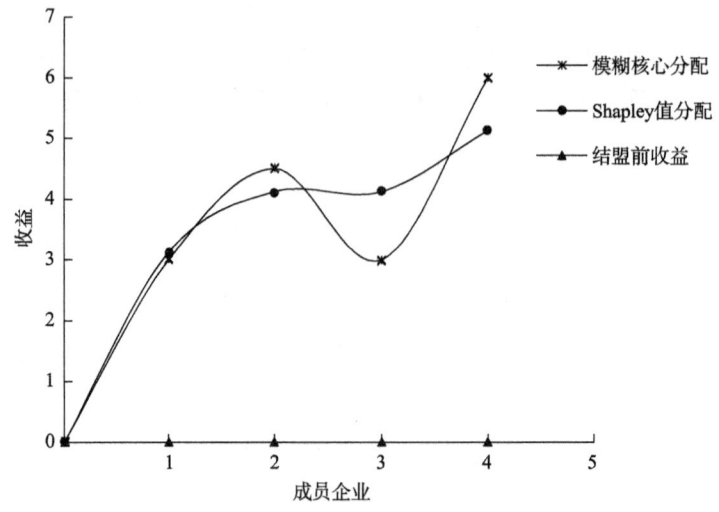

图 6.2　利益分配方案对比

由图 6.2 可以看出，企业知识联盟模糊平均单调博弈格局下的模糊核心及模糊谈判集分配方案，实现了最大知识联盟的整体最优，此时最大知识联盟情境下的核心及谈判集分配为 $(x_1,x_2,x_3,x_4) = (3,4.5,3,6)$，这是企业知识联盟模糊平均单调博弈格局下利益分配的最优值，是稳定合理的利益分配优化方案。

6.5 本章小结

（1）首先在传统平均单调博弈特征函数中引入参与度参数，构建了模糊平均单调合作博弈，得出结论：若确定企业知识联盟伙伴合作的相对贡献值向量，判定成员企业合作格局满足模糊平均单调博弈，则知识联盟成员伙伴的平均贡献值将随联盟的增大而提高。

（2）在模糊平均单调博弈格局下，若知识联盟合作伙伴根据权值对联盟收益值有比例地进行共享，则知识联盟中合作成员的数量越多，给每个成员企业带来的回报越大，即联盟成员伙伴在更大知识联盟中合作比在任何子知识联盟中获得的收益更高。

（3）在企业知识联盟模糊合作模式下，当成员企业选择合作伙伴组建企业知识联盟时，可尝试寻找以一定参与度与其他伙伴进行合作的机会。本章在研究模糊平均单调博弈性质的过程中，构建了模糊简化博弈模型，通过计算模糊简化博弈特征函数的最大差值，来确定最好的联盟合作伙伴。

（4）为确保企业知识联盟模糊平均单调博弈格局下存在最优利益分配方案，论证了企业知识联盟模糊平均单调博弈格局下成员谈判的均衡结果，得出企业知识联盟模糊平均单调博弈格局下基于核心及模糊谈判集的分配方案等价的结论，可借助任意计算模型求解企业知识联盟最优利益分配方案。

第7章　利益分配视角下企业知识联盟可持续合作优化对策研究

国内外许多学者对合作博弈模型及其解集进行了深入研究，李群峰（2011）研究了知识型合作剩余分配讨价还价博弈分析，探讨了知识型企业合作剩余分配的修正 Shapley 值法。李颖（2011）从知识溢出效应的视角研究了知识联盟利益分配问题，分析了知识溢出形式和知识联盟利益分配关系，研究了基于 Shapley 值法的知识联盟利益分配模型。石书玲（2015）研究了企业知识联盟的形成与运行机理，提出了基于 Shapley 值法及纳什协商解法的显性利益分配模型，并对每一种分配模型进行了讨论。以上文献都是从定量的角度研究企业知识联盟利益分配，没有涉及可持续发展的再分配对策研究。胡耀辉（2007）用企业技术创新联盟的和谐机制来协调联盟可持续发展中面临的不和谐，以确保联盟的持续发展。张秉福（2011）从树立正确的联盟概念、选择合适的联盟伙伴、采用恰当的联盟形式、构建科学的联盟治理机制等几方面研究了联盟发展的对策问题。但以上文献没有从定量角度进行对策研究。

从以往的研究文献可以看出，以往研究者对合作博弈格局下企业知识联盟所做的研究成果大都是基于传统分配模型，一次性将联盟总收益完全分配给所有成员企业，但为了确保知识联盟的可持续合作，有必要考虑不将合作收益一次性全部分配完，可以保留一部分收益用于再合作，鉴于此，本章从利益分配的研究视角，在前文基础上，为分配模型引入满足约束条件的调整系数，提出了传统合作博弈下企业知识联盟各种广义分配模型，然后进一步研究了模糊合作博弈格局下企业知识联盟广义分配模型，通过数值仿真结果表明用于企业知识联盟再合作的广义分配方案的存在性，最后在分配模型的基础上，提出企业知识联盟可持续合作的对策建议。

7.1 传统合作博弈下企业知识联盟广义分配模型

本节将分配系数（也叫调整系数）引入传统合作博弈下企业知识联盟利益分配模型中，实现知识联盟成员合作的各种传统博弈解的扩展，提出相应的广义分配，即在成员企业完全合作模式下，给出传统博弈下各种分配解的扩展思路与方法，以对联盟收益值进行部分保留，为可持续合作提供理论支撑。

7.1.1 传统合作博弈下企业知识联盟的广义核心分配

令 R^N 表示实值向量 x 的空间，$x=(x_i)_{i\in N}$，$R_+^N=\{x\in R^N; x_i\geq 0, \forall i\in N\}$，$x(S)=\sum_{i\in S}x_i$，$x(\varnothing)=0$，$x_{|S}=(x_i)_{i\in S}$，其中，$S$ 表示传统合作博弈下的知识联盟。

2.4 节已描述了企业知识联盟传统合作博弈 (N,v) 下的分配为一个向量 $x=(x_1,x_2,\cdots,x_n)$，其满足以下条件：

（1）$\sum_{i\in N}x_i=v(N)$；

（2）$x_i\geq v(\{i\}), \forall i\in N$。

本章引入调整系数后即可将以上分配向量扩展为广义分配向量。

1. 广义分配

本章借助实数 r 及 c_i 将以往分配扩展为广义分配，其中，$0<r\leq 1, 0<c_i\leq 1, 1\leq i\leq n$，同时，$r=\max\{c_i:i\in N\}$，通过满足以下条件的向量 $x=(x_1,x_2,\cdots,x_n)$ 表述传统合作博弈格局下企业知识联盟的广义分配，即

$$\sum_{i\in N}x_i=r\cdot v(N), \quad r=\max\{c_i:i\in N\} \qquad (7.1)\text{-}1$$

$$x_i\geq c_i\cdot v(\{i\}), \quad \forall i\in N \qquad (7.1)\text{-}2$$

其中，式（7.1）-1 描述了传统合作博弈格局下，企业知识联盟根据实际情况，借助系数 r 的调整对总收益进行部分保留以用于再分配或再合作，而不是一次性全部分配完。式（7.1）-2 表明联盟的每个成员企业获得的收益不低于其不参与联盟时所获得的收益。且 $r=\max\{c_i:i\in N\}$ 是确保式（7.1）-1 与式（7.1）-2 保持一致的必要条件。

本书用 $I^*(v,r,c) = \left\{ x \in R^N | \sum_{i \in N} x_i = r \cdot v(N) \right\}$ 表示企业知识联盟传统合作博弈下的有效向量集（称作广义预分配向量集），实现企业知识联盟博弈 (N,v) 总收益值 $v(N)$ 的部分保留，进而用于企业知识联盟再分配及再合作。$I(v,r,c) = \left\{ x \in I^*(v,r,c) | x_i \geqslant c_i \cdot v(\{i\}), i = 1,2,\cdots,n \right\}$ 描述了传统合作博弈格局 v 下企业知识联盟的广义分配向量集，即传统合作博弈 $v \in G^N$ 格局下企业知识联盟的广义分配集 $I(v,r,c)$ 可描述为如下集合：

$$I(v,r,c) = \left\{ x \in R^N | \begin{array}{l} \sum_{i \in N} x_i = r \cdot v(N) \\ x_i \geqslant c_i \cdot v(\{i\}), \forall i \in N \end{array} \right\} \quad (7.2)$$

2. 广义核心分配

本书将企业知识联盟成员合作的传统博弈 $v \in G^N$ 下的广义核心分配 $C(v,r,c)$ 描述为如下集合：

$$C(v,r,c) = \left\{ x \in I(v,r,c) | x(S) \geqslant \max_{j \in S} c_j \cdot v(S), \forall S \subseteq N \right\}$$

也就是说，在传统合作博弈 (N,v) 下，向量 x 为 (N,v) 的广义核心，当且仅当 $\forall S \subseteq N$，$r = \max_{i \in N} c_i > \max_{i \in S} c_i$ 时，有：

$$\sum_{i \in N} x_i = r \cdot v(N)$$

$$\sum_{i \in S} x_i \geqslant \max_{j \in S} c_j \cdot v(S)$$

广义核心分配表述了：广义核心解中的分配方案 $x \in C(v,r,c)$ 可实现收益总值 $v(N)$ 的部分保留，而非一次性全部分配完，且基于广义核心分配方案，每一知识联盟 S 都能获得不少于 $v(S)$ 的收益值。

本书将借助广义核心分配模型研究博弈的均衡，如果博弈 v 具有广义核心，那么，博弈 v 即广义均衡的，若博弈 v 的所有子博弈也均具有广义核心，那么，称博弈 v 为完全广义均衡的。

类似地，本书借助调整系数对企业知识联盟传统合作博弈下其他核心分配进行拓展，以提供更多的知识联盟广义分配方案，解决再分配及再合作问题。

3. 广义优超

本节将对优超关系进行扩展，为广义分配方案的存在性提供服务。

针对企业知识联盟传统合作博弈 $v \in G^N$，现有两种广义分配 $x,y \in I(v,r,c)$，$S \subseteq N$ 且 $S \neq \emptyset$，若满足以下条件，则称 x 在 S 上优超于 y，记为

$x \operatorname{dom}_{s,c} y$:

$$x_i > y_i, \forall i \in S$$
$$x(S) \leqslant \max_{j \in S} c_j \cdot v(S) \tag{7.3}$$

其中，$x_i > y_i$ 意味着对知识联盟 S 而言，广义分配方案 $x = (x_1, x_2, \cdots, x_n)$ 比广义分配方案 $y = (y_1, y_2, \cdots, y_n)$ 更好。$x(S) \leqslant \max_{j \in S} c_j \cdot v(S)$ 表达了知识联盟 S 对收益 $x(S)$ 表示接受。

如果针对非空知识联盟 S，有份分配方案 x 广义优超分配方案 y，记为 $x \operatorname{dom}_{s,c} y$，如果找不到分配方案 x 广义优超分配方案 y，那么，可用 $\neg x \operatorname{dom} y$ 进行标记。

4. 广义优超核心分配

本节将对企业知识联盟传统博弈下的优超核心分配进行扩展。

企业知识联盟传统合作博弈 $v \in G^N$ 格局下的广义优超核心分配 $DC(v, r, c)$，即在广义优超核心内的分配不会被其他分配所优超，通过以下广义分配集加以描述：

$$DC(v, r, c) = \{x \in I(v, r, c) | \neg y \operatorname{dom} x; \forall y \in I(v, r, c)\}$$

若取 $r = 1, c_i = 1, 1 \leqslant i \leqslant n$，广义分配就是传统博弈下的分配，广义核心 $C(v, r, c)$ 也变为传统博弈下的核心 $C(v)$。

如果对知识联盟成员企业集合 N 的所有子集 S，T 都有 $v(S \cup T) \geqslant v(S) + v(T)$，则称企业知识联盟的 n 人合作博弈 (N, v) 是超可加的。如果对满足 $S \subseteq T$ 的 N 的所有子集 S，T 都有 $v(S) \leqslant v(T)$，则称企业知识联盟的 n 人合作博弈 (N, v) 是单调的。本节得出如果企业知识联盟博弈 (N, v) 为非负超可加的，则 (N, v) 是单调的。

定理 7.1 传统合作博弈 (N, v) 格局下企业知识联盟的广义核心分配模型，通过满足以下条件的 n 维向量 $x = (x_1, x_2, \cdots, x_n)$ 加以描述。

（1）$\sum_{i \in N} x_i = r \cdot v(N)$。

（2）$\sum_{i \in S} x_i \geqslant \max\{c_i : i \in S\} \cdot v(S), \forall S \subseteq N$。

证明： 若取 $S = \{i\}$，条件（2）将退化为 $x_i \geqslant c_i \cdot v(\{i\})$，所以满足以上条件（1）和（2）的分配向量即企业知识联盟的广义分配向量。

若 x 满足定理 7.1 中的条件（1）和条件（2），且 $y_i > x_i, \forall i \in S$，则：

$$\sum_{i \in S} y_i > \sum_{i \in S} x_i \geqslant \max\{c_i : i \in S\} \cdot v(S)$$

这表明企业知识联盟分配方案 y 优超 x 是不可能的，所以，$x \in C(v,r,c)$。

反过来，如果 x 不是一个同时满足定理7.1中条件（1）和（2）的 n 维向量，即如果 x 不满足其条件（1），则 x 不是企业知识联盟的一个广义分配向量，因此，$x \notin C(v,r,c)$，如果 x 不满足其条件（2），表明针对某个非空知识联盟 $S \subseteq N$，存在

$$\sum_{i \in S} x_i < \max\{c_i : i \in S\} \cdot v(S)$$

现令

$$\varepsilon = \max\{c_i : i \in S\} \cdot v(S) - \sum_{i \in S} x_i$$

则 $\varepsilon > 0$，令

$$\alpha = r \cdot v(N) - \max\{c_i : i \in S\} \cdot v(S) - \sum_{i \in N \setminus S} c_i \cdot v(\{i\})$$

因为企业知识联盟博弈是非负超可加的，则有

$$v(N) \geq v(S) + \sum_{i \in N \setminus S} v(\{i\})$$

也就是

$$v(N) - v(S) - \sum_{i \in N \setminus S} v(\{i\}) \geq 0$$

因为 $r = \max_{i \in N} c_i$，有

$$\alpha \geq r \cdot v(N) - r \cdot v(S) - \sum_{i \in N \setminus S} r \cdot v(\{i\}) = r \cdot \left(v(N) - v(S) - \sum_{i \in N \setminus S} v(\{i\}) \right) \geq 0$$

现令 $s = |S|$，按下列定义 z：

$$z_i = \begin{cases} x_i + \dfrac{\varepsilon}{s}, & \forall i \in S \\ c_i \cdot v(\{i\}) + \dfrac{\varepsilon}{n-s}, & \forall i \notin S \end{cases}$$

则 z 为企业知识联盟合作博弈的一个广义分配，因为 $z_i \geq c_i \cdot v(\{i\})$，$\forall i \in N$，且

$$\sum_{i=1}^{n} z_i = \sum_{i \in S} x_i + \varepsilon + \sum_{i \in N \setminus S} c_i \cdot v(\{i\}) + \alpha = r \cdot v(N)$$

同时有，$z_i > x_i, \forall i \in S$，以及

$$\sum_{i \in S} z_i = \sum_{i \in S} x_i + \varepsilon = \max\{c_i : i \in S\} \cdot v(S)$$

也就是说，分配方案 z 广义优超分配方案 x，即 $z \, \text{dom}_{S,c} \, x$，表明分配方案 x 不在广义核心分配中，即 $x \notin C(v,r,c)$。反证成立，说明了条件（1）和条件（2）为广义核心分配的充分必要条件。

定理 7.1 表明：企业知识联盟完全合作中满足条件（1）和条件（2）的广义

分配才是广义核心分配。接下来将证明企业知识联盟传统核心分配与广义核心分配之间的关系。

7.1.2 传统核心分配与广义核心分配之间的关系

在企业知识联盟 n 人合作博弈 (N,v) 中，若取 $r=1, c_i=1(1 \leqslant i \leqslant n)$，则企业知识联盟合作博弈的广义核心 $C(v,r,c)$ 与传统核心 $C(v)$ 一致，所以，在这种情况下，传统核心 $C(v)$ 非空蕴含着其广义核心 $C(v,r,c)$ 也非空，本节现证明一个具有理论及实践意义的结论，即对于任何企业知识联盟的非负超可加合作博弈 (N,v)，传统核心分配 $C(v)$ 非空实际上蕴含着对于所有的 $0 < c_i \leqslant 1(1 \leqslant i \leqslant n)$，$r = \max\{c_i : i \in N\}$，其广义核心 $C(v,r,c)$ 都非空，此结论将为企业知识联盟再分配和再合作提供理论依据。

定理 7.2 令 $0 < c_i \leqslant 1(1 \leqslant i \leqslant n)$，$r = \max\{c_i : i \in N\}$，企业知识联盟非负超可加合作博弈 (N,v) 具有非空广义核心 $C(v,r,c)$ 当且仅当线性规划：

$$\begin{cases} \min z = \sum_{i=1}^{n} x_i \\ \text{s.t.} \sum_{i \in S} x_i \geqslant \max\{c_i : i \in S\} \bullet v(S), \forall S \subseteq N \end{cases}$$

有最小值 $z^* \leqslant r \bullet v(N)$。

证明： 显然，若 $x \in C(v,r,c)$，由定理 7.1 知，x 满足上述线性规划的条件，所以，其最小值必须满足：

$$z^* \leqslant \sum_{i=1}^{n} x_i = r \bullet v(N)$$

否则，假设该线性规划在 $x' = (x_1', x_2', \cdots, x_n')$ 处取到最小值 $z^* \leqslant r \bullet v(N)$，则，通过取 $S = N$，有

$$z^* = \sum_{i=1}^{n} x_i' \geqslant \max\{c_i : i \in N\} \bullet v(N) = r \bullet v(N)$$

所以，最小值 $z^* = r \bullet v(N)$，由定理 7.1 可得 $x' \in C(v,r,c)$。

现考虑上述线性规划问题的对偶：

$$\begin{cases} \max q = \sum_{S \subseteq N} \max\{c_i : i \in S\} \bullet y_S \bullet v(S) \\ \text{s.t.} \sum_{i \in S \subseteq N} y_S = 1, \forall i \in N \\ y_S \geqslant 0, \forall S \subseteq N \end{cases} \quad (7.4)$$

若上述两个线性规划问题都有可行解，则原线性规划的最小值 z^* 与其对偶

线性规划问题的最大值 q^* 相等，所以有 $C(v,r,c) \neq \varnothing$，当且仅当对偶线性规划问题有最大值 $q^* \leqslant r \cdot v(N)$，类似地，本书将从均衡分配的视角证明传统博弈格局下企业知识联盟存在广义核心分配方案 $C(v,r,c)$。

定理7.3 令 $0 < c_i \leqslant 1 (1 \leqslant i \leqslant n)$，$r = \max\{c_i : i \in N\}$，企业知识联盟非负超可加博弈 (N,v) 具有非空广义核心分配 $C(v,r,c)$ 的充分必要条件是对每个满足定理7.1条件（2）的非负分配向量 $(y_S)_{S \subseteq N}$，有

$$\sum_{S \subseteq N} \max\{c_i : i \in S\} \cdot y_S \cdot v(S) \leqslant r \cdot v(N)$$

令 $\Phi = \{S_1, S_2, \cdots, S_m\}$ 为企业知识联盟成员企业集合 $N = \{1, 2, \cdots, n\}$ 的非空子联盟的集合，则称 Φ 是均衡的，如果存在正数 $y_1, y_2, \cdots, y_m, \forall i \in N$，使得

$$\sum_{j: i \in S_j} y_j = 1$$

则称 $y = (y_1, y_2, \cdots, y_m)$ 为企业知识联盟均衡的分配方案。

本节现从分配集的角度对定理7.3进行描述：令 $0 < c_i \leqslant 1 (1 \leqslant i \leqslant n)$，$r = \max\{c_i : i \in N\}$，企业知识联盟非负超可加博弈 (N,v) 具有非空广义核心分配 $C(v,r,c)$ 的充分必要条件是，对每个具有均衡向量 $y = (y_1, y_2, \cdots, y_m)$ 的均衡集 $\Phi = \{S_1, S_2, \cdots, S_m\}$，都有

$$\sum_{j=1}^{m} \max\{c_i : i \in S\} \cdot y_j \cdot v(S) \leqslant r \cdot v(N)$$

基于以上定理，接下来证明企业知识联盟均衡分配向量的结论。

定理7.4 在企业知识联盟 n 人非负超可加合作博弈 (N,v) 中，若存在核心分配方案，即 $C(v) \neq \varnothing$，那么对满足 $0 < c_i \leqslant 1 (1 \leqslant i \leqslant n)$，$r = \max\{c_i : i \in N\}$ 的实数，其广义核心分配方案也存在，即 $C(v,r,c) \neq \varnothing$。

证明： 假设 $C(v) \neq \varnothing$，令 $\Phi = \{S_1, S_2, \cdots, S_m\}$ 为企业知识联盟博弈中任何具有均衡向量 $y = (y_1, y_2, \cdots, y_m)$ 的均衡集，根据定理7.3可知：

$$\sum_{j=1}^{m} y_j \cdot v(S) \leqslant v(N)$$

因为 $r = \max\{c_i : i \in N\}$，则：

$$\sum_{j=1}^{m} \max\{c_i : i \in S\} \cdot y_j \cdot v(S) \leqslant r \cdot \sum_{j=1}^{m} y_j \cdot v(S) \leqslant r \cdot v(N)$$

所以，存在广义核心分配方案，即 $C(v,r,c) \neq \varnothing$，本节是从均衡分配向量集的角度研究了企业知识联盟传统核心分配非空前提下的广义核心分配的非空性，接下来将对企业知识联盟存在广义核心分配方案的充分必要条件加以研究。

7.1.3 广义核心分配方案存在的充分必要条件

7.1.2 节已证明,针对任何企业知识联盟 n 人非负超可加合作博弈 (N,v),若存在传统核心分配方案,即 $C(v) \neq \varnothing$,则在任何 $c = (c_1, c_2, \cdots, c_n)$, $0 < c_i \leqslant 1$ 和 $r = \max\{c_i : i \in N\}$ 分配系数的基础上,一定存在广义核心分配方案,即 $C(v,r,c) \neq \varnothing$,以此为基础,本节研究广义核心分配方案的充分必要条件,即在传统博弈格局下企业知识联盟找不到核心分配方案的前提下,可以找到广义核心分配方案。为了证明广义核心分配方案的存在性及其充分必要条件,本节提供了如下两个引理。

引理 7.1 企业知识联盟的 n 人非负超可加合作博弈为 (N,v),成员企业集合记为 $V = \{i \in N : v(N \setminus \{i\}) < v(N)\}$,令 $c_1 = r = \max\{c_i : i \in N\}$,且 $1 \in N$,如果 x 为博弈 (N,v) 的广义分配,且对某个成员企业 $j \in N \setminus V$ 有 $x_j > 0$,则广义分配 x 不在广义核心分配方案中,即 $x \notin C(v,r,c)$。

证明: 令 x 是企业知识联盟 n 人非负超可加合作博弈 (N,v) 的广义分配,如果对某个成员企业 $j \in N \setminus V$ 有 $j \notin V$,则 $v(N \setminus \{j\}) = v(N)$,因此,

$$\sum_{i \in N \setminus \{j\}} x_i < \sum_{i=1}^{n} x_i = r \cdot v(N) = r \cdot v(N \setminus \{j\}) = \max\{c_i : i \in N \setminus \{j\}\} \cdot v(N \setminus \{j\})$$

由定理 7.1 可知,广义分配向量不在广义核心分配中,$x \notin C(v,r,c)$。

以下引理将针对子联盟与全联盟收益值相等,即 $v(S) = v(N)(S \subseteq N)$ 的情况,在这种情况下,本节定义基于企业知识联盟博弈 (N,v) 的新的博弈格局 $(S, \overline{v})$:针对任何 $T \subseteq S$,定义新的博弈 $\overline{v}$ 为

$$\overline{v}(T) = v(T \cup (N \setminus S))$$

显然,$\overline{v}(S) = v(S)$。

引理 7.2 令企业知识联盟 n 人非负超可加合作博弈为 (N,v),$S \subseteq N$ 满足 $v(S) = v(N)$,假定 $1 \in S$,$c_1 = r = \max\{c_i : i \in N\}$,并对任何不在联盟 S 中的成员企业 $j \in N \setminus S$ 以及任何在联盟 S 中的成员企业 $i \in S$ 都有 $c_j \leqslant c_i$,则原博弈格局 (N,v) 具有非空广义核心分配当且仅当新的博弈 $(S, \overline{v})$ 具有非空广义核心分配。

证明: 令企业知识联盟 $S \subseteq N$ 满足 $v(S) = v(N)$,且 $1 \in S$,因为 (N,v) 是单调的,所以对任何企业知识联盟 $S \subseteq S' \subseteq N$ 都有 $v(S') = v(N)$,这意味着,对任何 $j \notin S$ 都有 $v(N \setminus \{j\}) = v(N)$,显然,当 $S = N$ 时结果正确,因此假设 $S \neq N$。

假定 $C(v,r,c) \neq \varnothing$,$x \in C(v,r,c)$,根据引理 7.1,可知对所有的不在联盟 S 中的成员企业 $j \notin S$ 有 $x_j = 0$,令 $\overline{x} \in R^{|S|}$,且对每个在联盟 S 中的成员企业 $i \in S$

都有 $\bar{x}_i = x_i$，则：

$$\sum_{i \in S} \bar{x}_i = \sum_{i \in S} x_i = \sum_{i=1}^{n} x_i = r \cdot v(N) = r \cdot v(S) = r \cdot \bar{v}(S)$$

因为 $x \in C(v,r,c)$，$\forall T \subseteq S$，且有 $c_j \leqslant c_i$，$\forall j \in N \setminus S$，以及 $\forall i \in S$，所以，

$$\sum_{i \in T} \bar{x}_i = \sum_{i \in T} x_i = \sum_{i=T \cup (N \setminus S)}^{n} x_i \geqslant \max\{c_i : i \in T \cup (N \setminus S)\} \cdot v(T \cup (N \setminus S))$$

$$\geqslant \max\{c_i : i \in T\} \cdot \bar{v}(T)$$

所以，由定理 7.1 可知，$\bar{x}$ 在新博弈 $(S, \bar{v})$ 的广义核心中。

相反，令 $\bar{x}$ 在博弈 $(S, \bar{v})$ 的广义核心中，由如下方法定义 $x \in R^n$：若 $i \in S$，那么，$x_i = \bar{x}_i$，否则 $x_i = 0$，则：

$$\sum_{i=1}^{n} x_i = \sum_{i \in S} \bar{x}_i = r \cdot \bar{v}(S) = r \cdot v(S \cup (N \setminus S)) = r \cdot v(N)$$

针对每个知识联盟 $Q \subseteq N$，

$$\sum_{i \in Q} x_i = \sum_{i \in Q \cap S} \bar{x}_i \geqslant \max\{c_i : i \in Q \cap S\} \cdot \bar{v}(Q \cap S)$$

$$= \max\{c_i : i \in (Q \cap S) \cup (N \setminus S)\} \cdot v((Q \cap S) \cup (N \setminus S))$$

$$\geqslant \max\{c_i : i \in Q\} \cdot v(Q)$$

因此，由定理 7.1 可知分配 x 在博弈格局 (N,v) 的广义核心分配中。

基于以上两个引理，接下来进一步研究合作博弈格局下企业知识联盟存在广义核心分配方案。

定理 7.5 针对企业知识联盟 n 人非负超可加合作博弈 x，存在满足 $0 < c_i \leqslant 1 (1 \leqslant i \leqslant n)$ 的向量 $c = (c_1, c_2 \cdots c_n)$ 和 $r = \max\{c_i : i \in N\}$，使得企业知识联盟合作博弈格局 (N,v) 存在广义核心分配 $C(v,r,c)$。

证明： 令 (N,v) 是企业知识联盟 n 人非负超可加合作博弈，则 (N,v) 是单调的，令 $c = (c_1, c_2 \cdots c_n)$ 满足 $c_1 = r = \max\{c_i : i \in N\}$，$0 < c_2 = c_3 = \cdots c_n = k \leqslant r$，将证明，当 k 充分小时，存在分配方案 $x \in C(v,r,c)$。

若存在企业知识联盟成员集合 N 的子集 S 满足 $1 \in S$，$S \neq N$ 以及 $v(S) = v(N)$，根据引理 7.2，可用 S 取代 N，即考虑在 S 上的知识联盟博弈，重复此过程，可假定对任何满足条件 $1 \in S$，$S \neq N$ 的知识联盟子集 $S \subseteq N$，都有 $v(S) < v(N)$。

根据下列定义常数 $a_i (1 \leqslant i \leqslant n)$，$a_i = \max\{v(S) - v(S \setminus \{i\})) : i \in S \subseteq N \setminus \{1,2,\cdots,i-1\}\}$，则对每个 $1 \leqslant i \leqslant n$ 都有 $a_i \geqslant v(\{i\})$，考虑下列两种情况。

第一种情况 $[\ a_1 < v(N)\ ]$。令 $\varepsilon = v(N) - a_1$，则 $\varepsilon > 0$，因为

$c_1 = r = \max\{c_i : i \in N\}$,$0 < c_2 = c_3 = \cdots c_n = k \leqslant r$,则对每个 $2 \leqslant i \leqslant n$,当 k 充分小时有

$$c_i \bullet a_i = k \bullet a_i < \varepsilon$$

以及

$$\sum_{i=2}^{n} c_i \bullet a_i = \sum_{i=2}^{n} k \bullet a_i = k \bullet \sum_{i=2}^{n} a_i < r \bullet \varepsilon$$

现令 $\delta = r \bullet \varepsilon - \sum_{i=2}^{n} c_i \bullet a_i$,则 $\delta > 0$,定义 $x = (x_1, x_2, \cdots, x_n)$ 为 $x_1 = c_1 \bullet a_1 + \delta$,对所有 $2 \leqslant i \leqslant n$,$x_i = c_i \bullet a_i$,则有

$$\sum_{i=1}^{n} x_i = c_1 \bullet a_1 + \delta + r \bullet \varepsilon - \delta = r \bullet a_1 + r \bullet \varepsilon = r \bullet v(N)$$

本书用归纳法证明,针对每个知识联盟 $S \subseteq N$,

$$\sum_{i \in S} x_i \geqslant \max\{c_i : i \in S\} \bullet v(S) \tag{7.5}$$

因为 $a_i \geqslant v(\{i\}), \forall 1 \leqslant i \leqslant n$,则有 $x_i \geqslant c_i \bullet v(\{i\})$,所以,针对满足 $s = |S| = 1$ 的企业知识联盟 $S \subseteq N$,式(7.5)是成立的,假设式(7.5)对满足 $|S| = s - 1$ 的任何知识联盟子集 $S \subseteq N$ 成立,令 $S = \{i_1, i_2, \cdots, i_S\}$ 是满足 $|S| = s \geqslant 2$ 的企业知识联盟成员企业集合 N 的子集,其中 $i_1 < i_2 < \cdots i_S$。

首先考虑 $1 \notin S$ 的情况,因为

$$x_{i_1} = c_{i_1} \bullet a_{i_1} \geqslant c_{i_1} \bullet \left(v(S) - v(S \setminus \{i_1\})\right)$$

根据归纳法,假设有

$$\sum_{k \in S \setminus \{i_1\}} x_k \geqslant \max\{c_k : i \in S \setminus \{i_1\}\} \bullet v(S \setminus \{i_1\})$$

因此,

$$\sum_{k \in S} x_k = x_{i_1} + \sum_{k \in S \setminus \{i_1\}} x_k$$
$$\geqslant c_{i_1} \bullet \left(v(S) - v(S \setminus \{i_1\})\right) + \max\{c_k : i \in S \setminus \{i_1\}\} \bullet v(S \setminus \{i_1\})$$
$$= k \bullet \left(v(S) - v(S\{i_1\})\right) + k \bullet v(S \setminus \{i_1\})$$
$$= k \bullet v(S)$$
$$= \max\{c_k : k \in S\} \bullet v(S)$$

也就是说,在 $1 \notin S$ 的情况下,式(7.5)成立。

然后,假设 $1 \in S$,则 $i_1 = 1$,上述已进行了论证,当 $1 \in S$,$S \neq N$ 时,有 $v(S) < v(N)$,针对 $S = N$ 的情况,由下列等式可知式(7.5)显然成立。

$$\sum_{i \in N} x_i = \sum_{i \in N} x_i = r \cdot v(N) = \max\{c_i : i \in S\} \cdot v(S)$$

针对 $S \neq N$ 的情况，有 $v(S) < v(N)$，因为，$x_1 = c_1 \cdot a_1 + \delta$，$x_i = c_i \cdot a_i$，$c_i = k, \forall 2 \leq i \leq n$，所以有

$$\sum_{k \in S} x_k = x_1 + \sum_{k \in S \setminus \{1\}} x_k$$

$$= c_1 \cdot a_1 + \delta + \sum_{k \in S \setminus \{1\}} x_k$$

$$= c_1 \cdot a_1 + r \cdot \varepsilon - \sum_{i=2}^{n} c_i \cdot a_i + \sum_{k \in S \setminus \{1\}} x_k$$

$$= r \cdot a_1 + r \cdot (v(N) - a_1) - \sum_{i \notin S} c_i \cdot a_i$$

$$= r \cdot v(N) - k \cdot \left(\sum_{i \notin S} a_i\right)$$

$$= r \cdot v(S) + r \cdot (v(N) - v(S)) - k \cdot \left(\sum_{i \notin S} a_i\right)$$

$$\geq r \cdot v(S) = c_1 \cdot v(S)$$

$$= \max\{c_i : i \in S\} \cdot v(S)$$

其中，因为 $r > 0$，$v(N) - v(S) > 0$，因此 $r \cdot (v(N) - v(S)) > 0$，只要取充分小的 k，不等式 $r \cdot (v(S) - v(S)) - k \cdot \left(\sum_{i \notin S} a_i\right) \geq 0$ 就会成立，即证明了式（7.5）成立，$\forall S \subseteq N$，由定理 7.1 得，广义分配向量 x 在广义核心分配中，即 $x \in C(v, r, c)$。

第二种情况 $[a_1 = v(N)]$。由 a_1 的定义可知，存在企业知识联盟集合 N 的子集 S，$1 \in S$，满足 $a_1 = v(S) - v(S \setminus \{1\}) = v(N)$，根据 v 的非负单调性，可得 $v(S) = v(N)$，$v(S \setminus \{1\}) = 0$，这与前面的假设 $v(S) < v(N)$ 相矛盾，反证法成立。

定理 7.5 证明了广义核心的非空性，表明了企业知识联盟存在广义核心分配方案，为决策者考虑知识联盟再分配及再合作问题提供了理论基础。

7.1.4 传统合作博弈下企业知识联盟其他广义分配

本节研究传统合作博弈格局下企业知识联盟的各种广义分配方案，即研究对联盟收益进行部分保留后如何将联盟收益合理公平地分配给每个合作的成员企业，本节对强 ε-核心及稳定集、谈判集等解进行扩展，提出对应的广义分配解，以满足企业知识联盟利益分配更广泛的应用需求。

1. 广义强 ε-核心分配

本节在广义优超的基础上引入 ε，描述广义强 ε-核心分配的概念。令 $c=(c_1,c_2,\cdots,c_n)$，$0<c_i\leq 1(1\leq i\leq n)$，对合作博弈格局下的企业知识联盟 S 来说，有两个广义分配向量分别为 x 和 y，如果满足以下条件，则表示广义分配 x 在知识联盟 S 上的广义 ε-优超分配方案 y 为

$$\begin{cases} x_i > y_i,\ \forall i \in S \\ \sum_{i\in S} x_i + |S|\cdot\varepsilon \leq \max\{c_i:i\in N\}\cdot v(S) \end{cases} \quad (7.6)$$

现有 $c=(c_1,c_2,\cdots,c_n)$，$0<c_i\leq 1(1\leq i\leq n)$，$\varepsilon$ 为一实数，则企业知识联盟博弈 (N,v) 格局下的广义强 ε-核心分配即所有不被广义 ε-优超的广义预分配向量的集合，记 $C_\varepsilon^*(v,r,c)$。本节通过如下定理对其进行证明。

定理 7.6 针对传统非负超可加博弈 (N,v) 格局下的企业知识联盟，其广义强 ε-核心分配描述为满足以下条件的 n 维分配向量 $x=(x_1,x_2,\cdots,x_n)$ 的集合：

$$\begin{cases} ① \sum_{i\in N} x_i = r\cdot v(N) \\ ② \sum_{i\in S} x_i + |S|\cdot\varepsilon \geq \max\{c_i:i\in N\}\cdot v(S),\ \forall S\subseteq N \end{cases} \quad (7.7)$$

证明：当企业知识联盟 S 只包含成员企业 i 时，即 $S=\{i\}$，条件②简化为 $x_i+\varepsilon\geq c_i\cdot v(S)$，假设企业知识联盟广义分配向量 x 满足条件①和②，且满足 $y_i>x_i,\forall i\in S$，则：

$$\sum_{i\in S} y_i + |S|\cdot\varepsilon \geq \sum_{i\in S} x_i + |S|\cdot\varepsilon \geq \max\{c_i:i\in N\}\cdot v(S)$$

表明分配向量 y 是不可能优超分配向量 x 的，因此，广义分配向量 x 在广义强 ε-核心分配中，即 $x\in C_\varepsilon^*(v,r,c)$。

反之，假设广义分配向量 x 不同时满足条件①和②，则可由 x 不满足条件①推导出 x 不是一个广义分配，所以 $x\notin C_\varepsilon^*(v,r,c)$，若 x 不满足条件②，则表明对某个非空知识联盟 $S\subseteq T$，有

$$\sum_{i\in S} x_i + |S|\cdot\varepsilon \geq \max\{c_i:i\in N\}\cdot v(S)$$

令

$$\alpha = \max\{c_i:i\in N\}\cdot v(S) - \sum_{i\in S} x_i + |S|\cdot\varepsilon$$

则 $\alpha>0$，令 β 满足：

$$0<\beta<\frac{1}{|S|}\cdot\alpha$$

构造 y_i 为

$$y_i = \begin{cases} x_i + \dfrac{\alpha}{|S|}, & \forall i \in S \\ \dfrac{1}{n-|S|} \cdot \left[\sum_{i \in N \setminus S} x_i - |S| \cdot \beta \right], & \forall i \notin S \end{cases}$$

当 $i \in S$ 时,$y_i > 0$,当 $i \notin S$ 时,因为

$$\sum_{i \in N \setminus S} x_i - |S| \cdot \beta = \sum_{i \in N} x_i - \sum_{i \in S} x_i - |S| \cdot \beta$$

$$\geqslant r \cdot v(N) - \sum_{i \in S} x_i$$

$$- |S| \cdot \frac{1}{|S|} \cdot \left[\max\{c_i : i \in N\} \cdot v(S) - \sum_{i \in S} x_i - |S| \cdot \varepsilon \right]$$

$$= r \cdot v(N) - \sum_{i \in S} x_i - r \cdot v(S) + \sum_{i \in S} x_i + |S| \cdot \varepsilon$$

$$= r \cdot v(N) - r \cdot v(S) + |S| \cdot \varepsilon$$

第 1 种情况:当 $\varepsilon \geqslant \dfrac{r}{|S|} \cdot (v(S) - v(N))$,$i \notin S$ 时,$y_i > 0$,则 y_i 是一个广义分配。

$$\sum_{i \in S} y_i = \sum_{i \in S} x_i + \alpha + \sum_{i \in N \setminus S} x_i - |S| \cdot \beta = r \cdot v(N)$$

显然,

$$\sum_{i \in S} y_i > \sum_{i \in S} x_i$$

所以,广义分配向量 x 被广义分配向量 y 所优超,意味着广义分配向量 x 不在广义强 ε-核心分配中,即 $x \notin C_\varepsilon^*(v, r, c)$。

第 2 种情况:当 $\varepsilon < \dfrac{r}{|S|} \cdot (v(S) - v(N))$,$i \notin S$ 时,$y_i < 0$,则 y_i 不是知识联盟中的广义核心分配。

接下来将描述并论证企业知识联盟的广义强 ε-核心分配的相关性质。

定理 7.7 令 $0 < c_i \leqslant 1 (1 \leqslant i \leqslant n)$,$r = \max\{c_i : i \in N\}$,企业知识联盟非负超可加博弈 (N, v) 格局下的非空广义强 ε-核心中 ε_0 最小,当且仅当存在如下线性规划:

$$\begin{cases} \min. z = \varepsilon \\ \text{s.t.} \sum_{i \in N} x_i = r \cdot v(N), \sum_{i \in S} x_i + |S| \cdot \varepsilon \geqslant \max\{c_i : i \in N\} \cdot v(S) \end{cases}$$

该线性规划的解 ε^* 即所求最小 ε^* 核心对 ε 的要求,其余解 $x^* = (x_1^*, x_2^*, \cdots, x_n^*)$

则为企业知识联盟广义强 ε-核心分配 $C_\varepsilon^*(v,r,c)$ 中的分配向量。

证明： 显然，通过定理 7.7，若 $x \in C_\varepsilon^*(v,r,c)$，则 x 满足以上线性规划条件，反之，若线性规划在 $x^* = (x_1^*, x_2^*, \cdots, x_n^*)$ 处取得最小值 ε^*，即 x^* 包含在 $C_\varepsilon^*(v,r,c)$ 分配中，则满足 $C_\varepsilon^*(v,r,c) \neq \varnothing$。

本节所描述的广义强 ε-核心分配的概念一定程度上实现了企业知识联盟传统分配方案的扩展，实际应用中如果有满足条件的实数 ε，即可为决策者提供广义强 ε-核心分配方案满足知识联盟可持续合作的需求。

2. 广义稳定集分配

传统合作博弈 $v \in G^N$ 格局下企业知识联盟的广义稳定集分配，可通过满足以下性质的非空广义分配集 K_c 加以描述。

（1）联盟外部广义稳定性：$\forall z \in I(v,r,c) \setminus K_c, \exists x \in K_c$，使得 $x \text{ dom } z$。

（2）联盟内部广义稳定性：$\forall x, y \in K_c$，$\neg x \text{ dom } y$ （7.8）

3. 广义超量分配

令 $x \in I^*(v,r,c) \setminus C(v,r,c)$ 为任意企业知识联盟博弈 v 的广义核心之外的预分配向量，知识联盟 S 关于 x 的广义超量描述为

$$e(S,x,c) = \max\{c_i : i \in S\} \bullet v(S) - \sum_{i \in S} x_i, \quad \forall S \subseteq N$$

令 $T \subseteq N$ 为最大广义超量的最大知识联盟，即

$$e(T,x,c) = \max\{c_i : i \in T\} \bullet v(T) - \sum_{i \in T} x_i$$

$$\geqslant \max\{c_i : i \in S\} \bullet v(S) - \sum_{i \in S} x_i = e(S,x,c), \quad \forall S \subseteq N \quad (7.9)$$

$$e(T,x,c) > e(S,x,c), \quad \forall T \subset S$$

本书用这个最大知识联盟构造关于 x 的广义异议，进而扩展谈判集。

4. 广义 $M_l^{(i)}$ 谈判集分配

企业知识联盟成员合作的传统博弈为 (N,v)，令 x 为博弈的广义分配向量，针对不同的成员企业 k 和 l，k 针对 l 关于 x 的广义异议为一个二元偶 (C, y)，其中，C 为包含 k 而不包含 l 的知识联盟，并且 R^C 中各成员企业的收益分配向量 $y \in R^C$ 满足：

$$\begin{cases} y_i > x_i, \forall i \in C \\ y(C) = \max\{c_i : i \in C\} \bullet v(C) \end{cases} \quad (7.10)$$

令 (C,y) 为成员企业 k 针对 l 关于 x 的广义异议，对此广义异议的广义反异议即一个二元偶 (D,z)，其中，D 为包含成员企业 l 不包含 k 的联盟，且 R^D 中各成员企业的收益分配向量 z 满足：

$$z_i > y_i, \quad \forall i \in D \cap C \qquad (7.11)\text{-}1$$

$$z_i > x_i, \quad \forall i \in D \setminus C \qquad (7.11)\text{-}2$$

$$z(D) = \max\{c_i : i \in D\} \cdot v(D) \qquad (7.11)\text{-}3$$

一个广义异议如果没有广义反异议，则称此广义异议是合理的，企业知识联盟合作博弈 (N,v) 广义谈判集扩展解即为这样的集合：

$$M_l^{(i)} = M_l^{(i)}(N,v) = \{x \in I \mid \text{任何成员企业针对其他企业没有合理的广义异议}\} \qquad (7.12)$$

本节主要研究了知识联盟成员企业完全合作模式下的博弈扩展解，主要对核心及谈判集等进行了扩展，构建了相应的广义分配模型，从利益分配视角为企业知识联盟的可持续发展提供基础，通过以上对广义分配解的描述，为成员企业部分合作模式下的模糊博弈解的扩展思路与方法提供了依据，接下来将研究模糊合作博弈下相关分配解的扩展。

7.2 模糊合作博弈下企业知识联盟广义分配模型

本书主要借助隶属度（也称参与度）描述模糊合作博弈格局下企业知识联盟中的不确定现象，对实际情况中企业以一定参与度同时与多个联盟进行部分合作的思想进行很好的刻画，然而，为确保模糊合作博弈格局下企业知识联盟能够可持续合作，可考虑对模糊合作下联盟收益值进行部分保留，用于再分配及再合作，也就是同时引入参与度和调整系数，满足成员企业以一定参与度同时与多个知识联盟合作，又能满足保留部分收益值用于再发展的应用需求，所以，本节将提出模糊合作博弈下企业知识联盟的广义分配模型。

7.2.1 模糊合作博弈下企业知识联盟的广义核心分配

本节将对模糊分配模型进行扩展，通过调整系数的引入提出相应的广义模糊分配模型，以满足知识联盟成员企业部分合作模式下，对收益进行部分保留，进而为可持续发展提供可行的广义分配方案。

1. 广义模糊分配向量

本书将通过实数 r 及 c_i 描述模糊合作博弈格局下企业知识联盟的广义分配（简称广义模糊分配），其中，$0 < r \leq 1$，$0 < c_i \leq 1$，$1 \leq i \leq n$，同时满足：$r > \max_{i \in N} c_i$，即通过满足以下条件的向量 $x = (x_1, x_2, \cdots, x_n)$ 描述广义模糊分配：

$$\sum_{i \in N} x_i = r \cdot v(e^N) \qquad (7.13)\text{-}1$$

$$x_i \geq c_i \cdot v(e^i), \forall i \in N \qquad (7.13)\text{-}2$$

其中，式（7.13）-1 描述了模糊合作博弈格局下企业知识联盟，可通过系数 r 的调整结合实际情况对总收益实现部分保留而非一次性全部分配完；式（7.13）-2 表明知识联盟的每个成员企业获得的收益不会少于其不参与联盟时所获得的收益。同时，$r > \max_{i \in N} c_i$ 是一个必要条件，可确保式（7.13）-1 与式（7.13）-2 保持一致性。

模糊博弈 $v \in FG^N$ 格局下企业知识联盟的广义分配集 $I(v,r,c)$ 描述为如下集合：

$$I(v,r,c) = \left\{ x \in R^N \;\middle|\; \begin{array}{l} \sum_{i \in N} x_i = r \cdot v(e^N) \\ x_i \geq c_i \cdot v(e^i), \forall i \in N \end{array} \right\} \qquad (7.14)$$

2. 广义模糊核心分配

本节通过以下集合描述模糊合作博弈 $v \in FG^N$ 格局下企业知识联盟的广义核心分配 $C(v,r,c)$，即

$$C(v,r,c) = \left\{ x \in I(v,r,c) \;\middle|\; \sum_{i \in N} s_i \cdot x_i \geq \max_{j \in \text{car}(s)} c_j \cdot v(s), \forall s \in F^N \right\} \qquad (7.15)$$

广义模糊核心的意义：$x \in C(v,r,c)$ 表示对模糊合作模式下企业知识联盟的收益总值 e^N 进行部分保留而非一次性全部分配完的一种再分配方案，在此分配方案的基础上，知识联盟 s 获得的收益不低于 $\max_{j \in \text{car}(s)} c_j \cdot v(s)$，而对合作伙伴 i 而言，其会依据各自的参与度获取相应的收益。

3. 广义模糊特定核心分配

本节通过引入调整系数将知识联盟成员企业部分合作模式下的模糊特定核心扩展为广义模糊特定核心，以满足企业知识联盟再合作及再分配需求。

本节将企业知识联盟模糊合作博弈 $v \in FG^N$ 格局下的广义特定核心分配 $C^P(v,r,c)$（简称广义模糊特定核心分配）描述为

$$C^{P}(v,r,c) = \left\{ x \in I(v,r,c) | \sum_{i \in N} s_i \bullet x_i \geqslant \max_{j \in \text{car}(s)} c_j \bullet v(s), \forall s \in \text{PF}^N \right\} \quad (7.16)$$

也可表示为

$$C^{P}(v,r,c) = \left\{ x \in I(v,r,c) | \sum_{i \in N} s_i \bullet x_i \geqslant \max_{j \in \text{car}(s)} c_j \bullet v(s), \forall s \in \text{PF}_0^N \right\}$$

本节将企业知识联盟模糊合作博弈 $v \in \text{FG}^N$ 格局下的广义明确核心分配 $C^{\text{cr}}(v,r,c)$，简称广义模糊明确核心分配，描述为

$$C^{\text{cr}}(v,r,c) = \left\{ x \in I(v,r,c) | \sum_{i \in S} x_i \geqslant \max_{j \in S} c_j \bullet v(e^S), \forall S \in 2^N \right\} \quad (7.17)$$

4. 广义模糊优超关系

本节将描述企业知识联盟模糊合作博弈下广义模糊优超关系。针对企业知识联盟模糊合作博弈 $v \in \text{FG}^N$ 格局下的两种广义分配方案 $x, y \in I(v,r,c)$，$s \in F_0^N$，若满足以下条件，则称广义分配方案 x 在 s 上优超于 y，记为 $x \text{ dom}_{s,c} y$：

$$\begin{cases} x_i > y_i, \ \forall i \in \text{car}(s) \\ \sum_{i \in N} s_i \bullet x_i \leqslant \max_{j \in \text{car}(s)} c_j \bullet v(s) \end{cases} \quad (7.18)$$

其中，从 $x_i > y_i$ 可推出 $s_i \bullet x_i > s_i \bullet y_i$，表明针对知识联盟 s 而言，其广义分配向量 $x = (x_1, x_2, \cdots, x_n)$ 比广义分配向量 $y = (y_1, y_2, \cdots, y_n)$ 更好；而 $\sum_{i \in N} s_i \bullet x_i \leqslant \max_{j \in \text{car}(s)} c_j \bullet v(s)$ 描述了知识联盟对收益 $\sum_{i \in N} s_i \bullet x_i$ 表示接受。

如果对非空知识联盟 s 有分配方案 x 广义模糊优超 y，记为 $x \text{ dom}_{s,c} y$。如果没有广义分配方案 x 优超于广义分配方案 y，那么，记为 $\neg x \text{ dom } y$。

在广义模糊优超的基础上，接下来描述广义模糊优超核心分配。

5. 广义模糊优超核心分配

企业知识联盟模糊合作博弈 $v \in \text{FG}^N$ 下的广义优超核心分配 $\text{DC}(v,r,c)$（简称广义模糊优超核心分配）借助以下广义分配集加以描述，即在广义模糊优超核心内的广义分配不会被任何其他广义分配所优超：

$$\text{DC}(v,r,c) = \left\{ x \in I(v,r,c) | \neg y \text{ dom } x, \forall y \in I(v,r,c) \right\} \quad (7.19)$$

基于第 3 章 3.4.2 节的关联函数 p 将对相关模糊 P-分配模型进行扩展，描述以下广义模糊 P-分配模型。

6. 广义模糊 P-核心分配

本书在函数 p 的基础上对模糊合作博弈 v 格局下企业知识联盟的广义 P-核心分配加以描述，记为 $C_p(v,r,c)$（也简称为广义模糊 P-核心分配）：

$$C_p(v,r,c) = \left\{ x \in R^n \middle| \begin{array}{l} \sum_{i \in N} x_i = r \bullet v(e^N) \\ \sum_{i \in N} p(s_i) \bullet x_i \geq \max_{j \in \mathrm{car}(s)} c_j \bullet v(s) \end{array} \right\} \quad (7.20)$$

其中，$0 < \max_{j \in \mathrm{car}(s)} c_j \leq r = \max_{i \in N} c_i \leq 1, \forall s \in F^N$。基于此，其实广义模糊核心分配就是广义模糊 P-核心分配的特例，而 p 是由 $p(s_i) = s_i, \forall i \in N$ 给定的。

为了提供更多合理的考虑再合作的知识联盟广义模糊分配方案，现对以下广义模糊分配模型进行描述。

7. 广义模糊特定 P-核心分配

企业知识联盟模糊合作博弈 $v \in \mathrm{FG}^N$ 格局下的广义模糊特定 P-核心分配，用以下集合描述：

$$C_p^P(v,r,c) = \left\{ x \in R^n \middle| \begin{array}{l} \sum_{i \in N} x_i = r \bullet v(e^N) \\ \sum_{i \in N} p(s_i) \bullet x_i \geq \max_{j \in \mathrm{car}(s)} c_j \bullet v(s) \end{array} \right\} \quad (7.21)$$

其中，$0 < \max_{j \in \mathrm{car}(s)} c_j \leq r = \max_{i \in N} c_i \leq 1, \forall s \in \mathrm{PF}^N$。

用以下集合描述模糊合作博弈 $v \in \mathrm{FG}^N$ 格局下企业知识联盟的广义模糊明确 P-核心分配，其中，$0 < \max_{j \in \mathrm{car}(s)} c_j \leq r = \max_{i \in N} c_i \leq 1, \forall S \in 2^N$，即

$$C_p^{\mathrm{cr}}(v,r,c) = \left\{ x \in R^n \middle| \begin{array}{l} \sum_{i \in N} x_i = r \bullet v(e^N) \\ \sum_{i \in S} p(1) \bullet x_i \geq \max_{j \in S} c_j \bullet v(e^S) \end{array} \right\} \quad (7.22)$$

3.4.2 节已描述了当 $p(1)=1$ 时企业知识联盟模糊明确 P-核心分配 $C_p^{\mathrm{cr}}(v)$ 与模糊明确核心分配 $C^P(v)$ 相等的性质，本节将两种分配模型分别进行扩展，论证两者等价关系仍成立，即当 $p(1)=1$ 时广义模糊明确 P-核心分配 $C_p^{\mathrm{cr}}(v,r,c)$ 等价于广义模糊明确核心分配 $C^P(v,r,c)$。

8. 广义模糊 P-优超核心分配

给定模糊合作博弈 $v \in \mathrm{FG}^N$ 格局下的企业知识联盟 $s \in F^N$ 及函数 $p \in P$，有满足以下条件的两个广义模糊分配 $x, y \in I(v,r,c)$，则称广义分配 x 通过 s 广义 P-

优超于 y，可记作 $x \text{ dom}_{s,c}^{P} y$：

$$\sum_{i \in N} p(s_i) \cdot x_i \leqslant \max_{j \in \text{car}(s)} c_j \cdot v(s) \text{ 且 } p(s_i) \cdot x_i > p(s_i) \cdot y_i, \forall i \in \text{car}(p(s)) \quad (7.23)$$

针对知识联盟 $s \in F^N$，若至少存在分配向量使得 $x \text{ dom}_{s,c}^{P} y$，简称分配向量 x 广义模糊 P-优超于 y，记作 $x \text{ dom}^P y$，而若 $x \text{ dom}_{s,c}^{P} y$，则必须满足 $|\text{car}(s)| < n$。

由此可将企业知识联盟模糊合作博弈 v 格局下的广义模糊 P-优超核心分配 $\text{DC}_p(v,r,c)$ 描述为不被其他广义分配 P-优超的广义分配集。 （7.24）

为了在 7.2.2 节研究模糊合作博弈下企业知识联盟广义模糊核心之间的关系，接下来对模糊稳定集及模糊 P-稳定集分配进行扩展。

9. 广义模糊稳定集分配

借助满足以下性质的非空广义模糊分配集 K_c，描述模糊合作博弈 $v \in \text{FG}^N$ 格局下企业知识联盟的广义模糊稳定集分配，如下所示。

（1）联盟外部广义稳定性：$\forall z \in I(v,r,c) \setminus K_c, \exists x \in K_c$，使得 $x \text{ dom } y$。

（2）联盟内部广义稳定性：$\forall z \in I(v,r,c) \setminus K_c, \neg x \text{ dom } y$。 （7.25）

10. 广义模糊 P-稳定集分配

企业知识联盟模糊合作博弈 v，其广义模糊 P-稳定集分配 $K_{p,c}$ 可通过满足以下性质的非空广义分配集加以描述。

（1）联盟 P-外部广义稳定性：$\forall z \in I(v,r,c) \setminus K_{p,c}, \exists x \in K_c$，使得 $x \text{ dom}^P z$。

（2）联盟 P-内部广义稳定性：$\forall x,y \in K_{p,c}, \neg x \text{ dom}^P y$。 （7.26）

本节扩展的以上广义模糊 P-分配方案表明：模糊合作博弈格局下企业知识联盟的核心要素可以由更一般的可分离支持函数组成，本节构建的广义模糊 P-核心分配可提供更合理的收益再分配方案，既体现了合作利益的模糊特性，又解决了保留部分收益用于再发展的分配问题。然而，为了决策者能在应用中根据实际情况选择合适的分配方案，也为广义分配方案的存在性提供服务，接下来对广义核心分配间的关系进行刻画。

7.2.2 模糊合作博弈下企业知识联盟广义核心分配的关系刻画

模糊核心分配是企业知识联盟模糊合作博弈最重要的解集，但并不是企业知识联盟成员合作形成的所有模糊博弈均存在模糊核心分配方案，所以本书构建的广义模糊核心模型提供了非空的广义分配方案,同时,基于广义模糊 P-核心解可提供更多的广义分配方案,本书第3.4.3节描述了企业知识联盟模糊核心之间的关系,本节将对企业知识联盟扩展后的广义模糊核心之间的关系进行论证。

定理7.8 令企业知识联盟模糊合作博弈为$v \in \mathrm{FG}^N$,则:

(1)针对函数$p, p' \in P$,如果满足$p(a) \leqslant p'(a)$,$\forall a \in [0,1]$,则企业知识联盟模糊合作博弈格局下各广义模糊 P-核心分配之间具有以下包含关系:函数p'下的广义模糊核心分配包含广义模糊 P-核心分配,即$C_p(v,r,c) \subseteq C_{p'}(v,r,c)$;函数$p'$下的广义模糊特定核心分配包含广义模糊特定 P-核心分配,即$C_p^P(v,r,c) \subseteq C_{p'}^P(v,r,c)$。

此外,广义模糊 P-核心分配包含规则p^-下的广义模糊核心分配且规则p^+下的广义模糊核心分配包含广义模糊 P-核心分配,即$C_{p^-}(v,r,c) \subseteq C_p(v,r,c) \subseteq C_{p^+}(v,r,c)$;广义模糊特定 P-核心分配包含规则$p^-$下的广义模糊特定核心分配,同时规则$p^+$下的广义模糊特定核心分配包含广义模糊特定 P-核心分配,即$C_{p^-}^P(v,r,c) \subseteq C_p^P(v,r,c) \subseteq C_{p^+}^P(v,r,c), \forall p \in P$。

(2)基于函数$p \in P$,则企业知识联盟的广义模糊特定 P-核心分配包含广义模糊 P-核心分配,同时广义模糊明确核心分配包含广义模糊特定 P-核心分配,即$C_p(v,r,c) \subseteq C_p^P(v,r,c) \subseteq C^{\mathrm{cr}}(v,r,c)$。

(3)企业知识联盟规则p^+下的广义模糊核心分配与规则p^+下的广义模糊特定核心分配及广义模糊明确核心分配具有等价关系,即$C_{p^+}(v,r,c) = C_{p^+}^P(v,r,c) = C^{\mathrm{cr}}(v,r,c)$。

证明:(1)取企业知识联盟广义模糊 P-核心内的任意广义分配向量$x \in C_p(v,r,c)$,那么,$\sum_{i \in N} x_i = r \cdot v(e^N)$且$\sum_{i \in N} p(s_i) \cdot x_i \geqslant \max_{j \in \mathrm{car}(s)} c_j \cdot v(s), \forall s \in F^N$。因为$x \in I(v,r,c)$,表明$x_i \geqslant c_i \cdot v(e^i) \geqslant 0$,如果$p(a) \leqslant p'(a), \forall a \in [0,1]$,则$p(s_i) \cdot x_i \leqslant p'(s_i) \cdot x_i, \forall i \in N$,所以,$\sum_{i \in N} p'(s_i) \cdot x_i \geqslant \max_{j \in \mathrm{car}(s)} c_j \cdot v(s), \forall s \in F^N$,表明分配方案$x$在函数$p'$下的广义模糊核心分配中,即$x \in C_{p'}(v,r,c)$。同样可以证明函数$p'$下的广义模糊特定核心分配包含广义模糊特定 P-核心分配$C_p^P(v,r,c) \subseteq C_{p'}^P(v,r,c)$。

(2)根据企业知识联盟的广义模糊特定 P-核心分配$C_p(v,r,c)$、广义模糊明确核心分配$C_p^P(v,r,c)$及广义模糊特定 P-核心分配$C^{\mathrm{cr}}(v,r,c)$的定义,显然知道$C_p(v,r,c) \subseteq C_p^P(v,r,c) \subseteq C^{\mathrm{cr}}(v,r,c)$成立。

（3）根据（2），有广义模糊明确核心分配包含广义模糊特定 P-核心分配，即 $C_p^P(v,r,c) \subseteq C^{cr}(v,r,c)$，用反证法，现取任意的广义分配向量 $x \in C^{cr}(v,r,c)$，则 $\sum_{i \in N} x_i = r \cdot v(e^N)$ 及 $\sum_{i \in S} x_i \geq \max_{j \in S} c_j \cdot v(e^S), \forall S \subseteq N$。针对任意的知识联盟 $s \in F^N$，可满足 $\sum_{i \in car(p^+(s))} p^+(s_i) \cdot x_i \geq \max_{j \in car(s)} c_j \cdot v(s)$。根据函数 p^+ 的定义，若 $s_i > 0$，则 $p^+(s_i) = 1$，若 $s_i = 0$，则 $p^+(s_i) = 0$。所以，有

$$\sum_{i \in car(p^+(s))} p^+(s_i) \cdot x_i = \sum_{i: s_i > 0} x_i$$

$$= \sum_{i \cdot in \cdot s} x_i \geq \max_{j \in S} c_j \cdot v(e^S) \geq \max_{j \in S} c_j \cdot v(s) \geq \max_{j \in car(s)} c_j \cdot v(s)$$

定理 7.8 说明：针对企业知识联盟模糊合作博弈格局下广义模糊 P-核心分配之间的包含关系，以及在规则 p^+ 下广义模糊核心分配与广义模糊特定核心分配及广义模糊明确核心分配之间的等价关系，为管理者们提供了合理的广义分配方案优化策略。

定理 7.9 令企业知识联盟模糊合作博弈为 $v \in FG^N$，以及 $p \in P$，则：

（1）模糊 P-优超核心分配包含广义模糊特定核心分配，即 $C_p^P(v,r,c) \subseteq DC_p(v,r,c)$。

（2）对企业知识联盟的每一个广义模糊 P-稳定集分配 K_p 有：广义模糊 P-稳定集分配包含模糊 P-优超核心分配，即 $DC_p(v,r,c) \subseteq K_{p,c}$。

（3）模糊合作博弈 v 下企业知识联盟的分配 x 在规则 p^+ 下广义优超分配 y，即 $x \text{ dom}^{p^+} y$，当且仅当在 v 所对应的传统博弈 w 下分配 x 优超 y，即 $x \text{ dom } y$，因此，模糊合作博弈格局下规则 p^+ 中的广义模糊优超核心分配与传统博弈格局下的优超核心分配具有等价关系，即 $D_{p^+}(v) = DC(w)$，同时 K_{p^-} 为模糊博弈 v 下规则 p^- 中的广义稳定集分配，当且仅当 K_{p^-} 是博弈 w 中的一个广义稳定集分配。

证明：（1）如果广义模糊特定核心分配与广义模糊分配相等，即 $DC_p(v,r,c) = I(v,r,c)$，则结论显然成立，所以，现假定广义模糊特定核心分配包含于广义模糊分配中，即 $DC_p(v,r,c) \subset I(v,r,c)$，现取在广义模糊分配中但不在广义模糊特定核心分配中的广义分配向量 x，即 $x \in I(v,r,c) \setminus DC_p(v,r,c)$，有广义分配向量 $y \in I(v,r,c)$ 及 $s \in PF^N$，满足 $p(s_i) \cdot y_i > p(s_i) \cdot x_i$，$\forall i \in car(p(s))$，且 $\sum_{i \in car(p(s))} p(s_i) \cdot y_i < \max_{j \in car(s)} c_j \cdot v(s)$，则 $\sum_{i \in car(p(s))} p(s_i) \cdot x_i <$

$$\sum_{i \in \text{car}(p(s))} p(s_i) \cdot y_i \leq \max_{j \in \text{car}(s)} c_j \cdot v(s) \text{。}$$

因此，$x \in I(v,r,c) \setminus C_p^P(v,r,c)$，可得结论：模糊 P-优超核心分配包含广义模糊特定核心分配，即 $C_p^P(v,r,c) \subseteq \text{DC}_p(v,r,c)$。

（2）令 $K_{p,c}$ 为广义 P-稳定集分配，由于模糊 P-优超核心分配 $\text{DC}_p(v,r,c)$ 由非优超的广义分配组成，且针对 $I(v,r,c) \setminus K_{p,c}$ 中的每一个广义分配而言，通过广义外部稳定性会被一些广义分配所优超，即 $\text{DC}_p(v,r,c) \subseteq K_{p,c}$ 成立。

（3）假设模糊合作博弈 v 格局下企业知识联盟有广义分配方案满足 $x \text{ dom}^{p^+} y$，那么，$\sum_{i \in \text{car}(p(s))} p^+(s_i) \cdot x_i \leq \max_{j \in \text{car}(s)} c_j \cdot v(s)$ 及 $p^+(s_i) \cdot x_i > p^+(s_i) \cdot y_i$，$\forall i \in \text{car}(p(s))$。因为 $p^+(s_i) = 1$ 当且仅当 $s_i > 0$，根据企业知识联盟的模糊合作博弈 v 的单调性有

$$\sum_{i \in \text{car}(p(s))} x_i \leq \max_{j \in \text{car}(s)} c_j \cdot v(s) \max_{j \in \text{car}(p(s))} c_j \cdot v\left(e^{\text{car}(p(s))}\right)$$

$$x_i > y_i, \forall i \in \text{car}(p(s))$$

由于 $S \subseteq \text{car}(p(s))$，$v(s) \leq v\left(e^{\text{car}(p(s))}; \text{car}(s) \subseteq \text{car}(p(s))\right)$，以及 $\max_{j \in \text{car}(s)} c_j \leq \max_{j \in \text{car}(p(s))} c_j$，所以，在博弈 w 中有分配方案满足 $x \text{ dom } y$。又由于在博弈 w 中通过 $x \text{ dom}_{s,c} y$ 有 $x \text{ dom}_{e^s}^{p^+} y$，也就是说，反过来也是成立的，同理（3）中的后半部分也成立。

定理 7.9 表明：企业知识联盟广义模糊 P-稳定集分配与广义模糊 P-优超核心分配之间的包含关系，以及 p^+ 规则下广义模糊优超核心分配与传统广义优超核心分配之间的等价转换所需要满足的充分必要条件，为决策者提供由传统格局转换为模糊格局下的最优分配方案。接下来将对广义模糊特定 P-核心分配及广义模糊 P-优超核心分配等价转换所需满足的充分条件进行研究。

定理 7.10 模糊合作博弈 $v \in \text{FG}^N$ 格局下企业知识联盟 $s \in F^N$，$\text{car}(p(s)) \neq \varnothing$，以及函数 $p \in P$，$p(a) > 0, \forall a \in [0,1]$，令 $p^*(s) = \min_{i \in \text{car}(p(s))} p(s_i)$，$v_p^*(s) = \dfrac{v(s)}{p^*(s)}$，假设满足：

$$r \cdot v(e^N) - \max_{j \in \text{car}(s)} c_j \cdot v_p^*(s) - \sum_{i \in N \setminus \text{car}(s)} c_i \cdot v(e^i) \geq 0, \forall \cdot s \in F^N$$

其中，$0 < \max_{j \in \text{car}(s)} c_j \leq 0 < \max_{j \in N} c_j < r \leq 1$，则企业知识联盟的广义模糊特定 P-核心分配等价于广义模糊 P-优超核心分配，即 $C_p^P(v,r,c) \subseteq \text{DC}_p(v,r,c)$。

证明： 由定理 7.9 中的（1）可知，模糊 P-优超核心分配包含广义模糊特定核心分配，即 $C_p^P(v,r,c) \subseteq \mathrm{DC}_p(v,r,c)$，现通过反证法证明，不在模糊 P-优超核心分配中的分配向量 x，也不在广义模糊特定核心分配中，也就是说，$x \notin C_p^P(v,r,c)$ 表明 $x \notin \mathrm{DC}_p(v,r,c)$。若 $I(v,r,c) = C_p^P(v,r,c)$，那么，很容易可得 $C_p^P(v,r,c) \subseteq \mathrm{DC}_p(v,r,c)$，由于 $C_p^P(v,r,c) \subseteq \mathrm{DC}_p(v,r,c) \subseteq I(v,r,c)$，现假设 $C_p^P(v,r,c) \subset I(v,r,c)$，同时取分配向量 $x \in I(v,r,c) \setminus C_p^P(v,r,c)$。那么，存在知识联盟 $s \in F^N$，使得 $\sum_{i \in \mathrm{car}(p(s))} p(s_i) \bullet x_i < \max_{j \in \mathrm{car}(s)} c_j \bullet v(s)$。于是有

$$\sum_{i \in \mathrm{car}(p(s))} p^*(s_i) \bullet x_i < \max_{j \in \mathrm{car}(s)} c_j \bullet v(s)$$

因此，$\sum_{i \in \mathrm{car}(p(s))} p(s_i) \bullet x_i < \max_{j \in \mathrm{car}(s)} c_j \bullet v_p^*(s)$，所以，对每一个合作伙伴 $i \in \mathrm{car}(p(s))$ 来说，可取 $\varepsilon_i > 0$ 使得 $\sum_{i \in \mathrm{car}(p(s))} (x_i + \varepsilon_i) < \max_{j \in \mathrm{car}(s)} c_j \bullet v_p^*(s)$ 及 $\sum_{i \in \mathrm{car}(p(s))} p(s_i) \bullet (x_i + \varepsilon_i) < \max_{j \in \mathrm{car}(s)} c_j \bullet v(s)$，现构造分配向量 $y \in R^N$：

$$y_i = \begin{cases} x_i + \varepsilon_i, & \forall i \in \mathrm{car}(p(s)) \\ \dfrac{r \bullet v(e^N) - \max_{j \in \mathrm{car}(s)} c_j \bullet v_p^*(s) - \sum_{i \in N \setminus \mathrm{car}(p(s))} c_i \bullet v(e^i)}{|N \setminus \mathrm{car}(p(s))|} + \delta_i, & \forall i \in N \setminus \mathrm{car}(p(s)) \end{cases}$$

其中，$\delta_i > 0$，$\forall i \in N \setminus \mathrm{car}(p(s))$，满足 $\sum_{i \in N \setminus \mathrm{car}(p(s))} \delta_i = \max_{j \in \mathrm{car}(s)} c_j \bullet v_p^*(s) - \sum_{i \in \mathrm{car}(p(s))} p(s_i) \bullet (x_i + \varepsilon_i)$，因为 $\sum_{i \in \mathrm{car}(p(s))} p(s_i) \bullet (x_i + \varepsilon_i) < \max_{j \in \mathrm{car}(s)} c_j \bullet v_p^*(s)$，所以，这样的 δ_i 是可以取到的。所以，

$$\sum_{i \in N} y_i = \sum_{i \in \mathrm{car}(p(s))} (x_i + \varepsilon_i) + \sum_{i \in N \setminus \mathrm{car}(p(s))} c_i \bullet v(e^i)$$
$$+ \frac{|N \setminus \mathrm{car}(p(s))|}{|N \setminus \mathrm{car}(p(s))|} \bullet \left\{ v \bullet v(e^N) - \max_{j \in \mathrm{car}(s)} c_j \bullet v_p^*(s) - \sum_{i \in N \setminus \mathrm{car}(p(s))} c_i \bullet v(e^i) \right\}$$
$$+ \sum_{i \notin \mathrm{car}(p(s))} \delta_i$$
$$= r \bullet v(e^N)$$

由于 $\sum_{i \notin \mathrm{car}(p(s))} \delta_i = \max_{j \in \mathrm{car}(s)} c_j \bullet v_p^*(s) - \sum_{i \in \mathrm{car}(p(s))} p(s_i) \bullet (x_i + \varepsilon_i)$，而且 $y_i > x_i \geqslant c_i \bullet v(e^i)$，$\forall i \in \mathrm{car}(p(s))$，同时，因为 $r \bullet v(e^N) - \max_{j \in \mathrm{car}(s)} c_j \bullet v_p^*(s) -$

$\sum_{i\in N\setminus \text{car} p((s))} c_i \cdot v(e^i) \geq 0$，我们有 $y_i > c_i \cdot v(e^i)$，$\forall i \in N \setminus \text{car}(p(s))$。所以，广义分配向量 y 在广义分配 $I(v,r,c)$ 中，即 $y \in I(v,r,c)$。

由 $y_i > x_i, \forall i \in \text{car}(p(s))$ 可知，$p(s) \cdot y_i > p(s) \cdot x_i, \forall i \in \text{car}(p(s))$，且 $\sum_{i\in\text{car}(p(s))} p(s_i) \cdot y_i < \sum_{i\in\text{car}(s)} c_j \cdot v(s)$ [因为 $y_i = x_i + \varepsilon_i$，又 $\sum_{i\in\text{car}(p(s))}(x_i + \varepsilon_i) < \max_{j\in\text{car}(s)} c_j \cdot v(s)$]，所以，分配向量 y 广义模糊 P-优超分配向量 x，即 $y \text{ dom}^P x$。

所以，可得到分配向量 x 在广义分配 $I(v,r,c)$ 中但不在广义模糊 P-优超核心分配 $\text{DC}_P(v,r,c)$ 中，也就是说，反证法证明 $C^P(v,r,c) = C^{\text{cr}}(v,r,c)$ 成立。

定理 7.10 表明：企业知识联盟模糊合作博弈格局下，如果联盟收益值满足以上充分条件，则基于模糊特定 P-核心的收益分配方案与基于模糊 P-优超核心的收益分配方案相等。

7.2.3 模糊合作博弈下企业知识联盟广义谈判集分配

本节将在模糊谈判集的基础上引入调整系数，提出广义谈判集概念，为企业知识联盟广义分配方案的非空性提供依据。

1. 广义模糊超量

令 $x \in I^*(v,r,c) = \left\{ x \in R^n \mid \sum_{i\in N} x_i = r \cdot v(e^N) \right\}$ 为任意企业知识联盟模糊合作博弈 v 广义模糊核心分配之外的预分配向量，本节将知识联盟 s 关于 x 的广义模糊超量描述为

$$e(s,x,c) = \max_{j\in\text{car}(s)} c_j \cdot v(s) - \sum_{j\in\text{car}(s)} s_j \cdot x_j, \quad \forall s \leq e^N \quad (7.27)$$

令 $t \leq e^N$ 为广义最大模糊超量的最大知识联盟，满足：

$$\begin{cases} e(t,x,c) = \max_{j\in\text{car}(t)} c_j \cdot v(t) - \sum_{j\in\text{car}(t)} t_j \cdot x_j \geq \max_{j\in\text{car}(s)} c_j \cdot v(s) - \sum_{j\in\text{car}(s)} s_j \cdot x_j = e(s,x,c), \forall s \leq e^N \\ e(t,x,c) > e(s,x,c), \forall t < s \end{cases}$$

本节用以上广义模糊超量构造关于 x 的广义模糊异议，进而对模糊谈判集分配进行扩展，提出广义模糊谈判集分配。

2. 广义模糊谈判集分配

如果有成员企业 $k, l \in N$，且 $k \neq l$，则记为

$$\varGamma_{kl}(N) = \varGamma_{kl} = \left\{ \operatorname{car}(s) \subseteq \operatorname{car}\left(e^{N\setminus\{l\}}\right) \mid k \in \operatorname{car}(s) \right\} \quad (7.28)$$

也就是说,$\varGamma_{kl}$是包含成员企业k而不包含成员企业l的企业知识联盟的集合。

给定用于企业知识联盟利益分配的模糊合作博弈v的广义分配向量x,现假设有两个成员企业k和l可能对此广义分配向量x持有异议。例如,成员企业k会质疑l比自己所获收益多,于是k找到一知识联盟s,满足$s \in F^N$,$s_k > 0$,$s_l = 0$,对企业知识联盟s而言,其各成员企业的收益分配向量y的分量为$\operatorname{car}(s)$中的成员,使得

$$s_i \cdot y_i \geq s_i \cdot x_i, \ \forall i \in \operatorname{car}(s) \quad (7.29)\text{-}1$$

$$\sum_{i \in \operatorname{car}(s)} s_i \cdot y_i = \max_{i \in \operatorname{car}(s)} c_i \cdot v(s) \quad (7.29)\text{-}2$$

其中,$s_i \cdot y_i \geq s_i \cdot x_i$至少包含一个严格大于不等式,即$s_i \cdot y_i > s_i \cdot x_i$,则成员企业$k$针对$l$关于收益分配向量$x$的广义模糊异议即可用二元偶$(y,s)$进行描述。对于成员企业$k$的广义模糊异议$(y,s)$,成员企业$l$可能会采取相应的抵制策略进行反抗,也就是说,成员企业l也可能组建不让成员企业k参与的知识联盟t,即其广义收益分配向量z,满足:$t \in F^N$,$t_l > 0$,$t_k = 0$,对企业知识联盟t而言,其各成员企业广义分配向量z的分量为$\operatorname{car}(t)$中的成员,使得

$$t_i \cdot z_i \geq t_i \cdot x_i, \ \forall i \in \operatorname{car}(t) \setminus \operatorname{car}(s) \quad (7.29)\text{-}3$$

$$t_i \cdot (z_i - x_i) \geq t_i \cdot (y_i - x_i), \ \forall i \in \operatorname{car}(t) \cap \operatorname{car}(s) \quad (7.29)\text{-}4$$

$$\sum_{i \in \operatorname{car}(t)} t_i \cdot z_i = \max_{i \in \operatorname{car}(t)} c_i \cdot v(t) \quad (7.29)\text{-}5$$

以上定义表明,各成员企业从知识联盟t中获得的广义收益多于它们从知识联盟s中所获得的广义收益,并且针对同时参与知识联盟t与s的那些合作伙伴,它们的广义收益不少于其在s中所获得的广义收益,则成员企业l针对k的广义模糊异议(y,s)的广义模糊反异议可用二元偶(z,t)加以描述。

所以,本节将企业知识联盟的广义模糊谈判集分配$\operatorname{MC}_F(v,r,c)$描述如下:针对企业知识联盟模糊合作博弈$v$的广义分配向量$x$,如果以$x$为谈判点,则对任意成员企业$k$和$l$,关于广义分配向量$x$,成员企业$k$针对$l$的任何广义模糊异议$(y,s)$均会有成员企业$l$针对$k$的广义模糊反异议$(z,t)$存在,也就是说,企业知识联盟谈判点的全体构成了企业知识联盟广义模糊谈判集,即

$$\operatorname{MC}_F(v,r,c) = \{x \in I^*(v) \mid x \text{ 的每个广义模糊异议都存在广义模糊反异议}\}$$

$$(7.29)\text{-}6$$

3. 模糊网络博弈格局下企业知识联盟广义模糊谈判集的等价性质

第5章已证明企业知识联盟模糊网络合作博弈下，其模糊谈判集分配与模糊核心分配具有等价性质，本章已分别将模糊核心及模糊谈判集扩展为广义模糊核心及广义模糊谈判集，现证明扩展后的广义分配方案的等价关系依然成立。现给出企业知识联盟模糊网络博弈格局下利益再分配（也即广义分配）的相关研究结论。

结论1：在模糊网络博弈 G_F^u 中用 $u-x$ 代替 u，$x \in R^A$，得到模糊网络 G_F^{u-x}（也即简单模糊网络），则对模糊简单网络博弈 $\Gamma(G_F^u) = (e^A; v)$ 而言，企业知识联盟的广义分配向量 $x \in R_+^A$ 满足 $\sum_{j \in \text{car}(e^A)} x_j = r \cdot v(e^A), 0 < r \leq 1$，则有 x 是广义模糊核心 $C(\Gamma(G_F^u), r, c)$ 中的分配向量，即 $x \in C(\Gamma(G_F^u), r, c)$，当且仅当模糊网络博弈 G_F^u 的任意最优流 f 在模糊网络 G_F^{u-x} 中也是最优的，同时其最优值为0。

结论2：企业知识联盟的简单模糊网络博弈 G_F^u 下，用 $u-x$ 代替 u，$\forall x \in R^A$，得到简单模糊网络 G_F^{u-x}，令 v^* 为企业知识联盟简单模糊网络博弈 $\Gamma(G_F^{u-x})$ 的特征函数，则其特征函数 v^* 满足：

$$\max_{s \leq t} \left\{ \max_{j \in \text{car}(s)} c_j \cdot v(s) - \sum_{j \in \text{car}(s)} s_j \cdot x_j \right\} = v^*(t), \forall t \leq e^A, t \in F^A \quad (7.30)$$

结论3：知识联盟成员企业合作的任意简单模糊网络博弈 $\Gamma(G_F^u)$ 下，其广义模糊谈判集分配 $\text{MC}_F(\Gamma(G_F^u), c)$ 与广义模糊核心分配 $C(\Gamma(G_F^u), r, c)$ 相等。

本节在结论1和结论2的基础上证明了结论3，结论3主要说明模糊网络合作博弈格局下企业知识联盟的广义模糊谈判的均衡性，进而表明其广义模糊核心的非空性，保证了企业知识联盟广义最优分配方案的存在性，为实现企业知识联盟可持续发展的优化对策提供技术基础。

4. 模糊平均单调博弈下企业知识联盟广义模糊谈判集分配的等价性质

本书第6章研究了传统平均单调博弈到模糊平均单调博弈的延拓，给出了知识联盟成员企业合作的模糊平均单调博弈格局下，模糊核心分配和模糊谈判集分配的等价性质。本章研究了模糊平均单调博弈格局下企业知识联盟扩展后的广义模糊核心分配与广义模糊谈判集分配的等价性质也是成立的，即存在最优的广义分配方案。现给出企业知识联盟模糊平均单调博弈格局下利益再分配（也即广义分配）的研究结论。

结论 1：令 v 为知识联盟关于贡献值向量 α 的模糊平均单调博弈，其广义模糊比例分配模型 $p(v;\alpha,r,c) = \left(p_i(v;\alpha,r,c)\right)_{i=1,2,\cdots,n}$，描述为

$$p(v;\alpha,r,c) = \alpha_i \cdot \frac{r \cdot v(e^N)}{\alpha(e^N)}, \quad i = 1,2,\cdots,n \quad (7.31)$$

其中，$0 < r = \max\{c_i : i \in \text{car}(e^N)\} \leq 1$，$c = (c_1, c_2, \cdots, c_n)$，$0 < c_i \leq 1$。

广义模糊比例分配模型表明：企业知识联盟的广义模糊比例分配不仅是其模糊平均单调博弈中广义模糊核心分配中的元素，也体现了联盟伙伴在更大知识联盟中比任何子联盟中获得更高收益的规则。同时广义模糊比例分配也为模糊平均单调博弈格局下企业知识联盟广义模糊核心分配方案的存在性提供了论证基础。

结论 2：令 v 为企业知识联盟关于贡献值向量 α 的模糊平均单调博弈，则有以下声明。

（1）企业知识联盟模糊平均单调博弈下广义模糊核心分配包含广义模糊比例分配。

（2）企业知识联盟模糊平均单调博弈是完全均衡的。

结论 3：为满足企业知识联盟再发展的需求，在将总收益值进行部分保留的情况下，对模糊简化博弈进行扩展，构建了广义分配下寻找合作伙伴的模糊简化博弈格局。

模糊博弈 v 下特定的企业知识联盟 $t < e^N$，以及广义分配向量 $x \in R^N$，针对联盟 t 关于广义分配向量 x 的模糊简化博弈为

$$v_x^t(e^\varnothing) = 0$$

$$v_x^t(s) = \max_{\varnothing \subseteq \text{car}(q) \subseteq N \setminus \text{car}(t)} \left\{ \max x_{j \in \text{car}(s) \cup \text{car}(q)} c_j \cdot v(s \vee q) - \sum_{j \in \text{car}(q)} q_j \cdot x_j \right\} \quad (7.32)$$

其中，知识联盟 s, t 非空，$\forall e^\varnothing \neq s \leq t$。

针对本章企业知识联盟模糊简化博弈下的广义分配，主要分析了广义分配下如何寻找最好的联盟合作伙伴的思想，其过程如下：针对知识联盟成员企业的广义分配向量 x，知识联盟 $s \leq t$ 将试图寻找能够进行合作的联盟伙伴，如知识联盟 s 尝试以一定的参与度与 $\text{car}(t)^c = N \setminus \text{car}(t)$ 中的知识联盟 q 进行合作，在 $\text{car}(q) \subseteq N \setminus \text{car}(t)$ 中，合作将产生广义利益，记 $\max x_{j \in \text{car}(s) \cup \text{car}(q)} c_j \cdot v(s \vee q)$，再去除相应的成本 $x(q) = \sum_{j \in \text{car}(q)} q_j \cdot x_j$ 后，如果能获得更大的收益差值，则联盟 s 可依此寻找合作伙伴。联盟 $t = e^{\text{car}(t)}, \forall \text{car}(t) \subseteq N$，将用 $t = e^N$ 对"自己的博弈"，

即 $(\operatorname{car}(t), v_x')$ 进行检验，借助 $v_x'(s)$ 完成最大差值的求解，进而实现知识联盟 s 寻求到最好的联盟伙伴并与之合作的目标。

企业知识联盟广义分配下模糊简化博弈也具有两个重要的特征：①如果企业知识联盟原模糊合作博弈收益值非负，即 $v \geqslant 0$，则其广义分配下模糊简化博弈值也是非负的，即 $v_x'(s) \geqslant 0, \forall s \leqslant t$；②企业知识联盟模糊简化博弈最大知识联盟的广义值为 $\max x_{\varnothing \subseteq \operatorname{car}}(q) \subseteq N \setminus \operatorname{car}(t) \left\{ \max_{j \in \operatorname{car}(t) \cup \operatorname{car}(q)} c_j \bullet v(t \vee q) - \sum_{j \in \operatorname{car}(q)} q_j \bullet x_j \right\}$。

结论 4：令 v 为企业知识联盟模糊简化博弈，$r \in R^n$ 为广义分配向量，对任意至少两个企业合作的知识联盟 $s = e^{\operatorname{car}(s)} \in F^N$，即 $|\operatorname{car}(s)| \geqslant 2$，及 $i \in \operatorname{car}(s)$，则有以下广义收益值的换算等式：

$$\left[v_x^s \right]_{x | \operatorname{car}(s)}^{s-(s_i)} (r, c) = \max_{\varnothing \subseteq \operatorname{car}(q') \subseteq \{i\}, k \in \operatorname{car}(r) \cup \operatorname{car}(q')} c_k \bullet v_x^{s-(s_i)} (r, c)$$

结论 5：令 v 为关于贡献值向量 α 的企业知识联盟模糊平均单调博弈，令广义分配向量 $x \in R^N$ 且 $i \in N$ 使得 $q_i \bullet x_i \geqslant \alpha_i \bullet \dfrac{r \bullet v(e^N)}{\alpha(e^N)}$，$0 < r = \max \{c_i : i \in \operatorname{car}(e^N)\} \leqslant 1, \forall q \in F^N$，$e^\varnothing < q < e^i$，则：

（1）如果向量 α 限定在 $N \setminus \{i\}$ 上的贡献值为零，即 $\alpha_{|N \setminus \{i\}} = 0$，则企业知识联盟模糊简化博弈值也为零，即 $v_x^{e^N - e^i}(s, r, c) = 0$；

（2）如果向量 α 限定在 $N \setminus \{i\}$ 上的贡献值向量不为零，即 $\alpha_{|N \setminus \{i\}} \neq 0$，则企业知识联盟模糊简化博弈 $v_x^{e^N - e^i}(s, r, c)$ 为关于 $\alpha_{|N \setminus \{i\}}$ 的模糊平均单调博弈。

结论 6：令 v 为企业知识联盟关于 α 的模糊平均单调博弈，令 $x \in I(v, r, c) \setminus C(v, r, c)$，且 t 为广义最大超量的知识联盟，则：

（1）若贡献值向量为零向量 $\alpha_{|\operatorname{car}(t)} = 0$，则企业知识联盟模糊简化博弈值为零，即 $v_x' = 0$；

（2）若贡献值向量不是零向量 $\alpha_{|\operatorname{car}(t)} \neq 0$，则企业知识联盟模糊简化博弈 v_x' 是关于 $\alpha_{|\operatorname{car}(t)}$ 的模糊平均单调博弈。

在结论 1 到结论 6 的基础上，经过论证推导得出了结论 7。

结论 7：企业知识联盟模糊平均单调博弈格局下广义模糊谈判集分配与广义模糊核心分配方案具有等价性质，即存在最优广义分配方案。

7.3 我国 5G 知识联盟案例分析

7.3.1 我国 5G 知识联盟组建的战略意义

伴随第五代移动通信（5G）应用生态的有序推进，预计到 2025 年开始标准化，到 2030 年形成固定标准的第六代移动通信（6G）将成为全球研发热点（陈润丰等，2022）。我国从第一代移动通信（1G）到第五代移动通信（5G）市场中，因不同程度的核心技术及相关合作格局分析的缺乏，未获得预期的市场份额及预期收益。以 IS-CDMA 移动通信系统为例，美国 Qualcomm 公司在 CDMA 移动通信标准中置入了大量专利，导致我国生产移动通信设备中必须向其交纳巨额的专利使用提成费。可见，在移动通信行业，市场竞争优势在于标准领先，市场的主动权取决于标准的拥有权。

如果在第六代移动通信（6G）领域中，我国不能突破市场竞争，那么，我国的 6G 产业就可能要等待更长的时间，所以，我国政府及相关企业意识到了 6G 产业发展的特性，以知识联盟形式进行开发，试图争取 6G 市场的主动权。采取知识联盟而非其他联盟形式开展 6G 标准的开发，结合了目前我国终端企业在标准领域的实例现状——因各种技术资源、人才资源条件及资金等的限制很难独自竞争。因此，以技术开发型知识联盟的形式，将众多企业结合，共同参与关键标准的开发，不仅可以降低开发风险，减少大量的基站系统提成费及专利使用费，长远来看，可提高企业技术竞争力，进而带来一定的经济效益。

也就是说，我国 6G 知识联盟的组建，6G 标准的建立与完善对推进我国移动通信产业的可持续发展，具有非常重要的产业意义及国家战略意义，可带动大批相关行业的发展与突破，对相关企业的发展也具有十分重要的意义。

7.3.2 我国 6G 知识联盟成员选择分析

2021 年，首届全球 6G 大会全面成立了 IMT-2030（6G）推进组，各参与方均提出了各种创新技术。《6G 概念及愿景白皮书》指出：未来，6G 业务将呈现沉浸化、智慧化、全域化等新发展趋势，涵盖全息通信、智慧、交互、数字孪生、全域覆盖等八大业务应用场景（张海君等，2022）。IMT-2030（6G）推进组对 6G 技术需求及频谱、业务及发展远景进行了明确，对 6G 主要使能技术及其技术发展方向进行了研究，构建了 6G 移动通信技术框架，当前，推进组集中国内主要力量，推动 6G 策略、需求、技术、频谱、标准、知识产权研究及国际合作，成员包括中国主要的运营商、制造商、高校和研究机构等国内产学研用单位多家，积极融入国际 6G 发展进程。国家知识产权局发布的《6G 通信技术专利发展状况报告》显示，中国在全球 6G 通信技术领域的专利申请量占比超过三成，位居全球首位。6G 商用要到 2030 年左右才能实现，很多国家和厂商不约而同开始构建 6G 知识联盟技术预研。引领 6G 通信技术基础研发，已成为 6G 通信技术创新的主要力量（张倩倩，2022）。

移动通信知识联盟成员都是在严格资格审核下选择的，并对知识联盟有一定的资源投入，在投资构成上，既有国家战略需求及国家根据产业发展的需要而投入的部分，也有各联盟成员企业自身投入的部分。

由此可见，6G 知识联盟是在政府的支持下，由处于通信产业不同领域的企业以一定参与度的资源组建的一个知识联盟体。6G 知识联盟成员合作的宗旨主要体现如下：对通信资源进行协调整合，提升联盟内移动通信企业的研发水平、生产制造水平，以推进 6G 通信产业的快速健康发展，以实现我国 6G 通信标准在中国及全球通信市场上的推广与应用。

根据本书研究成果，知识联盟成员选择的最基本条件是利益的理性分析、联盟成员间的资源参与程度，此外，联盟成员所形成的合作博弈格局，以及不同格局下的谈判均衡等都是决策者需要考虑的使用指标。对 6G 知识联盟而言，联盟成员的加入均要符合基本条件的要求，且都经过严格的筛选和谈判，也体现了知识联盟成员合作及利益分配基本原则的遵循，以及模糊简化博弈模型构建的主要思想。联盟成员的选择除了要考虑本书所指出的一些关键要素外，还应结合联盟本身的特性，考虑联盟再发展的因素，明智合理地逐步吸纳国内外企业加入，成为真正意义上的全球 6G 标准。

7.3.3　我国 6G 知识联盟利益分配问题研究

我国 6G 知识联盟利益分配是指不同研发阶段和不同合作博弈格局下的各联盟体所进行的利益分配，各联盟体的总收益是指财务总收益，主要来自专利使用费和设备使用提成费。

利益分配是保持 6G 知识联盟稳定性的关键，若利益分配不合理，将会直接导致 6G 知识联盟的瓦解。本书所做的研究成果会为我国 6G 知识联盟各成员企业的利益分配提供较高的参考价值。①6G 知识联盟成员企业的合作方式不一定是完全合作方式，很多成员企业与国外公司进行合作的同时，也与国内的多家公司有不同程度的合作，即以一定的资源同时与多家企业进行部分合作，所以 6G 知识联盟体现了合作模糊特性。②在 2022 年 8 月 9 日开幕的 2022 世界 5G 大会上提到，当前6G处于早期研究阶段，全球相关组织正在积极讨论6G的愿景需求和发展环境，包括政策环境、经济环境、社会环境及行业环境，本书第3章研究涉及的知识联盟合作利益关键影响因素就包括在其中的子环境因素分析中。③基于模糊简化博弈的伙伴选择策略，提供了通过特征函数的求解计算最大收益差值来寻找最好合作伙伴的方法，对6G知识联盟而言是可行的。④基于模糊谈判集法的利益分配方案是按照各联盟成员针对谈判点所提出的异议与反异议的规则进行分配的一种方案，并在模糊网络博弈及模糊平均单调博弈格局下均存在联盟最优分配方案。⑤基于调整系数的广义分配模型可满足保留部分收益用于再合作的分配需求。

现假设有三家企业合作形成6G标准研发试验的知识联盟，各家充分利用各自资源组建知识联盟进行优化整合的过程，可被视为模糊合作博弈的形成过程，在成员企业的合作博弈格局下，各成员企业相互谈判协商，共同采取使全体都有利的策略，以使联盟总体的利益达到最大，如何分配共同形成的总体联盟所得的服务收益是其博弈研究的主要任务。各合作伙伴为服务收入问题组建知识联盟的过程是一个谈判过程，使用模糊博弈解及其扩展解分配方法，可为知识联盟提供合理化的分配方案，实现6G知识联盟的稳定发展。

当三家6G企业组建联盟进行合作时，也就是说，用 $N = \{1,2,3\}$ 表示6G知识联盟的成员企业集合，成员企业彼此合作的参与度为1时，各成员企业分别在单独行动、两两合作及三家共同合作的情况下获得服务收益的特征函数描述如下（单位：百万元）。

（1）成员企业1、2、3单独行动时均无法获得服务收益，即 $v(e^{\{1\}}) = v(e^{\{2\}}) = v(e^{\{3\}}) = 0$。

（2）成员企业1、2、3两两合作时可获得服务收益为75，即 $v(e^{\{1,2\}}) = v(e^{\{1,3\}}) = v(e^{\{2,3\}}) = 75$。

（3）成员企业1、2、3组建联盟共同合作时，可获得的服务收益为100，即 $v(e^{\{1,2,3\}}) = 100$。

通过以上特征函数的描述可知，成员企业1、成员企业2、成员企业3以参与度1组建任意知识联盟时，获得的服务收益都不低于各成员企业单独行动时获得的服务收益，验证计算如表7.1所示。

表 7.1 各企业及任意模糊联盟获得收益的比较

对于企业 1	对于企业 2	对于企业 3
$v(e^{\{1\}}) + v(e^{\{2\}}) = 0$ $< v(e^{\{1,2\}}) = 75$	$v(e^{\{2\}}) + v(e^{\{1\}}) = 0$ $< v(e^{\{2,1\}}) = 75$	$v(e^{\{3\}}) + v(e^{\{1\}}) = 0$ $< v(e^{\{3,1\}}) = 75$

续表

对于企业 1	对于企业 2	对于企业 3
$v(e^{\{1\}})+v(e^{\{3\}})=0$ $<v(e^{\{1,3\}})=75$	$v(e^{\{2\}})+v(e^{\{3\}})=0$ $<v(e^{\{2,3\}})=75$	$v(e^{\{3\}})+v(e^{\{2\}})=0$ $<v(e^{\{3,2\}})=75$
$v(e^{\{1\}})+v(e^{\{2,3\}})=75$ $<v(e^{\{1,2,3\}})=100$	$v(e^{\{2\}})+v(e^{\{1,3\}})=75$ $<v(e^{\{2,1,3\}})=100$	$v(e^{\{3\}})+v(e^{\{1,2\}})=75$ $<v(e^{\{3,1,2\}})=100$

由表 7.1 可知，各成员企业合作中组建的模糊博弈满足非负超可加性，成员企业 i 以参与度 $s_i=1$ 与 6G 知识联盟合作时获得的收益分配为 $x_i, i \in \{1,2,3\}$，如果将所得的服务收益一次性全部分配给各成员企业，则找不到最优的核心分配方案，即模糊博弈的核心解为空集。因为核心中的分配 (x_1, x_2, x_3) 必须满足：① $\sum_{i \in N} s_i \cdot x_i \geqslant v(s)$；② $\sum_{i \in N} x_i = v(e^N)$，现对其进行如下验证：

$$x_1 \geqslant 0, x_2 \geqslant 0, x_3 \geqslant 0$$
$$x_1 + x_2 + x_3 = 100$$
$$x_1 + x_2 \geqslant v(e^{\{1,2\}}) = 75$$
$$x_1 + x_3 \geqslant v(e^{\{1,3\}}) = 75$$
$$x_2 + x_3 \geqslant v(e^{\{2,3\}}) = 75$$

但是，由以上后三个不等式可知：

$$x_1 + x_2 + x_3 \geqslant 112.5 > 100$$

可见，结果与核心中的条件 $\sum_{i \in N} x_i = v(e^N)$ 矛盾，即 $x_1 + x_2 + x_3 \geqslant 112.5 > 100$ 与 $x_1 + x_2 + x_3 = 100$ 相矛盾，因此，找不到核心分配方案，即模糊博弈的核心分配解为空集。

现利用本节提出的扩展的广义核心分配方法，也就是说，不是将所得的总收益一次性全部分配给各成员企业，而是根据各成员企业在提供资源过程中的贡献率及服务情况进行分配，保留总收益的一部分用于再合作或再发展。我们可以找到向量 $c=(c_1, c_2, \cdots, c_n)$，$r=\max_{i \in N} c_i$，$0 < c_i \leqslant 1$，$1 \leqslant i \leqslant n$，满足广义核心分配 $C(v,r,c)$ 非空，也就是说，可使得广义核心分配的条件成立，即 $\sum_{i \in N} x_i = r \cdot v(e^N)$；$\sum_{i \in N} s_i \cdot x_i \geqslant \max_{j \in \operatorname{car}(s)} c_j \cdot v(s), \forall s \in F^N$。

现用 c_i 表示成员企业 i 的分配系数，确定的分配系数分别为 $c_1 = \dfrac{2}{3}, c_2 = \dfrac{1}{3}$，$c_3 = \dfrac{1}{3}$，那么，根据广义分配模型的定义可知，$r = \max_{i \in N} c_i = \dfrac{2}{3}$，可计算广义收

益：各知识联盟广义收益 $= \max_{i \in \text{car}(s)} c_i \times$ 模糊联盟收益，$\text{car}(s) \subset \{1,2,3\}$。现对总收益值进行部分保留，保留 $(1-r) \cdot v(e^N) = \frac{1}{3} \times 100 = \frac{100}{3}$ 的总收益不进行分配，可用于 6G 知识联盟的再合作。

通过广义核心分配的定义及第 7 章的相关定理，可证明各成员企业在模糊合作博弈格局下的分配 $x_1 = \frac{100}{3}, x_2 = \frac{100}{6}, x_3 = \frac{100}{6}$ 是包含在广义核心分配中的，其分配结果的计算过程，也是广义核心分配求解的过程，如下所示：

$$x_1 + x_2 + x_3 = \frac{200}{3}$$

$$x_1 \geqslant 0, x_2 \geqslant 0, x_3 \geqslant 0$$

$$x_1 + x_3 = \frac{100}{3} + \frac{100}{6} = 50$$

$$\geqslant \max_{i \in \{1,3\}} c_i \cdot v(e^{\{1,3\}}) = \frac{2}{3} \times 75 = 50$$

$$x_1 + x_2 = \frac{100}{3} + \frac{100}{6} = 50$$

$$\geqslant \max_{i \in \{1,2\}} c_i \cdot v(e^{\{1,2\}}) = \frac{2}{3} \times 75 = 50$$

$$x_2 + x_3 = \frac{100}{6} + \frac{100}{6} = \frac{100}{3}$$

$$\geqslant \max_{i \in \{2,3\}} c_i \cdot v(e^{\{2,3\}}) = \frac{1}{3} \times 75 = 25$$

由此可知，以上三家企业组建 6G 知识联盟时，成员合作形成了模糊合作博弈格局，然而通过核心解进行利益分配时核心为空集，即找不到最优利益分配方案，本书的建议如下：对总收益值进行部分保留，采用广义核心分配模型进行利益分配，结果表明可以找到最优广义分配方案，既满足了最优利益分配的需求，又为知识联盟再合作提供了可能。

7.3.4 我国 6G 知识联盟应注意的几个问题

对我国 6G 知识联盟而言，除了频率资源外，最为关心的问题是如何以最小的代价取得最多的利益，以获得更多的市场份额。本节对 6G 知识联盟可持续发展中应注意的关键问题进行分析，如图 7.1 所示。

第 7 章 利益分配视角下企业知识联盟可持续合作优化对策研究

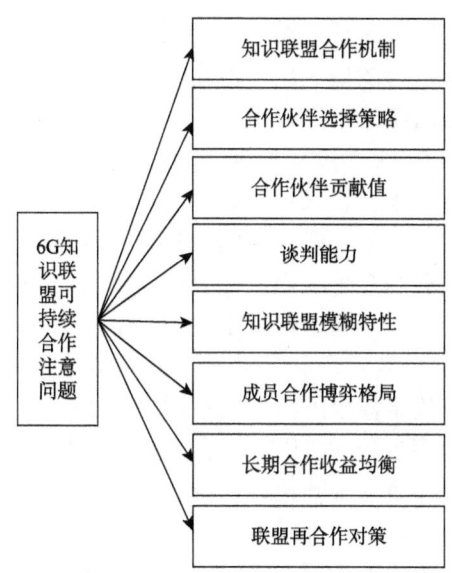

图 7.1 我国 6G 知识联盟应注意的问题

具体内容如下：①知识联盟合作机制，面对未来众多不确定因素，联盟成员企业制定怎样的合作机制至关重要，可考虑借助相关分析工具实现合作机制的定量描述；②合作伙伴选择策略，针对 6G 知识联盟的组建，好的合作伙伴可带来更高的可靠性；③合作伙伴贡献值，终端产品及网络基础设施的贡献，在知识联盟成员合作中需要量化；④谈判能力，可用反映不同谈判能力的指标来表示，如异议、反异议等，谈判的总收益来自于知识联盟运营期间 6G 产品的业务收益；⑤知识联盟模糊特性，6G 知识联盟在持续发展中会面临很多不确定因素，需要借助量化指标进行衡量；⑥成员合作博弈格局，6G 知识联盟各成员企业在合作中会形成一定的博弈格局，不同的格局对联盟的稳定性有很大影响；⑦长期合作收益均衡，6G 知识联盟的规划方面，政府给予了大力支持，为长期合作收益的均衡提供了发展机遇；⑧联盟再合作对策，为了更好地实现业务增值，需要对收益总值进行理性的部分保留。

7.4 企业知识联盟可持续合作对策建议

企业知识联盟是在利益的基础上组建的，利益的分配始终将是个冲突点，不管是在联盟组建时还是在联盟实施过程中，均是如此。借助本书的模糊合作博弈的博弈解来解决这个冲突点，不但有利于知识联盟伙伴从中获取应得的利益，更为知识联盟的持续合作起到重要的作用。为保证在知识联盟创造价值最大化的前提下，实现各成员企业利益的最大化，由此通过合作产生超额利润，促使知识联盟再合作，现提出以下对策建议。

（1）建立企业同时与多个知识联盟进行合作的机制。传统博弈格局下企业知识联盟合作机制体现如下：①成员企业完全参与到一个特定的知识联盟中，也就是说，该成员企业要么与某个联盟合作，要么完全不与该联盟进行合作，不允许出现以不同参与度同时与多个联盟进行合作的情况。②成员企业在与联盟进行合作之前，就已完全清楚在不同合作策略下将产生多少收益。但是，现实中很多情况下面临众多不确定因素，企业会考虑以不同参与度同多个知识联盟进行合作，并且在合作前很难确定甚至不清楚在不同合作策略下将获得多少收益，以及各自在某联盟中将获得多少分配。因此，在本书的模糊合作博弈格局下，借助参与度描述不确定现象，可更加准确地刻画企业知识联盟成员企业间的部分合作关系，为处理不确定现象提供了一个有力的分析工具。

（2）提高合作伙伴的平均贡献值，更有利于企业知识联盟长期可持续合作。在本书的模糊平均单调博弈格局下，描述了企业知识联盟伙伴的平均贡献值将伴随知识联盟的增加而提高的变化过程，所以联盟伙伴相对贡献值向量的确定，可为企业知识联盟可持续合作奠定基础。

（3）构建最优合作伙伴选择策略。企业知识联盟收益平均值将随联盟扩大而提高，联盟中合作伙伴数量越多，给每个合作伙伴带来的回报也越大。本书的模糊简化博弈模型表明，计算模糊合作收益与支付的最大差值可能寻找到最好的合作伙伴。

（4）谋划长期合作收益的均衡战略。由本书研究的不完全信息下重复 n 次的企业知识联盟成员选择博弈可知，不确定性会引起企业知识联盟合作博弈均衡结果的重大变化，当一个成员企业冒着其他成员企业选择竞争的风险选择合作战略时，如果企业知识联盟合作博弈重复的次数足够多，则以后获得的收益一定超过短期的损失。

（5）描述成员合作的谈判能力。企业知识联盟合作伙伴通过谈判所形成的合作联盟关系是一种全新的全局战略，要求成员在知识联盟运营中从全局视角思考问题，达到成员间的资源共享、优化整合。谈判包括合作谈判和冲突谈判，当合作伙伴认为加入知识联盟后可带来收益增加时，则会考虑进行合作谈判，如果彼此之间在收益分配时出现冲突或矛盾，也可通过谈判来解决，即冲突谈判。本书的模糊谈判集分配及广义模糊谈判集分配均可为决策者提供参考价值。

（6）研究联盟成员的合作博弈格局。知识联盟成员合作博弈格局对应着不同的特征函数，也就对应着不同的均衡状态，本书的模糊网络博弈及模糊平均单调博弈，均为知识联盟管理者提供了谈判均衡状态，存在最优利益分配方案，且模糊谈判集分配与模糊核心分配方案间具有等价性质。管理者可根据知识联盟成员合作的实际博弈格局选取对应的分配方案解决联盟利益分配问题。

（7）提出适合企业知识联盟再合作的利益分配对策。为确保知识联盟可持续合作，借助本书的广义分配模型，可实现联盟总收益值的部分保留，以用于再分配和再合作。具体实现方法是为知识联盟合作收益值和每个成员企业的收益分配值引入分配系数，在实现联盟收益总值的部分保留的基础上，同时还可实现在模糊合作下的收益保留，即同时引入参与度和分配系数，为管理者提供方案制订的建议，进而为企业知识联盟可持续合作提供资源条件。

7.5 本章小结

本章扩展了企业知识联盟成员合作博弈格局下的利益分配模型，通过调整系数的引入构建了相应的广义分配模型，分别求出了企业知识联盟成员合作传统博弈和模糊博弈格局下的最优再分配方案，并基于所构建的分配模型，对企业知识联盟可持续合作提出对策建议。具体结论如下。

（1）与采用扩展前的核心分配模型针对知识联盟找不到最优利益分配方案相比，扩展后的广义核心分配模型进行利益分配时，可以得到知识联盟的最优广义分配方案，可促进联盟成员的合作及再合作。

（2）在企业知识联盟成员合作的传统博弈格局下，对核心分配模型与广义核心分配模型之间的关系进行刻画，定理证明了广义核心分配的充分必要条件，并借助调整系数扩展了谈判集分配模型，提出了广义谈判集模型，进而确保了知识联盟存在最优利益分配方案。

（3）在企业知识联盟传统分配模型中同时引入参与度及分配系数，扩展为广义模糊分配模型，提出了企业知识联盟的广义模糊核心分配、广义 P-核心分配及广义 P-稳定集分配，满足了成员企业以一定参与度同时与多个知识联盟合作，又可对联盟收益值进行部分保留用于再合作的应用需求。

（4）对企业知识联盟广义模糊核心分配之间的关系进行了刻画，表明了企业知识联盟相应利益分配方案之间的包含关系。

（5）对第 4 章的模糊谈判集概念进行扩展，构建了广义模糊谈判集分配模型，并论证了企业知识联盟成员合作的模糊网络博弈和模糊平均单调博弈格局下，其广义模糊核心分配和广义模糊谈判集分配方案的等价关系，表明存在最优广义分配方案。

参 考 文 献

白辰. 2013. 企业技术联盟利益创造与分配机制研究. 大连理工大学硕士学位论文.
曹霞, 张路蓬, 刘国巍. 2018. 基于社会网络结构的创新扩散动力机制及其仿真研究. 运筹与管理, 27（5）: 149-156.
陈菊红, 汪应洛, 孙林岩. 2002. 虚拟企业收益分配问题博弈研究. 运筹与管理, 11（1）: 11-16.
陈润丰, 陈瑾, 李虹, 等. 2022. 基于联盟的 6G 无人机通信网络优化概述. 电子与信息学报, 44（9）: 3126-3135.
陈胜利, 张朝嘉. 2019. 考虑环境性能和再制造能力的闭环供应链讨价还价协调策略. 计算机集成制造系统, 25（5）: 1283-1295.
陈伟, 张永超, 马一博, 等. 2012. 基于 AHP-GEM-Shapley 值法的低碳技术创新联盟利益分配研究. 运筹与管理, 21（4）: 220-226.
邓喜才, 郭华华. 2011. Stackelberg 博弈均衡点的存在性及通有存在性. 运筹与管理, 20（4）: 100-103.
杜欣, 邵云飞. 2017. 基于联盟间知识互动关系的联盟组合策略研究. 预测, 36（6）: 69-74.
范如国, 张应青, 罗会军. 2017. 基于空间公共品博弈的产业集群合作创新演化分析. 经济问题探索, （6）: 155-161.
高长元, 刘划, 王京. 2016. 基于模糊合作博弈的移动云计算联盟利益分配模型研究. 科技与管理, 18（1）: 24-28.
关菲, 张强, 栗军. 2015. 基于 λ-最大相容类的粗糙规划模型及其在企业战略联盟形成决策问题中的应用. 运筹与管理, （2）: 229-236.
郭鹏, 陈玲丽. 2014. 模糊环境下模糊联盟收益分配模型和算法研究. 模糊系统与数学, 28（3）: 103-107.
韩建军, 郭耀煌. 2003. 基于事前协商的动态联盟利润分配机制. 西南交通大学学报, 38（6）: 686-690.
韩远, 陈岩. 2020. 可信联盟博弈的核仁和夏普里值. 曲阜师范大学学报（自然科学版）, 46（3）: 40-46.

胡厚宝，彭灿. 2007. 知识联盟管理能力的影响因素与提高策略. 科研管理，28（6）：36-41.

胡珑瑛，张自立. 2006. 基于工资差异的技术创新外包策略模型. 哈尔滨工业大学学报，38（11）：1854-1856.

胡珑瑛，张自立. 2007. 基于创新能力增长的技术创新联盟稳定性研究. 研究与发展管理，19（2）：50-55，85.

胡石清. 2018. 社会合作中利益如何分配？——超越夏普利值的合作博弈"宗系解". 管理世界，34（6）：83-93.

胡晓翔. 2002. 虚拟企业的知识管理和收益分配研究. 东南大学博士学位论文.

胡延平，刘晓敏. 2009. 知识联盟中知识共享的博弈分析. 科技进步与对策，26（7）：143-145.

胡耀辉. 2007. 企业技术创新联盟持续发展研究. 科学学与科学技术管理，（2）：80-84.

黄维辰. 2017. 面向下一代移动通信系统的多通道射频收发信机以及频率源的研究. 东南大学博士学位论文.

黄玮强，庄新田. 2012. 复杂社会网络视角下的创新合作与创新扩散. 北京：中国经济出版社.

黄晓玲，洪梅香. 2020. 零售商主导的模糊供应链博弈——考虑销售努力的情形. 运筹与管理，29（1）：57-68.

纪慧生. 2010. 企业合作研发过程的知识共享博弈分析. 哈尔滨工业大学学报（社会科学版），12（1）：90-94.

江彬倩，李登峰，林萍萍. 2020. 多目标合作博弈最小二乘预核仁与核仁解. 系统工程理论与实践，40（3）：691-702.

蒋军利. 2011. 基于合作博弈对多主体系统中联盟形成的逻辑研究. 西南大学博士学位论文.

蒋萌，苏振民，佘小颉. 2012. 基于共生理论-BP神经网络混合模型的工程联盟利益分配研究. 科技管理研究，32（11）：234-237.

蒋樟生. 2009. 基于知识转移的产业技术创新联盟稳定性分析及判断研究. 哈尔滨工业大学博士学位论文.

晋盛武，丁浩然. 2014. 模糊环境下Stackelberg博弈的均衡利润分析. 合肥工业大学学报（自然科学版），（1）：119-124.

李翠. 2017. 基于模糊博弈的企业知识联盟利益分配研究. 西安理工大学博士学位论文.

李翠，薛惠锋. 2016. 企业知识联盟的可持续发展对策研究——以利益分配为视角. 技术经济与管理研究，（12）：3-8.

李翠，薛昱. 2014. 基于谈判集的模糊合作博弈的收益分配方案. 控制与决策，29（11）：2101-2107.

李翠，薛昱，王文胜. 2015. 基于平均单调博弈广义解的收益再分配模型. 控制与决策，30（4）：645-654.

李豪. 2014. 基于合作博弈的供应链企业之间利益分配的研究. 兰州交通大学硕士学位论文.

李军强, 任浩, 甄杰. 2021. 基于随机演化博弈的企业研发操纵多重监管路径研究. 中国管理科学, 29（10）：191-201.

李泉林, 段灿, 鄂成国, 等. 2014. 云资源提供商的合作博弈模型与收益分配研究. 运筹与管理,（4）：274-279.

李群峰. 2011. 知识型企业合作剩余分配讨价还价博弈分析. 首都经济贸易大学博士学位论文.

李书金, 郦晓宁. 2011. 模糊联盟的 Shapley 值与稳定性. 系统工程理论与实践, 31（8）：1524-1531.

李颖. 2011. 基于知识溢出效应的知识联盟利益分配研究. 西安电子科技大学硕士学位论文.

李允尧, 生延超, 姜向阳. 2010. 联盟动机、技术能力与企业入盟的最优策略. 管理世界,（3）：178-179.

李正锋, 叶金福, 蔡建峰. 2009. 组织学习能力与可持续竞争优势关系研究. 软科学, 23（11）：20-24.

刘东宁, 徐哲, 李飞飞. 2019. 基于合作博弈协商机制的分布式资源受限多项目调度. 系统工程理论与实践, 39（6）：1507-1516.

刘二亮, 纪艳彬. 2011a. 基于联盟成员知识特性的知识联盟组织间知识共享研究. 西安电子科技大学学报（社会科学版）,（4）：7-11.

刘二亮, 纪艳彬. 2011b. 不完全信息下知识联盟内知识共享博弈研究. 西南交通大学学报（社会科学版）, 12（6）：83-88.

刘海林. 2006. 产学研合作的博弈分析. 武汉理工大学硕士学位论文.

刘海涛, 郭嗣琮. 2010. 基于模糊结构元表述的模糊数排序. 模糊系统与数学, 24（5）：61-67.

刘浩, 陈志刚, 张连明. 2017. 移动对等网络中讨价还价动态博弈的激励策略. 计算机科学与探索, 11（8）：1269-1278.

刘家财, 李登峰, 胡勋锋. 2017. 区间值最小二乘核仁解及在供应链合作利益分配中的应用. 中国管理科学, 25（12）：78-87.

刘进. 2020. 模糊支付合作博弈的可信性准核仁. 模糊系统与数学, 34（2）：56-68.

刘林舟, 武博, 孙文霞. 2012. 产业技术创新战略联盟稳定性发展模型研究. 科技进步与对策, 29（6）：62-64.

刘鹏辉. 2020. 网络演化博弈结构分析与智能优化方法研究. 西安电子科技大学博士学位论文.

刘小冬, 刘九强, 胡健. 2012. 具有受限支付的合作博弈研究. 应用数学学报, 35（5）：845-854.

刘云, 梁栋国. 2007. 跨国公司战略技术联盟稳定性的影响因素及评估研究. 科学学与科学技术管理, 28（4）：5-9.

龙勇, 杨秀苔. 2003. 不确定环境下不平等联盟的利益分配博弈. 数量经济技术经济研究,（2）：104-107.

卢艳秋，张公一，刘蔚. 2010. 约束条件下基于 SHAPLEY 值的合作创新利益分配方法. 科技进步与对策，27（20）：6-9.

马国强，张诚，张成洪. 2007. 知识联盟动态发展的结构性影响因素研究. 科学学与科学技术管理，28（2）：158-165.

苗治平，李翠. 2017. 基于模糊博弈的合作联盟最优利益分配模型. 计算机集成制造系统，23（3）：670-679.

苗治平，李翠，史西兵. 2019. 模糊网络博弈的合作联盟优化对策研究. 控制理论与应用，36（6）：993-1001.

南江霞，关晶，王盼盼. 2019. 基于 Choquet 积分的直觉模糊联盟合作博弈的 Shapley 值. 运筹与管理，28（9）：41-46.

南江霞，魏骊晓，李登峰，等. 2020. 具有联盟优先关系的模糊合作博弈的目标规划求解模型. 中国管理科学，7（2）：1003-1019.

南江霞，魏骊晓，李登峰，等. 2021. 基于个人超出值的模糊联盟合作博弈最小二乘预核仁. 运筹与管理，30（7）：77-82.

齐源，赵晓康，李玉敏. 2011. 基于 Shapley 值及 Gahp 的供应链知识共享收益分配研究. 科技进步与对策，28（9）：132-137.

秦吉波，曾德明，陈立勇. 2003. 团队治理：关于提高高新技术企业 R&D 绩效的思考. 数量经济技术经济研究，（3）：43-48.

全吉，储育青，王先甲. 2019. 具有惩罚策略的公共物品博弈与合作演化. 系统工程理论与实践，39（1）：141-149.

商淑秀，张再生. 2015. 虚拟企业知识共享演化博弈分析. 中国软科学，（3）：150-157.

生延超. 2007. 企业技术联盟控制机制的选择. 大连理工大学学报（社会科学版），28（2）：51-55.

石书玲. 2008. 知识联盟显性利益分配的一个有效近似解法. 统计与决策，（15）：153-155.

石书玲. 2015. 企业知识联盟的形成与运行机理研究. 天津：南开大学出版社.

施锡铨. 2012. 合作博弈引论. 北京：北京大学出版社.

宋光兴，杨肖鸳，张玉青. 2004. 虚拟企业的合作风险研究. 软科学，18（3）：83-86.

孙彩虹，于辉，齐建国. 2010. 企业合作 R&D 中资源投入的机会主义行为. 系统工程理论与实践，30（3）：447-455.

孙红霞，李煜. 2017. 模糊竞争环境下供应链企业联盟的收益分配策略. 统计与决策，（8）：173-177.

孙红霞，张强. 2010. 基于联盟结构的模糊合作博弈的收益分配方案. 运筹与管理，19（5）：84-89.

孙新波，刘博. 2012. 基于结构方程模型的知识联盟激励协同序参量关系研究. 管理学报，9（12）：1826-1831.

孙艳艳. 2009. 基于信息共享的动态联盟利益分配过程研究. 西安电子科技大学硕士学位论文.

唐登莉, 李力, 罗超亮. 2014. 知识联盟及其合作中的关系性风险研究. 情报杂志, (2): 183-188.

万骁乐, 郝婷婷, 戎晓霞, 等. 2017. 共创视角下考虑开放式创新的供应链价值创造研究. 中国管理科学, 25 (7): 57-66.

汪之明. 2010. 产学研联盟利益分配机制研究. 大连理工大学硕士学位论文.

王大澳, 菅利荣, 王慧, 等. 2019. 基于限制合作博弈的产业集群企业利益分配研究. 中国管理科学, 27 (4): 171-178.

王道平, 弓青霞, 方放. 2012. 高技术企业模块化研发网络利益分配研究. 中国软科学, (10): 177-184.

王锋叶, 黄志勇, 尚有林, 等. 2014. 一类模糊合作博弈及其核心. 河南科技大学学报(自然科学版), 35 (1): 75-78.

王惠, 吴冲锋, 王意冈. 1999. 动态联盟成员间的协作分配. 上海交通大学学报, 33 (10): 1254-1256.

王积田, 任玉菲. 2013. 产业技术创新战略联盟利益分配模型研究. 哈尔滨商业大学学报(社会科学版), (4): 59-66.

王荣朴, 宣国良. 2009. 竞合关系下的知识联盟管理. 哈尔滨工业大学学报, 41 (2): 230-233.

王淑纳, 胡志华. 2019. 模糊环境下考虑零售商风险偏好的绿色供应链博弈模型研究. 控制与决策, (3): 711-723.

王先甲, 顾翠伶, 赵金华, 等. 2021. 具有模糊支付的 Moran 过程演化博弈动态. 运筹与管理, 30 (7): 71-76.

王小杨, 张雷, 杜晓荣. 2017. 基于惩罚机制的产学研合作演化博弈分析. 科技管理研究, 37 (9): 118-124.

王晓萍, 赵晓军. 2007. 基于博弈论的逆向供应链合作利润分配研究. 工业技术经济, 26 (11): 125-127.

吴洁, 吴小桔, 车晓静, 等. 2018. 中介机构参与下联盟企业知识转移的三方利益博弈分析. 中国管理科学, 26 (10): 176-186.

徐浩, 谭德庆, 张敬钦, 等. 2019. 群体性突发事件非利益相关者羊群行为的演化博弈分析. 管理评论, 31 (5): 254-266.

徐小丽. 2010. 博弈视角下的知识联盟形成动因与机制研究. 江西财经大学硕士学位论文.

薛惠锋, 李翠, 薛昱, 等. 2014. 现代信息化及其应用: 航天信息化案例分析. 北京: 科学出版社.

闫安, 达庆利, 裴凤. 2013. 多个企业同时博弈的动态古诺模型的长期产量解研究. 管理工程学报, 27 (1): 94-98.

参考文献

杨纱纱，高作峰，宋莎莎，等. 2013. 凸模糊合作博弈延拓的核心及稳定集. 辽宁工程技术大学学报（自然科学版），（2）：273-276.

杨韬，张同建，丁江涛. 2018. 专利联盟特质对联盟企业技术创新促进效应研究. 科技管理研究，38（15）：1-6.

于晓辉，杜志平，张强，等. 2019. 一种资源投入不确定情形下的合作博弈形式及收益分配策略. 运筹学学报，23（4）：71-85.

于晓辉，杜志平，张强，等. 2020. 基于T-联盟Shapley值的分配策略. 运筹学学报，24（4）：113-127.

于莹，曲英，郭玲玲. 2021. 基于博弈视角的中小型供应商联盟决策研究. 运筹与管理，30（4）：18-25.

余晓钟，杨洋，刘维. 2015. 不同合作竞争类型的组织学习策略研究. 软科学，29（11）：140-144.

詹文杰，邹轶. 2014. 基于演化博弈的讨价还价策略研究. 系统工程理论与实践，34（5）：1181-1187.

张秉福. 2011. 我国高新技术企业技术创新联盟的问题与对策探析. 学术论坛，（9）：134-139.

张成洪，郭磊. 2009. 大型集团企业知识共享模式研究. 科学学研究，27（3）：399-406.

张海君，陈安琪，李亚博，等. 2022. 6G移动网络关键技术. 通信学报，43（7）：189-202.

张华，顾新，王涛. 2022. 知识链视角下开放式创新主体的联盟策略研究. 中国管理科学，30（1）：263-274.

张建良. 2014. 基于非合作博弈的分布式优化模型及算法研究. 浙江大学博士学位论文.

张磊生. 2013. 产业技术创新战略联盟利益分配研究. 湖南大学硕士学位论文.

张倩倩，王俊，梁应敞. 2022. 面向6G的共生散射通信技术：原理、方法与应用. 中国科学，52（8）：1393-1416.

张炜，耿生玲，童英华，等. 2016. 基于模糊软合作博弈的收益分配. 江苏师范大学学报（自然科学版），34（2）：37-41.

张喜征，覃海蓉. 2014. 企业升级转型中知识路径依赖及破解策略研究. 情报杂志，（1）：195-200.

张琰飞，吴文华. 2011. 基于谈判的技术标准联盟成员利益协调研究. 科研管理，32（2）：52-58.

张艳菊. 2013. 虚拟企业预期收益分享的模糊合作博弈分析. 辽宁工程技术大学博士学位论文.

张艳菊，赵宝福. 2013. 模糊动态联盟收益分配改进算法. 计算机工程与应用，49（18）：6-10.

赵宝福，张艳菊. 2013. 模糊合作博弈Shapley值的模糊结构元表示. 模糊系统与数学，27（4）：140-147.

赵炎，郭霞婉. 2013. 企业战略联盟中知识共享的博弈分析. 华东经济管理，（7）：108-111，138.

郑本荣，杨超，杨珺. 2018. 回收渠道竞争下制造商的战略联盟策略选择. 系统工程理论与实践，38（6）：1479-1491.

郑月龙. 2015. 基于演化博弈论的企业共性技术合作研发形成机制研究. 重庆大学博士学位论文.

朱玥. 2009. 企业战略联盟运行机制若干问题研究. 厦门大学硕士学位论文.

Alexander S, Ruderman M. 1987. The role of procedural and distributive justice in organizational behavior. Social Justice Research, 1（2）：177-198.

Antràs P. 2011. Grossman-Hart（1986）goes global：incomplete contracts, property rights, and the international organization of production. NBER Working Paper Series, Working Paper 17470.

Aoki M. 1980. A model of the firm as a stockholder-employee cooperative game. American Economic Review, 70（4）：600-610.

Arthur W B. 1989. Competing technologies, increasing returns, and lock-in by historical events. Economic Journal, 99（394）：116-131.

Aubin J P. 2005. Dynamical connectionist network and cooperative games//Haurie A, Zaccour G. Dynamic Games：Theory and Applications. Berlin：Springer：1-36.

Auer B, Hiller T. 2019. Can cooperative game theory solve the low-risk puzzle. International Journal of Finance & Economics, 24（2）：884-889.

Aumann R J, Maschler M. 1964. The bargaining set for cooperative games. Advances in Game Theory, 52：443-476.

Avrachenkov K, Singh V V. 2016. Stochastic coalitional better-response dynamics and stable equilibrium. Automation & Remote Control, 77（12）：2227-2238.

Badaracco Jr., J L. 1991. The Knowledge Link：How Firms Compete Through Strategic Alliances. Boston：Harvard Business School Press.

Bandyopadhyay S, Chatterjee K, Sjöström T. 2010. Pre-electoral coalitions and post-election bargaining. Working Paper. NO. 2009-08, Rutgers University, Department of Economics, New Brunswick, NJ.

Barney J. 1991. Firm resources and sustained competitive advantage. Journal of Management, 17（1）：99-120.

Baum J A C, Dobbin F. 1991. Firm resources and sustained competitive advantage. Journal of Management：Official Journal of the Southern Management Association, 17（1）：3-10.

Bayona C, Corredor P, Santamaría R. 2006. Technological alliances and the market valuation of new economy firms. Technovation, 26（3）：369-383.

Bector C R, Chandra S, Vijay V. 2004. Duality in linear programming with fuzzy parameters and matrix games with fuzzy pay-offs. Fuzzy Sets and Systems, 146（2）：253-269.

Birmpas G, Markakis E, Telelis O, et al. 2019. Tight welfare guarantees for pure Nash equilibria of the uniform price auction. Theory of Computing Systems, 63（7）：1451-1469.

Birnberg J G. 1998. Control in interfirm co-operative relationships. Journal of Management Studies, 35（4）：421-428.

Birnberg J G. 2006. Using strategic alliance to make decisions about investing in technological innovations. International Journal of Management, 23（1）：195-197.

Branzei R, Dimitrov D, Tijs S. 2005. Models in Cooperative Game Theory：Crisp, Fuzzy, and Multi-Choice Games. Heidelberg：Springer.

Butnariu D. 1978. Fuzzy games：a description of the concept. Fuzzy Sets and Systems, 1（3）：181-192.

Candeloroa D, Mesiarb R, Sambucini A R. 2019. A special class of fuzzy measures：Choquet integral and applications. Fuzzy Sets and Systems, 355：83-99.

Carayol N, Roux P. 2007. The strategic formation of inter-individual collaboration networks. Evidence from co-invention patterns. Annals of Economics and Statistics,（87/88）：275-301.

Chavoshlou A, Khamseh A, Naderi B. 2019. An optimization model of three-player payoff based on fuzzy game theory in green supply chain. Computer and Industrial, 128（2）：782-794.

Contractor F J, Ra W. 2002. How knowledge attributes influence alliance governance choices：a theory development note. Journal of International Management, 8（1）：11-27.

Daellenbach U S, Davenport S J. 2004. Establishing trust during the formation of technology alliances. Journal of Technology Transfer, 29：187-202.

Das T K, Teng B S. 2000. A resource-based theory of strategic alliances. Journal of Management, 26（1）：31-61.

Dong J Q, Yang C H. 2015. Information technology and organizational learning in knowledge alliances and networks：evidence from U.S. pharmaceutical industry. Information & Management, 52（1）：111-122.

Doz Y L. 1996. The Evolution of cooperation in strategic alliances：initial conditions or learning processes? Strategic Management Journal, 17（S1）：55-83.

Dubois D, Prade H. 1980. Fuzzy Sets and Systems—Theory and Applications. New York：Academic Press.

Duggan J. 2011. Coalitional bargaining equilibria. Wallis Working Papers WP62, University of Rochester-Wallis Institute of Polit.

Eraslan H, McLennan A. 2010. Uniqueness of stationary equilibrium payoffs in coalitional bargaining. Journal of Economic Theory, 148（6）：2195-2222.

Fei W, Li D F, Ye Y F. 2018. An approach to computing interval-valude discounted shapley values for a class of cooperative games under interval data. International Journal of General Systems, 47（8）：794-808.

Figueroa-Garcia J C, Mehra A, Chandra S. 2019. Optimal solutions for group matrix games involving interval-valued fuzzy numbers. Fuzzy Sets and Systems, 362（1）：55-70.

Georgiou K, Swamy C. 2019. Black-box reductions for cost-sharing mechanism design. Games & Economic Behavior, 113（1）：17-37.

Gillies D B. 1953. Some Theorems on N-person Games. Princeton：Princeton University Press.

Giménez-Gómez J M, Marco-Gil M C. 2014. A new approach for bounding awards in bankruptcy problems. Social Choice and Welfare, 43（2）：447-469.

Gou X, Xu Z, Ren P. 2016. The properties of continuous pythagorean fuzzy information. International Journal of Intelligent Systems, 31（5）：401-424.

Goyal S, Heidari H, Kearns M. 2019. Competitive contagion in networks. Games & Economic Behavior, 113（1）：58-79.

Grant R M. 1996. Toward a knowledge-based theory of the firm. Strategic Management Journal, 17（S2）：109-122.

Gulati R. 1995. Social structure and alliance formation patterns：a longitudinal analysis. Administrative Science Quarterly, 40（4）：619-652.

Gulati R, Singh H. 1998. The architecture of cooperation：managing coordination costs and appropriation concerns in strategic alliances. Administrative Science Quarterly, 43（4）：781-814.

Gulick G V, Norde H. 2013. Fuzzy cores and fuzzy balancedness. Mathematical Methods of Operations Research, 77（2）：131-146.

Gupta D, Weerawat W. 2006. Supplier-manufacturer coordination in capacitated two-stage supply chains. European Journal of Operational Research, 175（1）：67-89.

Hamel G. 1991. Competition for competence and inter-partner learning within international strategic alliances. Strategic Management Journal, 12（S1）：83-103.

Hansen K. 2019. The real computational complexity of minmax value and equilibrium refinements in multi-player games. Theory of Computing Systems, 63（1）：1554-1571.

Hennart J, Reddy S. 1997. The choice between mergers acquisitions and joint ventures：the case of Japanese investors in the United States. Strategic Management Journal, （18）：1-12.

Hu J, Shen L, Albanie S, et al. 2018. Squeeze-and-excitation networks. IEEE Transactions on Pattern Analysis and Machine Intelligence, 42（8）：2011-2023.

Herings J J. 1997. An extremely simple proof of the K-K-M-S Theorem. Economic Theory, 10（2）：361-367.

Herings J J, Predtetchinski A. 2016. Bargaining under monotonicity constraints. Economic Theory, 62（1）：221-243.

Imai H, Salonen H. 2012. A characterization of a limit solution for finite horizon bargaining problems. International Journal of Game Theory, 41（3）：603-622.

Inkpen A. 1998. Learning, knowledge acquisition, and strategic alliances. European Management Journal, 16（2）：223-229.

Izquierdo J M, Rafels C. 2001. Average monotonic cooperative games. Games & Economic Behavior, 36（2）：174-192.

Izquierdo J M, Rafels C. 2012. On the coincidence of the core and the bargaining sets. Economics Bulletin, 32（3）：2035-2043.

Jähn H, Zimmermann M, Fischer M, et al. 2006. Performance evaluation as an influence factor for the determination of profit shares of competence cells in non-hierarchical regional production networks. Robotics and Computer-Integrated Manufacturing, 22（5/6）：526-535.

Jia N X, Yokoyama R. 2003. Profit allocation of independent power producers based on cooperative game theory. International Journal of Electrical Power & Energy Systems, 25（8）：633-641.

Jiang Z S. 2012. Research on efficiency of knowledge transfer in technical innovation alliances. Physics Procedia, 25：1947-1954.

Joachim R. 1999. Game Theory. Dordrecht：Kluwer Academic Pub.

Kacher F, Larbani M. 2008. Existence of equilibrium solution for a non-cooperative game with fuzzy goals and parameters. Fuzzy Sets and Systems, 159（2）：164-176.

Kogut B. 1988. Joint ventures：theoretical and empirical perspectives. Strategic Management Journal, 9（4）：319-332.

Kong Q Q, Sun H, Xu G J, et al. 2018. The general prenucleolus of n-person cooperative fuzzy games. Fuzzy Sets and Systems, 349（15）：23-41.

Langfield-Smith K. 2008. The relations between transactional characteristics, trust and risk in the start-up phase of a collaborative alliance. Management Accounting Research, 19（4）：344-364.

Lemaire J. 1991. Cooperative game theory and its insurance applications. ASTIN Bulletin：The Journal of the IAA, 21（1）：17-40.

Li D F, Ye Y F. 2018. Interval-valued least square prenucleolus of interval-valued cooperative games and a simplified method. Operational Research, 18（1）：205-220.

Liu J, Liu X. 2014. Existence of edgeworth and competitive equilibria and fuzzy cores in coalition production economies. International Journal of Game Theory, 43（4）：975-990.

Liu J, Tian H Y. 2014. Existence of fuzzy cores and generalizations of the K-K-M-S Theorem. Journal of Mathematical Economics, 52（3）：148-152.

Liu J, Zhang H. 2016. Coincidence of the Mas-Colell bargaining set and the set of competitive equilibria in a continuum coalition production economy. International Journal of Game Theory, 45（4）：1095-1109.

Liu P, Liu J, Merigó J. 2018. Partitioned heronian means based on linguistic intuitionistic fuzzy numbers for dealing with multi-attribute group decision making. Applied Soft Computing, 62：395-422.

Liu X S, Pan Q H, Kang Y B, et al. 2015. Fixation times in evolutionary games with the Moran and Fermi processes. Journal of Theoretical Biology, 387（21）：214-220.

Maeda T. 2000. Characterization of the equilibrium strategy of the bimatrix game with fuzzy sayoff. Journal of Mathematical Analysis and Applications, 251（2）：885-896.

Mai L C. 2011. The impact of corporate social responsibility（CSR）on the company's financial performace. Transformation, 49（4）：247-257.

Maiti S K, Roy S K. 2019. Bi-level programming for Stackelberg game with intuitionistic fuzzy number：a ranking approach. Journal of the Operations Research Society of China, 9（1）：131-149.

Malkawi G, Ahmad N, Ibrahim H. 2014. Solving fully fuzzy linear system with the necessary and sufficient condition to have a positive solution. Applied Mathematics & Information Sciences, 8（3）：1003-1019.

Mao L. 2017. Subgame perfect equilibrium in a bargaining model with deterministic procedures. Theory & Decision, 82（4）：485-500.

Mare M. 2001. Fuzzy Cooperative Games：Cooperation with Vague Expectations. New York：Physical-Verlag Press.

Maschler M, Peleg B, Shapley L S. 1979. Geometric properties of the kernel, nucleolus, and related solution concepts. Mathematics of Operations Research, 4（4）：303-338.

Meade L M, Liles D H, Sarkis J. 1997. Justifying strategic alliances and partnering：a prerequisite for virtual enterprising. Omega, 25（1）：29-42.

Miller D, Shamsie J. 1996. The resource-based view of the firm in two environments：the Hollywood Film Studios from 1936 to 1965. Academy of Management Journal, 39（3）：519-543.

Minehart D, Neeman Z. 1999. Termination and coordination in partnerships. Journal of Economics & Management Strategy, 8（2）：191-221.

Miyakawa T. 2009. Existence and efficiency of a stationary subgame-perfect equilibrium in coalitional bargaining models with nonsuperadditive payoffs. Economic Theory, 39（2）：291-306.

Mowery D C, Oxley J E, Silverman B S. 2015. Strategic alliances and interfirm knowledge transfer. Strategic Management Journal, 17（S2）: 77-91.

Myerson R B. 1991. Game Theory: Analysis of Conflict. Cambridge: Harvard University Press.

Navarra C. 2013. How do worker cooperatives stabilize employment? The role of profit reinvestment into locked assets. Working Papers, 20（35）: 84-104.

Nielsen B B. 2005. The role of knowledge embeddedness in the creation of synergies in strategic alliances. Journal of Business Research, 58（9）: 1194-1204.

Nishizaki I, Sakawa M. 2000. Solutions based on fuzzy goals in fuzzy linear programming games. Fuzzy Sets and Systems, 115（1）: 105-119.

Nishizaki I, Sakawa M. 2001. Fuzzy and Multiobjective Game Forconflict Resolution. Heidelberg: Physical-Verlag Press.

Norman P M. 2004. Knowledge acquisition, knowledge loss, and satisfaction in high technology alliances. Journal of Business Research, 57（6）: 610-619.

Ojah K. 2007. Costs, valuation, and long-term operating effects of global strategic alliances. Review of Financial Economics, 16（1）: 69-90.

Okada A. 2014. The stationary equilibrium of three-person coalitional bargaining games with random proposers: a classification. International Journal of Game theory, 43（4）: 953-973.

Okada A. 2015. Cooperation and institution in games. The Japanese Economic Review, 66（1）: 1-32.

Orlovsky S A. 1977. On programming with fuzzy constraint sets. Kybernetes, 6（3）: 197-201.

Owen G. 1977. Values of games with a priori unions//Henn R, Moeschlin O. Mathematical Economics and Game Theory: Essays in Honor of Oskar Morgenstern. New York: Spring: 76-88.

Parkhe A. 1993. Strategic alliance structuring: a game theoretic and transaction cost examination of interfirm cooperation. Academy of Management Journal, 36（4）: 794-829.

Peng X, Yang Y. 2016. Fundamental properties of intervalvalued pythagorean fuzzy aggregation operators. International Journal of Intelligent Systems, 31（5）: 444-487.

Peters H, Vermeulen D. 2012. WPO, COV and IIA bargaining solutions for non-convex bargaining problems. International Journal of Game Theory, 41（4）: 851-884.

Qin C Z, Shi S, Tan G. 2015. Nash bargaining for log-convex problems. Economic Theory, 58（3）: 413-440.

Ragade R K. 1977. Fuzzy games in the analysis of options. Journal of Cybernetics, 6（3/4）: 213-221.

Ring P S, van de ven A H. 1994. Developmental processes of cooperative interorganizational relationships. Academy of Management Review, 19（1）: 90-118.

Rubinstein A. 2010. Perfect equilibrium in a bargaining model. Econometrica, 50（1）: 97-109.

Ruuska I, Vartiainen M. 2005. Characteristics of knowledge sharing communities in project organizations. International Journal of Project Management, 23（5）: 374-379.

Sawa R. 2014. Coalitional stochastic stability in games, networks and markets. Games and Economic Behavior, 88（C）: 90-111.

Schmeidler D. 1967. The nucleolus of a characteristic function game. SIAM Journal on Applied Mathematics, 17（6）: 1163-1170.

Schmitz S. 1996. Familial correlates of children's problem behavior in a longitudinal twin sample. PhD. Dissertation of the University of Colorado at Boulder.

Shapley L S. 1953. A value for n-person games//Kuhn H W, Tucker A W. Contributions to the Theory of Games（AM-28）, Volume Ⅱ. Princeton: Princeton University Press: 307-317.

Shapley L S. 1971. Core of convex games. International Journal of Games Theory, 1（1）: 11-26.

Spekman R E, Forbes T M, Isabella L A, et al. 1998. Alliance management: a view from the past and a look to the future. Journal of Management Studies, 35（6）: 747-772.

Sudhölter P, Zarzuelo J M. 2013. Extending the Nash solution to choice problems with reference points. Games and Economic Behavior, 80: 219-228.

Tallman S, Chacar A S. 2011. Communities, alliances, networks and knowledge in multinational firms: a micro-analytic framework. Journal of International Management, 17（3）: 201-210.

Teece D J. 1992. Competition, cooperation, and innovation: organizational arrangements for regimes of rapid technological progress. Journal of Economic Behavior and Organization, 18（1）: 1-25.

Teng F, Liu Z, Liu P. 2018. Some power Maclaurin symmetric mean aggregation operators based on Pythagorean fuzzy linguistic numbers and their application to group decision making. International Journal of Intelligent Systems, 33（9）: 1949-1985.

Thomson W. 2013. Game-theoretic analysis of bankruptcy and taxation problems: recent advances. International Game Theory Review, 15（3）: 1-14.

Tijs S. 2003. Introduction to Game Theory. New Delhi: Hindustan Book Agency.

Vazirani V V. 2009. Rational convex programs and efficient algorithms for 2-player Nash and nonsymmetric bargaining games. SIAM Journal on Discrete Mathematics, 26（3）: 896-918.

Vöcking B. 2019. A universally-truthful approximation scheme for multi-unit auctions. Games & Economic Behavior, 113（1）: 4-16.

Wang Q, Meng H, Gao B. 2019. Spontaneous punishment promotes cooperation in public good game. Chaos, Solitons and Fractals, 120: 183-187.

Wang W, Sun H, Brink R V D, et al. 2019. The family of ideal values for cooperative games. Journal of Optimization Theory and Applications, 180（3）: 1065-1086.

Wang X J, Gu C L, Lv S J, et al. 2019. Evolutionary game dynamics of combining the moran and imitation processes. Chinese Physics B, 28（2）: 94-105.

Wernerfelt B. 1984. A resource-based view of the firm. Strategic Management Journal, 5（2）: 171-180.

Wu Y, Song W Z. 2013. Cooperative resource sharing and pricing for proactive dynamic spectrum access via Nash bargaining solution. IEEE Transactions on Parallel & Distributed Systems, 25（11）: 2804-2817.

Xu Y, Yoshihara N. 2011. Rationality and solutions to nonconvex bargaining problems: rationalizable, asymmetric and Nash solutions. Mathematical Social Sciences, 66（1）: 66-70.

Yang W, Liu J, Liu X. 2011. Aubin cores and bargaining sets for convex cooperative fuzzy games. International Journal of Game Theory, 40（3）: 467-479.

Yoshino M Y, Rangan U S. 1996. Strategic alliances: an entrepreneurial approach to globalization. Long Range Planning, 29（6）: 1241.

Yu X H, Du Z P, Zhang Q, et al. 2020. Generalized form solutions of cooperative game with fuzzy coalition structure. Soft Computing, 24（2）: 861-877.

Yu X H, Zhang Q, Zhou Z. 2018. Linear fuzzy game with coalition interaction and its coincident solutions. Fuzzy Sets and Systems, 349（15）: 1-22.

Zhang Q W, Yang Z H, Gui B W. 2017. Coalitional game with fuzzy payoffs and credibilistic nucleolus. Journal of Intelligent & Fuzzy Systems, 32（1）: 1-9.

Zhou H. 2013. Analysis of cooperative game between insurance company and care institution in the long-term care insurance. Sixth International Conference on Business Intelligence and Financial Engineering.